【臺灣現當代作家
研究資料彙編】41

陳冠學

國立台灣文學館
出版

部長序

　　文學既是社會縮影也是靈魂核心，累積研究論述及文獻史料，不僅可厚實文學發展根基，觀照當代人文的思想脈絡，更能指引未來的社會發展。臺灣文學歷經數百年的綿延與沉澱，蓄積豐沛的能量，也呈現生氣盎然的多元創作面貌。近一甲子的臺灣現當代文學發展，就是華文世界人文心靈最溫暖的寫照。

　　緣此，國立臺灣文學館自 2010 年啟動《臺灣現當代作家研究資料彙編》，鉅細靡遺進行珍貴的文學史料蒐集研究，意義深遠。這項計畫歷時三年多，由文學館結合學界、出版社、作家一同參與，組成陣容浩大的編輯群與顧問團隊，梳理臺灣文學長河裡的各方涓流，共匯集 50 位臺灣現當代重要作家的生平、年表與作品評論資料，選錄其代表性的評論文章，彙編成冊，完整呈現作家的人文映記、文學成就及相關研究，成果豐碩。

　　由於內容浩瀚、需多所佐證，本套叢書共分三階段陸續出版，先是 2011 年推出以臺灣新文學之父賴和為首的 15 位作家研究資料彙編，接著於 2012 年完成張我軍、潘人木等 12 位作家的研究資料彙編；及至 2013 年 12 月，適逢國立臺灣文學館十周年館慶之際，更纂輯了姜貴、張秀亞、陳秀喜、艾雯、王鼎鈞、洛夫、余光中、羅門、商禽、瘂弦、司馬中原、林文月、鄭愁予、陳冠學、黃春明、白先勇、白萩、陳若曦、郭松棻、七等生、王文興、王禎和、楊牧共 23 位作家的研究資料，皇皇巨著，為臺灣文學之巍巍巨觀留下具里程碑的文字見證。這套選粹體現了臺灣文學研究總體成果中，極為優質的論述著作，有助於臺灣文學發展的擴展化與深刻化，質量兼具。在此，特別對參與編輯、撰寫、諮詢的文學界朋友們表達謝意，也向全世界愛好文學的讀者，推介此一深具人文啟發且實用的臺灣現當代文學工具書，彼此激勵，為更美好的臺灣人文環境共同努力。

文化部部長　龍應台

館長序

　　所有一切有關文學的討論，最終都得回歸到創作主體（作家）及其創作文本（作品）。文本以文字書寫，刊載在媒體上（報紙、雜誌、網站等），或以印刷方式形成紙本圖書；從接受端來看，當然以後者為要，原因是經過編輯過程，作者或其代理人以最佳的方式選編，常會考慮讀者的接受狀況，亦以美術方式集中呈現，其形貌也必然會有可觀者。

　　從研究的角度來看，它正是核心文獻。研究生在寫論文的時候，每在緒論中以一節篇幅作「文獻探討」，一般都只探討研究文獻，仍在周邊，而非核心。所以作家之研究資料，包括他這個人和他所寫的作品，如何鉅細靡遺彙編一處，是研究最基礎的工作；其次才是他作品的活動場域以及別人如何看待他的相關資料。前者指的是發表他作品的報刊及其他再傳播的方式或媒介，後者指的是有關作家及其作品的訪問、報導、著作目錄、年表、文評、書評、專論、綜述、專書、選編等，有系統蒐輯、編目，擇其要者結集，從中發現作家及其作品被接受的狀況，清理其發展，這其實是文學經典化真正的過程；也必須在這種情況下，作家研究才有可能進一步開展。

　　針對個別作家所進行的資料工作隨時都在發生，但那是屬於個人的事，做得好或不好，關鍵在他的資料能力；將一群有資料能力的學者組織起來，通過某種有效的制度性運作，想必能完成有關作家研究資料彙編的人文工程，可以全面展示某個歷史時期有關作家研究的集體成就，這是國立臺灣文學館從 2010 年啟動「臺灣現當代

作家研究資料彙編」（50 冊）的一些基本想法，和另外兩個大計畫：「臺灣文學史長編」（33 冊）、「臺灣古典作家精選集」（38 冊），相互呼應，期能將臺灣文學的豐富性展示出來，將「臺灣文學」這個學科挖深識廣；作為文化部的附屬機構，我們在國家文化建設的整體工程中，在「文學」作為一個公共事務的理念之下，我們紮紮實實做了有利文化發展的事，這是我們所能提供給社會大眾的另類服務，也是我們朝向臺灣文學研究中心理想前進的努力。

　　我們在四年間分三批出版的這 50 本臺灣現當代作家研究資料彙編，從賴和（1894～1943）到楊牧（1940～），從割臺之際出生、活躍於日據下的作家，到日據之末出生、活躍於戰後臺灣文壇的作家；當然也包含 1949 年左右離開大陸，而在臺灣文壇發光發熱的作家。他們只是臺灣作家的一小部分，由承辦單位組成的專業顧問群多次會商議決；這個計畫，我們希望能夠在精細檢討之後，持續推動下去。

　　顧問群基本上是臺灣文學史專業的組合，每位作家重要評論文章選刊及研究綜述的撰寫者，都是對於該作家有長期研究的專家。這是學界人力的大動員，承辦本計畫的臺灣文學發展基金會長期致力臺灣文學史料的蒐輯整理，具有強大的學術及社會力量，本計畫能夠順利推動且如期完成，必須感謝他們組成的編輯團隊，以及眾多參與其事的學界朋友。

國立臺灣文學館館長　李瑞騰

編序

緣起

1995 年 10 月 25 日，在臺灣師範大學教育大樓的 201 室，一場以「面對臺灣文學」為題的座談會，在座諸位學者分別就臺灣文學的定義、發展、研究，以及文學史的寫法等，提出宏文高論，而時任國家圖書館編纂張錦郎的「臺灣文學需要什麼樣的工具書」，輕鬆幽默的言詞，鞭辟入裡的思維，更贏得在座者的共鳴。

張先生以一個圖書館工作人員自謙，認真專業地為臺灣這幾十年來究竟出版了多少有關臺灣文學的工具書，做地毯式的調查和多方面的訪問。同時條理分明地針對研究者、學生，列出了十項工具書的類型，哪些是現在亟需的，哪些是現在就可以做的，哪些是未來一步一步累積可以達成的，分別做了專業的建議及討論。

當時的文建會二處科長游淑靜，參與了整個座談會，會後她劍及履及的開始了文學工具書的委託工作，從 1996 年的《臺灣文學年鑑》起始，一年一本的編下去，一直到現在，保存延續了臺灣文學發展的基本樣貌。接著是《中華民國作家作品目錄》的新編，《臺灣文壇大事紀要》的續編，補助國家圖書館「當代文學史料影像全文系統」的建置，這些工具書、資料庫的接續完成，至少在當時對臺灣文學的研究，做到一些輔助的功能。

2003 年 10 月，籌備多年的「台灣文學館」正式開幕運轉。同年五月《文訊》改隸「財團法人台灣文學發展基金會」，為了發揮更大的動能，開

始更積極、更有效率地將過去累積至今持續在做的文學史料整理出來，讓豐厚的文藝資源與更多人共享。

於是再次的請教張錦郎先生，張先生認為文學書目、作家作品目錄、文學年鑑、文學辭典皆已完成或正在進行，現在重點應該放在有關「臺灣現當代作家評論資料目錄」的編輯工作上。

很幸運的，這個計畫的發想得到當時臺灣文學館林瑞明館長的支持，於是緊鑼密鼓的展開一切準備工作：籌組編輯團隊、召開顧問會議、擬定工作手冊、撰寫計畫書等等。

張錦郎先生花了許多時間編訂工作手冊，每一位作家的評論資料目錄分為：

（一）生平資料：可分作者自述，旁人論述及訪談，文學獎的紀錄。

（二）作品評論資料：可分作品綜論，單行本作品評論，其他作品（包括單篇作品）評論，與其他作家比較等。

此外，對重要評論加以摘要解說，譬如專書、專輯、學術會議論文集或學位論文等，凡臺灣以外地區之報刊及出版社，於書名或報刊後加註，如中國大陸、香港、新加坡等。此外，資料蒐集範圍除臺灣外，也兼及中國大陸、香港、新加坡、日本、韓國及歐美等地資料，除利用國內蒐集管道外，同時委託當地學者或研究者，擔任資料蒐集工作。

清楚記得，時任顧問的學者專家們，都十分高興這個專案的啟動，但確定收錄哪些作家名單時，也有不同的思考及看法。經過充分的討論後，終於取得基本的共識：除以一般的「文學成就」為觀察及考量作家的標準外，並以研究的迫切性與資料獲得之難易度為綜合考量。譬如說，在第一階段時，作家的選擇除文學成就外，先考量迫切性及研究性，迫切性是指已故又是日治時期臺籍作家為優先，研究性是指作品已出土或已譯成中文為優先。若是作品不少而評論少，或作品評論皆少，可暫時不考慮。此外，還要稍微顧及文類的均衡等等。基本的共識達成後，顧問群共同挑選出 310 位作家，從鄭坤五、賴和、陳虛谷以降，一直到吳錦發、陳黎、蘇

偉貞，共分三個階段進行。

　　張錦郎先生修訂的編輯體例，從事學術研究的顧問們，一方面讚嘆「此目錄必然能成為類似文獻工作的範例」，但又深恐「費力耗時，恐拖延了結案時間」，要如何克服「有限時間，高度理想」的編輯方式，對工作團隊確實是一大挑戰。於是顧問們群策群力，除了每人依研究領域、研究專長認領部分作家外（可交叉認領），每個顧問亦推薦或召集研究生襄助，以期能在教學研究工作外，為此目錄盡一份心力。

　　「臺灣現當代作家評論資料目錄」專案計畫，自 2004 年 4 月開始，至 2009 年 10 月結束，分三個階段歷時五年六個月，共發現、搜尋、記錄了十餘萬筆作家評論資料。共經歷了三位專職研究助理，近三十位兼任研究助理。這些研究助理從開始熟悉體例，到學習如何尋找資料，是一條漫長卻實用的學習過程。

接續

　　「臺灣現當代作家評論資料目錄」的專案完成，當代重要作家的研究，更可以在這個基礎上，開出亮麗的花朵。於是就有了「臺灣現當代作家研究資料彙編暨資料庫建置計畫」的誕生。為了便於查詢與應用，資料庫的完成勢在必行，而除了資料庫的建置外，這個計畫再從 310 位作家中精選 50 位，每人彙編一本研究資料，內容有作家圖片集，包括生平重要影像、文學活動照片、手稿及文物，小傳、作品目錄及提要、文學年表。另外每本書分別聘請一位最適當的學者或研究者負責編選，除了負責撰寫八千至一萬字的作家研究綜述外，再從龐雜的評論資料中挑選具有代表性的評論文章，平均 12～14 萬字，最後再附該作家的評論資料目錄，以期完整呈現該作家的生平、創作、研究概況，其歷史地位與影響。

　　由於經費及時間因素，除了資料庫的建置，資料彙編方面，50 位作家分三個階段完成。第一階段出版了 15 位作家，第二階段出版了 12 位作家，此次第三階段則出版了 23 位作家資料彙編。雖然已有過前兩階段的實

務經驗，但相較於前兩階段，此次幾乎多出版將近一倍的數量，使工作小組在編輯過程中，仍然面臨了相當大的困難與挑戰。

　　首先，必須掌握每位編選者進度這件事，就是極大的挑戰。於是編輯小組在等待編選者閱讀選文的同時，開始蒐集整理作家生平照片、手稿，重編作家年表，重寫作家小傳，尋找作家出版品的正確版本、版次，重新撰寫提要。這是一個極其複雜的工程。還好有認真負責的雅嫻、塞婷、欣怡，以及編輯老手秀卿幫忙，讓整個專案延續了一貫的品質及進度。

　　在智慧權威、老練成熟的學者專家面前，這些初生之犢的年輕助理展現了大無畏的精神，施展了編輯教戰手冊中的第一招——緊迫盯人。看他們如此生吞活剝地貫徹我所傳授的編輯要法，心裡確實七上八下，但礙於工作繁雜，實在無法事必躬親，也只好讓他們各顯身手了。

　　縱使這些新手使出了全部力氣，無奈工作的難度指數仍然偏高，雖有前兩階段的經驗，但面對不同的編選者，不同的編選風格，進度仍然不很順利，再加上此次同時進行 23 位作家的編纂作業，在與各編選者及各冊傳主往來聯繫的過程中，更是有許多龐雜而繁瑣的細節。此時就得靠意志力及精神鼓舞了。我對著年輕的同仁曉以大義，告訴他們正在光榮地參與一個重要的文學工程，絕對不可輕言放棄。

成果

　　雖然過程是如此艱辛，如此一言難盡，可是終究看到豐美的成果。每位編選者雖然忙碌，但面對自己負責的作家資料彙編，卻是一貫地認真堅持。他們每人必須面對上千或數百筆作家評論資料，挑選重要或關鍵性的評論文章，全面閱讀，然後依照編選原則，挑選評論文章。助理們此時不僅提供老師們所需要的支援，統計字數，最重要的是得找到各篇選文作者，取得同意轉載的授權。在第一階段進度流程初估時，我們錯估了此項工作的難度，因為許多評論文章，發表至今已有數十年的光景，部分作者行蹤難查，還得輾轉透過出版社、學校、服務單位，尋得蛛絲馬跡，再鍥

而不捨地追蹤。有了第一階段的血淚教訓，第二階段關於授權方面，我們更是如臨深淵、如履薄冰，希望不要重蹈覆轍，第三階段也遵循前兩階段的經驗，在面對授權作業時更是戰戰兢兢，不敢懈怠。

除了挑選評論文章煞費苦心外，每個作家生平重要照片，我們也是採高標準的方式去蒐集，過世作家家屬、友人、研究者或是當初出版著作的出版社，都是我們徵詢的對象。認真誠懇而禮貌的態度，讓我們獲得許多從未出土的資料及照片，也贏得了許多珍貴的友誼。許多作家都協助提供照片手稿等相關資料，如王鼎鈞、洛夫、余光中、羅門、瘂弦、司馬中原、林文月、鄭愁予、黃春明及其子黃國珍、白先勇及與其合作多年的攝影師許培鴻、白萩及其夫人、陳若曦、七等生、王文興、楊牧及其夫人夏盈盈。已不在世的作家，其家屬及友人在編輯過程中，也給予我們許多協助及鼓勵，如姜貴的長子王為鎌、張秀亞的女兒于德蘭、艾雯的女兒朱恬恬、陳秀喜的女兒張瑛瑛、商禽的女兒羅珊珊、陳冠學的後輩友人陳文銓與郭漢辰、郭松棻的夫人李渝、王禎和的夫人林碧燕，藉由這個機會，與他們一起回憶、欣賞他們親人或父祖、前輩，可敬可愛的文學人生。此外，還有張默、岩上、閻純德、李高雄、丘彥明、朱雙一、吳姍姍、鄭穎、舊香居書店吳雅慧等作家及研究者，熱心地幫忙我們尋找難以聯繫的授權者，辨識因年代久遠而難以記錄年代、地點、事件的作家照片，釐清文學年表資料及作家作品的版本問題，我們從他們身上學習到更多史料研究可貴的精神及經驗。

但如何在規定的時間內，完成第三階段 23 本資料彙編的編輯出版工作，對工作小組來說，確實是一大考驗。每一冊的主編老師，都是目前國內現當代台灣文學教學及研究的重要人物，因此每位主編都十分忙碌。有鑑於前兩階段的經驗，以及現有工作小組的人力，決定分批完稿，每個人負責 2～4 本，三位組長的責任額甚至超過 4～5 本。每一本的責任編輯，必須在這一年多的時間內，與他們所負責資料彙編的主角——傳主及主編老師，共生共榮。從作家作品的收集及整理開始，必須要掌握該作家一生

作品的每一次的出版，以及盡量收集不同的版本；整理作家年表，除了作家、研究者已撰述好的年表外，也必須再從訪談、自傳、評論目錄，從作品出版等線索，再做比對及增刪。再來就是緊盯每位把「研究綜述」放在所有進度最後一關的主編們，每隔一段時間提醒他們，或順便把新增的評論目錄寄給他們（每隔一段時間就有新的相關論文或學位論文出現），讓他們隨時與他們所主編的這本書，產生聯想，希望有助於「研究綜述」撰寫的進度。

　　以上的工作說起來，好像並不十分困難，身為總策劃的我起初心裡也十分篤定的認為，事情儘管艱困，最後還是應該順利完成。然而，這句雲淡風輕的話，聽在此次身歷其境參與工作的同仁耳中，一定會恨得牙癢癢的。「夜長夢多」這個形容詞拿來形容這件工作，真是人恰當也沒有了。因為整個工作期程超過一年，在這段漫長的歲月中，因等待、因其他人力無法抗拒的因素，衍伸出來的問題，層出不窮，更有許多是始料未及的。譬如，每本書的的選文，主編老師本來已經選好了，也經過授權了，為了抓緊時間，負責編輯的助理們甚至連順序、頁碼都排好了，就等主編老師的大作了，這時主編突然發現有新的文章、新的資料產生：再增加兩三篇選文吧！為了達到更好更完備的目標，工作小組當然全力以赴，聯絡，授權，打字，校對，重編順序等等工作，再度展開。

　　此次第三階段共需完成 23 位作家研究資料彙編，年齡層較上兩個階段已年輕許多，因此到最後的疑難雜症，還有連主編或研究者都不太清楚的部分，譬如年表中的某一件事、某一個年代、某一篇文章、某一個得獎記錄，作家本人絕對是一個最好的諮詢對象，於是幾乎我們每本書都找到了作家本人，對解決某些問題來說，這是一個好的線索，但既然看了，關心了，參與了，就可能有不同的看法，選文、年表、照片，甚至是我們整本書的體例。於是又是一場翻天覆地的大更動，對整本書的品質來說，應該是好的，但對經過一年多琢磨、修改已近入完稿階段的編輯團隊來說，這不啻是一大挑戰。

　　1990 年開始，各地縣市文化中心（文化局），對在地作家作品集的整理出版，以及台灣文學館成立後對日治時期作家以迄當代重要作家全集的編纂，對臺灣文學之作家研究，也有了很好的促進作用。如《楊逵全集》、《林亨泰全集》、《鍾肇政全集》、《張文環全集》、《呂赫若日記》、《張秀亞全集》、《葉石濤全集》、《龍瑛宗全集》、《葉笛全集》、《鍾理和全集》、《錦連全集》、《楊雲萍全集》、《鍾鐵民全集》等，如雨後春筍般持續展開。

　　經過近二十年的努力，臺灣文學的研究與出版，也到了可以驗收或檢討成果的階段。這個說法，當然不是要停下腳步，而是可以從「臺灣現當代作家評論資料目錄」所呈現的 310 位作家、10 萬筆資料中去檢視。檢視的標的，除了從作家作品的質量、時代意義及代表性去衡量外、也可以從作家的世代、性別、文類中，去挖掘還有待開墾及努力之處。因此在這樣的堅實基礎上，這套「臺灣現當代作家研究資料彙編」，每位編選者除了概述作家的研究面向外，均有些觀察與建議。希望就已然的研究成果中，去發現不足與缺憾，研究者可以在這些不足與缺憾之處下功夫，而盡量避免在相同議題上重複。當然這都需要經過一段時間去發現、去彌補、去重建，因此，有關臺灣文學研究的調查與研究，就格外顯得重要了。

期待

　　感謝臺灣文學館持續支持推動這兩個專案的進行。「臺灣現當代作家評論資料目錄」的完成，呈現的是臺灣文學研究的總體成果；「臺灣現當代作家研究資料彙編」套書的出版，則是呈現成果中最精華最優質的一面，同時對未來的研究面向與路徑，做最好的建議。我們可以很清楚的體會，這是一條綿長優美的臺灣文學接力賽，我們十分榮幸能參與其中，我們更珍惜在傳承接力的過程，與我們相遇的每一個人，每一件讓我們真心感動的事。我們更期待這個接力賽，能有更多人加入。誠如張恆豪所說「從高音獨唱到多元交響」，這是每一個人所期待的。

編輯體例

一、本書編選之目的，爲呈現陳冠學生平、著作及研究成果，以作爲臺灣
　　文學相關研究、教學之參考資料。

二、全書共五輯，各輯內容及體例說明如下：

　　輯一：圖片集。選刊作家各個時期的生活或參與文學活動的照片、著
　　　　　作書影、手稿（包括創作、日記、書信）、文物。

　　輯二：生平及作品，包括三部分：

　　　　　1.小傳：主要內容包括作家本名、重要筆名，生卒年月日，籍
　　　　　　貫，及創作風格、文學成就等。

　　　　　2.作品目錄及提要：依照作品文類（論述、詩、散文、小說、
　　　　　　劇本、報導文學、傳記、日記、書信、兒童文學、合集）及
　　　　　　出版順序，並撰寫提要。不收錄作家翻譯或編選之作品。

　　　　　3.文學年表：考訂作家生平所進行的文學創作、文學活動相關
　　　　　　之記要，依年月順序繫之。

　　輯三：研究綜述。綜論作家作品研究的概況，並展現研究成果與價值
　　　　　的論文。

　　輯四：重要文章選刊。選收國內外具代表性的相關研究論文及報導。

　　輯五：研究評論資料目錄。收錄至 2013 年 6 月底止，有關研究、論述
　　　　　臺灣現當代作家生平和作品評論文獻。語文以中文爲主，兼及
　　　　　日文和英文資料。所收文獻資料，以臺灣出版爲主，酌收中國
　　　　　大陸、香港、日本和歐美國家的出版品。內容包含三部分：

　　　　　1.「作家生平、作品評論專書與學位論文」下分爲專書與學位
　　　　　　論文。

　　　　　2.「作家生平資料篇目」下分爲「自述」、「他述」、「訪談」、
　　　　　　「年表」、「其他」。

　　　　　3.「作品評論篇目」下分爲「綜論」、「分論」、「作品評論目
　　　　　　錄、索引」、「其他」。

目次

部長序 龍應台 3

館長序 李瑞騰 4

編序 封德屏 6

編輯體例 13

【輯一】圖片集

影像・手稿・文物 18

【輯二】生平及作品

小傳 27

作品目錄及提要 29

文學年表 39

【輯三】研究綜述

從「烏火炭」到百鍊「金剛鑽」 陳信元 53

　　——內儒外莊的陳冠學作品研究綜述

【輯四】重要評論文章選刊

《第三者》自序 陳冠學 81

《莊子新注（內篇）》新序 陳冠學 83

《藍色的斷想：孤獨者隨想錄》 陳冠學 85

　　——全卷本序

《論語新注》序 陳冠學 87

《莎士比亞識字不多？》自序　　　　　　　　　　　　陳冠學　　89

《進化神話‧第一部：駁達爾文《物種起源》》序　　　陳冠學　　91

《訪草‧第二卷》自序　　　　　　　　　　　　　　　陳冠學　　97

《老臺灣》第二版序　　　　　　　　　　　　　　　　陳冠學　　99

《現實與夢》自序與後記　　　　　　　　　　　　　　陳冠學　　101

《字翁婆心集》自序　　　　　　　　　　　　　　　　陳冠學　　105

客語之古老與古典　　　　　　　　　　　　　　　　　陳冠學　　107

誰在謀殺語文？　　　　　　　　　　　　　　　　　　陳冠學　　109

一切都是為著美　　　　　　　　　　　　　　　　　　陳　列　　113
　　　　──二訪陳冠學先生

那個午后，聆聽散文大師陳冠學　　　　　　　　　　　郭漢辰　　123
　　　　──半世紀的文學堅持

大武山下的田園哲人　　　　　　　　　　　　　　　　鍾仁忠　　129
　　　　──陳冠學

《田園之秋》（代序）　　　　　　　　　　　　　　　葉石濤　　147

親善大地的田園哲人　　　　　　　　　　　　　　　　邱珮萱　　151
　　　　──陳冠學

評陳冠學的《田園之秋》　　　　　　　　　　　　　　何　欣　　163

陳冠學的《田園之秋》　　　　　　　　　　　　　　　吳念真　　171

評《田園之秋》全卷　　　　　　　　　　　　　　　　亮　軒　　173

《田園之秋》的辭與物　　　　　　　　　　　　　　　劉正忠　　177

陳冠學《田園之秋》中的自然觀察與書寫　　　　　　　張達雅　　185

美麗舊世界：陳冠學作品的特質　　　　　　　　　　　吳明益　　221
　　　　──以《田園之秋》為論述中心

詩性的田園居所 　　　　　　　　　　　　　曾昭榕　237
　　——論《田園之秋》的書寫美感與倫理關懷

《田園之秋》賞析 　　　　　　　　　　　　蕭　蕭　261

象徵與敘事 　　　　　　　　　　　　　　　唐毓麗　263
　　——談《田園之秋》與《家離水邊那麼近》的身體形象
　　、生命書寫及倫理意義

「理念」的「張陳」 　　　　　　　　　　　王國安　301
　　——陳冠學《第三者》研究

父女對話 　　　　　　　　　　　　　　　　張　健　331

受傷的戀土情結 　　　　　　　　　　　　　鄭明娳　333
　　——評陳冠學《訪草》

少數與多數 　　　　　　　　　　　　　　　心　岱　335
　　——懷念陳冠學老師

冠學老師的最後一堂文學課 　　　　　　　　郭漢辰　339

田園躬耕的隱者 　　　　　　　　　　　　　向　陽　345
　　——陳冠學與自立副刊

【輯五】研究評論資料目錄
作家生平、作品評論專書與學位論文 　　　　　　　　　351
作家生平資料篇目 　　　　　　　　　　　　　　　　　353
作品評論篇目 　　　　　　　　　　　　　　　　　　　360

輯一◎圖片集

影像◎手稿◎文物

約1950年代，青年時期的陳冠學。（陳文
銓提供）

約1970年代，陳冠學於屏東縣新埤國中任教時期留影。
（陳文銓提供）

約1980年代初期，陳冠學留影。（陳
文銓提供）

約1970年代，陳冠學與其業師牟宗三
（左）合影。（陳文銓提供）

1981年11月，陳冠學參加第七屆省議員選舉。（陳文銓提供）

1983年10月2日，陳冠學（左三）獲第三屆時報文學獎散文組首
獎，於頒獎大會留影。（陳文銓提供）

約1980年代中期，與女兒、文友
合影。左二起：陳冠學、柯旗
化。（陳文銓提供）

1983年冬天，陳冠學（前排左
二）出席鍾理和紀念館落成典
禮。前排左四起：鍾逸人、葉石
濤、郭水潭。（陳文銓提供）

1986年11月14日，陳冠學獲第九屆吳三連文藝獎散文類，出席贈獎典禮。前排左起：吳尊賢、吳三連、謝東閔、陳奇祿、葉明勳；後排左起：陳冠學、洛夫、吳炫三、林吉基。（財團法人吳三連文藝獎基金會提供）

約1980～1990年代，陳冠學留影。（陳文銓提供）

約2000年代，陳冠學與陳文銓（左）合影。（陳文銓提供）

2005年5月26日，馬英九來訪。左起：封德屏、陳冠學、馬英九。
（郭漢辰提供）

2011年5月28日，陳冠學（中）於屏東武潭國小平和分校前留影。左為莊美足、右後為李昭容。（莊美足提供）

2012年8月10日～10月7日，屏東縣政府舉辦「陳冠學田園書房展」，展出陳冠學使用過的相關文物。（郭漢辰提供）

陳冠學〈可憐的黑將軍〉手稿。（國立臺灣文學館提供）

陳冠學〈人與人性〉手稿。（國立臺灣文學館提供）

輯二◎生平及作品

小傳◎作品◎年表

小傳

陳冠學，男，本名陳英俊，籍貫臺灣屏東。1934 年 2 月 1 日生，2011年 7 月 6 日逝世，享年 77 歲。

臺灣師範大學國文系畢業。曾任國中、高中、專校教師，創立萬隆印刷廠，並主持高雄三信出版社。1981 年辭去教職，移居高雄澄清湖畔，同年參與省議員選舉；1982 年搬回屏東新埤老家，此後專事寫作。曾獲中國時報散文類推薦獎、吳三連文藝獎散文獎、鹽分地帶臺灣新文學貢獻獎。

陳冠學創作文類以論述、散文爲主，兼及小說。在論述方面，早期精研中國古代哲學思想，《論語新注》爲其對儒家思想印證的總結，《莊子新傳》、《莊子宋人考》以及《莊子新注》則充分展現其學術研究的成果；晚期歸隱田園之後，專注於臺灣拓荒歷史的考證，將自身對於生命的熱情，融入臺灣歷史文化，成爲研究先民活動的重要史料，如《老臺灣》。同時，他也致力於臺灣歷史與臺灣語文的研究，帶領讀者發現臺語的歷史性與典雅性，如《臺語之古老與古典》與《高階標準臺語字典》（上冊）。

在散文分面，陳冠學擅長以生活周遭事物做爲題材，其代表作《田園之秋》，爲一系列的田園生活日記，情感細膩內斂，文字撲拙自然，展現出對於臺灣田園生活的緬懷和讚歌，同時也蘊含了深厚的人文素養及生命觀照。葉石濤曾說：「陳冠學《田園之秋》，透過農家四周景物的描寫，充分地反映了臺灣這塊土地所孕育的美。同時也是一本難得一見的博物誌，如

同法布爾十卷《昆蟲記》，以銳利的觀察力和富有創意的方法研究了昆蟲的生態一樣。」林文月也認爲《田園之秋》一書：「文筆自然，沒有造作，最可貴的是躬耕自持的精神，不只寫田園之美，也有很多人文思考和高層次的人文關照。」除論述、散文之外，陳冠學尚有數篇短篇小說的創作，主要描述小人物的生活情況與景象，啓迪讀者對於現代社會的深思與關懷，如《第三者》。

　　綜觀來說，陳冠學一生致力於自我理想的追求與實現，不僅以身作則，從現代化的都市文明社會，回歸到自給自足的簡樸田園生活，更藉由創作與書寫，表達自身對於臺灣這塊美麗土地的熱愛與關懷。他運用精錬的筆觸、樸實的文字，記錄臺灣自然之美，並融合獨特的自然哲學觀點，希冀能讓年輕一代的人們了解大自然的重要性，並能更加愛惜、關心臺灣這塊土地，可謂臺灣重要的田園散文作家。誠如倪金華所言：「陳冠學在自然田園的生活實踐中，表現自己，也表現人類熱戀大自然，追求人與自然和諧的願望，展示理想化的人生境界。」

作品目錄及提要

【論述】

三民書局 1970　　三民書局 2003

象形文字
臺北：三民書局
1970 年 8 月，40 開，177 頁
三民文庫 102

臺北：三民書局
2003 年 10 月，新 25 開，202 頁
三民叢刊 271

本書揀選 176 字，歸類成日月、雲雨等
10 類，以簡單明瞭的繪圖方式解說文字
原意，藉以引發一般讀者對於文字學之興
趣。正文前有陳冠學〈卷頭語〉。
2003 年三民版：內容與 1970 年三民版相
同。

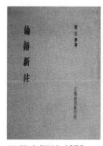

三信出版社 1976　　復文圖書出版社 1982

論語新注
高雄：三信出版社
1976 年 6 月，25 開，199 頁

高雄：復文圖書出版社
1982 年 4 月，25 開，199 頁

臺北：東大圖書公司
1995 年 4 月，25 開，317 頁
滄海叢刊・國學

本書以文言文寫作，總結作者對儒家思
想之印證，並依《論語》篇章依序注
釋，引導讀者切實理解。全書收錄〈學
而第一〉、〈為政第二〉、〈八佾第三〉等

東大圖書公司 1995

20 篇。正文前有陳冠學〈自序〉。
復文圖書版：內容與三信版相同。
東大圖書版：正文前新增陳冠學〈再版序〉。

莊子新傳──莊周即楊朱定論

高雄：三信出版社
1976 年 1 月，32 開，56 頁

本書主要探討中國古代哲學思想，作者從動機、時代、姓
名等角度立說，推斷莊周、楊朱為同一人。正文前有陳冠
學〈自序〉。

莊子宋人考

高雄：三信出版社
1977 年 12 月，32 開，124 頁

本書以《莊子新傳──莊周即楊朱定論》的論述為基礎，
探究莊周之里籍與宗國等問題。正文前有陳冠學〈序〉，正
文後有陳冠學〈莊周即楊朱定論：為蔡子民先生駁唐鉞氏
〈楊朱考〉〉。

 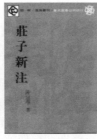

三信出版社 1978　　　東大圖書公司 1989

莊子新注（內篇）

高雄：三信出版社
1978 年 11 月，25 開，344 頁

臺北：東大圖書公司
1989 年 9 月，25 開，366 頁
滄海叢刊・國學

本書以「莊周即楊朱」的論述為基礎，重
新注釋《莊子》內篇，並依序注釋。全書
收錄〈莊子的傳記〉、〈內篇的作者與編
者〉、〈今本內篇：其竄佚移易〉等 11 篇

。正文前有陳冠學〈自序〉、〈本注引用書目要〉。
東大圖書版：正文前新增陳冠學〈新序〉。

東大圖書公司 1981

東大圖書公司 2003

老臺灣

臺北：東大圖書公司
1981 年 9 月，25 開，179 頁
滄海叢刊

臺北：東大圖書公司
2003 年 9 月，25 開，200 頁
滄海叢刊‧史地類

本書從地理、歷史、文化等層面探討臺灣種種人文內涵。
全書分「有史以來」、「滄海桑田」、「美麗之島」、「先住
民」、「移民」、「拓荒」六章。正文前有陳冠學〈自序〉，正
文後附錄陳冠學〈鄭成功取臺灣戰況〉、〈本書徵引重要文
獻〉。
2003 年東大圖書版：第六章「拓荒」部分內容略有刪減。
正文前新增陳冠學〈第二版序〉。

自印 1981

第一出版社 1984

前衛出版社 2006

臺語之古老與古典

高雄：自印
1981 年 9 月，大 32 開，288 頁

高雄：第一出版社
1984 年 3 月，新 25 開，291 頁

臺北：前衛出版社
2006 年 3 月，大 32 開，326 頁

本書以閩南語的歷史為出發點，按聲韻
學的研究方法，探索閩南語的真正辭彙
與應對文字，藉以宣揚其典雅之面貌。
全書收錄〈「茹毛飲血」怎麼講〉、〈駁蘇
東坡的謬論〉、〈東郭牙讀唇洩軍機〉等
15 篇。
第一版：正文前新增陳冠學〈說明〉。
前衛版：正文後新增陳冠學〈附錄〉。

莎士比亞識字不多？

臺北：三民書局
1998 年 1 月，新 25 開，242 頁
三民叢刊 166

本書主要探討莎士比亞作品的真正作者之謎。全書分上、
下兩卷，收錄〈莎士比亞識字不多〉、〈誰是莎士比亞〉等
六篇。正文前有歷代莎士比亞像及珍貴照片、陳冠學〈自
序〉，正文後有陳冠學〈莊周即楊朱定論──莊子新傳〉。

進化神話第一部・駁：達爾文《物種起源》

臺北：三民書局
1999 年 10 月，新 25 開，318 頁
三民叢刊 202

本書針對達爾文《物種起源》言論，逐一提出辯駁。全書
收錄〈物種不是獨立創造出來的〉、〈物種不是不變的？〉、
〈達爾文說：「我研究過全世界的家犬。」〉、〈孔雀是野生
物種〉、〈畫羊變成了真羊〉等 93 篇。正文前有陳冠學〈自
序〉。

高階標準臺語字典（上冊）

臺北：前衛出版社
2007 年 8 月，18×27 公分，913 頁

本書為作者耗費十年，獨力完成之臺語字典，以建立標準
為宗旨，採行羅馬音標，兼收臺語讀音、語音。正文前有
〈說明〉、〈部首索引〉等編輯體例，正文後有陳冠學〈後
記〉。

臺灣四大革命

臺北：前衛出版社
2009 年 7 月，25 開，192 頁

本書主要探究臺灣荷蘭時代以降的四大革命事件，依序為
1652 年郭懷一事件、1721 年朱一貴事件、1786 年林爽文
事件、1862 年戴潮春事件。正文前有陳冠學〈自序〉，正
文後有〈林爽文革命始末〉。

【散文】

鹿鳴集
自印
1978 年 8 月，32 開

（今無傳本）

田園之秋（初秋篇）
臺北：前衛出版社
1983 年 2 月，32 開，161 頁
前衛叢刊 4

本書爲《田園之秋》第一部初秋篇，全書以日記形式寫成，記載 1981 年 9 月，作者於屏東新埤的生活點滴，同時描寫農家四周景物，呈現出臺灣土地之美。正文前有葉石濤〈田園之秋（代序）〉，正文後有愛默生著；陳冠學譯〈自然〉、歌德著；陳冠學譯〈自然〉、何欣〈評析《田園之秋》〉。

田園之秋（仲秋篇）
臺北：前衛出版社
1984 年 10 月，32 開，146 頁
前衛叢刊 24

本書爲《田園之秋》第二部仲秋篇，全書以日記形式寫成，記載 1981 年 10 月，作者於屏東新埤的生活點滴，同時描寫農家四周景物，呈現出臺灣土地之美。

田園之秋（晚秋篇）
臺北：前衛出版社
1985 年 3 月，32 開，139 頁
前衛叢刊 31

本書爲《田園之秋》第三部晚秋篇，全書以日記形式寫成，記載 1981 年 11 月，作者於屏東新埤的生活點滴，同時描寫農家四周景物，呈現出臺灣土地之美。

前衛出版社 1986　　　草根出版公司 1994

草根出版公司 2004

田園之秋

臺北：前衛出版社
1986 年 12 月，32 開，130、146、139 頁

臺北：草根出版公司
1994 年 11 月，25 開，343 頁
臺灣文學名著 1

臺北：草根出版公司
2004 年 2 月，25 開，343 頁
臺灣文學名著 1

本書爲《田園之秋》「初秋篇」、「仲秋篇」、「晚秋篇」之合訂本。正文前有葉石濤〈田園之秋（代序）〉、何欣〈評析《田園之秋》〉。
1994 年草根版：正文前何欣〈評析《田園之秋》〉一文更名爲〈評析《田園之秋》初秋篇〉，並新增吳念真〈陳冠學的《田園之秋》〉、亮軒〈評《田園之秋》全卷〉，正文後新增陳冠學〈後記〉。
2004 年草根版：內容與 1994 年草根版相同。

東方出版中心 2006

前衛出版社 2007

大地的事

上海：東方出版中心
2006 年 1 月，18 開，256 頁

臺北：前衛出版社
2007 年 5 月，18 開，358 頁
何華仁繪圖

本書爲簡體字版，以《田園之秋》草根版爲基礎，改書名爲《大地的事》。正文前刪去吳念真〈陳冠學的《田園之秋》〉、亮軒〈評《田園之秋》全卷〉二文，新增范培松〈推薦序一〉、謝有順〈推薦序二〉。
前衛版：正文前刪去葉石濤〈田園之秋（代序）〉、何欣〈評析《田園之秋》初秋篇〉，新增陳冠學 1997 年照片、陳冠學〈自序〉，正文後新增陳冠學〈附記〉。

圓神出版社 1987

三民書局 1994

父女對話

臺北：圓神出版社
1987 年 5 月，32 開，240 頁
圓神叢書 24

臺北：三民書局
1994 年 10 月，新 25 開，221 頁
三民叢刊 92

本書以散文形式記錄作者與女兒居於屏東新埤生活期間的
有趣對話，展現出父女親情與稚女天真。全書收錄〈山〉、
〈五歲姑婆〉、〈公主與國王〉、〈太陽與地球〉等 45 篇。
三民版：內容與圓神版相同。

藍色的斷想——孤獨者隨想錄（A 卷）

臺北：前衛出版社
1988 年 9 月，新 25 開，99 頁
小叢書 1

本書為作者速記之雜感，不立標題、篇名，隨思隨筆。全
書收錄 400 則。正文前有陳冠學〈自序〉。

藍色的斷想——孤獨者隨想錄（A、B、C 全卷）

臺北：三民書局
1994 年 10 月，新 25 開，251 頁
三民叢刊 1

本書以《藍色的斷想——孤獨者隨想錄（A 卷）》為基礎，
新增B卷、C卷，A卷收錄 400 則，B 卷收錄 399 則，C 卷
收錄 278 則。正文前有陳冠學〈全卷本序〉。

訪草·第一卷

臺北：三民書局
1994 年 10 月，新 25 開，281 頁
三民叢刊 85

本書集結作者散文作品，描述田園生活中的所見所感。全
書收錄〈感觸〉、〈田園今昔〉、〈棄貓〉、〈家居的野趣〉等
41 篇。

訪草·第二卷

臺北：三民書局
2005 年 2 月，新 25 開，183 頁
三民叢刊 85-2

本書集結作者散文作品，描述田園生活中的所見所感。全
書收錄〈老讀書的懷念〉、〈日記〉、〈時光郵差〉等 24 篇。
正文前有陳冠學〈自序〉。

字翁婆心集

臺北：前衛出版社
2006 年 7 月，16.8×11.5 公分，244 頁
臺灣國民教養新書 8

本書集結作者於 1995 年 4 月 16 日起，發表於《臺灣新聞
報》副刊的散文作品。全書收錄〈兩性差異〉、〈諾貝爾文
學獎〉、〈西洋古典音樂〉、〈文學〉、〈文學的效用〉等 116
篇。正文前有陳冠學〈自序〉。

覺醒：字翁婆心集

臺北：草根出版公司
2006 年 12 月，17 × 11.5 公分，244 頁

本書以《字翁婆心集》為基礎，改書名重排新版。

陳冠學隨筆：夢與現實

臺北：草根出版公司
2008 年 5 月，50 開，145 頁

本書以散文形式，闡述作者對於理想與現實差異之感思。全書收錄 35 則，不立標題、篇名，隨思隨筆。正文前有陳冠學簡介、陳冠學〈自序〉，正文後有〈陳冠學著作出版一覽〉。

陳冠學隨筆：現實與夢

臺北：前衛出版社
2008 年 11 月，50 開，132 頁

本書集結作者散文作品。全書分上、下二卷：上卷談「美」，析解美的定義、探討美感；下卷談「靈」，兼取康德「純粹理性批判」之說。正文前有陳冠學〈自序〉，正文後有「附錄一」：〈肉豆〉、〈波斯菊〉、〈苦楝〉、〈反願力〉四篇散文，「附錄二」：宋光耀〈女魔神〉、陳冠學〈後記〉。

【小說】

圓神出版社 1987　　草根出版公司 2006

第三者

臺北：圓神出版社
1987 年 6 月，32 開，226 頁
圓神叢書 34

臺北：草根出版公司
2006 年 2 月，17.5×11.7 公分，237 頁
臺灣文學讀本 14

短篇小說集。全書收錄〈詩人〉、〈產婆〉、〈大限〉、〈返照〉、〈天鵝〉、〈賊仔三〉、〈一支斑駁的老筆〉、〈末路〉、〈第三者〉、〈製餅師──文學對話〉十篇。正文前有陳冠學〈自序〉。
草根版：內容與圓神版相同。正文前刪去陳冠學〈自序〉。

【合集】

訪草

臺北：前衛出版社
1988 年 9 月，新 25 開，126 頁
小叢書 2

本書為小說與散文合集。全書收錄小說〈午夜〉、〈鍾馗與野
狗〉二篇；散文〈感觸〉、〈最後的蘆葦〉、〈棄貓〉等 12 篇。
正文前有陳冠學〈自序〉，正文後附錄陳冠學〈外太空人在古
中國〉。

文學年表

1934 年 (昭和 9 年)	2 月	1 日，出生於屏東縣新埤鄉萬隆村。本名陳英俊。父母皆務農。
1945 年 (昭和 20 年)	本年	小學五年級時，因美軍空襲臺灣，學校停課。直到學校復學前，皆由父親委請的漢學先生以臺語教學漢文，於此奠定臺語基礎並開啓對其的熱愛。
1946 年	本年	就讀東港中學，初二時自修中國舊體詩與習作唐詩。
1949 年	本年	就讀潮州高中，就學期間，數學與國文十分優異。 父親過世。由母親獨力撫養，課餘時下田幫忙農事，對土地產生濃厚的感情。
1952 年	本年	潮州高中畢業。 考上臺灣省立師範學院國文系。
1954 年	本年	受教於哲學大師牟宗三先生，思想深受其影響，並有志於學術。
1955 年	本年	大學四年級時，由其師陳蔡煉昌安排至延平補校夜間部任教，並擔任高中一年級班導師。
1956 年	本年	臺灣省立師範大學國文系畢業。 返回母校東港中學擔任高一導師。後輾轉任教於國、高中及專科學校 11 所之多。陳冠學形容自己「浪跡江湖，顛沛流離，居止無定所」。
1959 年	本年	任教於潮州中學。 爲心臟疾病所苦。

		於屏東潮州開設萬隆印刷廠，出版托爾斯泰著《傻瓜伊凡》（何瑞雄譯）。
1970 年	8 月	《象形文字》由臺北三民書局出版。
1971 年	本年	擔任三信出版社總編輯，並於三信家商與文藻語言專科學校兼課。
1975 年	1 月	《莊子新傳——莊周即楊朱定論》由高雄三信出版社出版。
	秋	心臟疾病加劇，患心跳頻數、畏熱，以至於衰弱不得步行，一起立則全身顫不自禁。
	本年	任教於新埤國中。
1976 年	5 月	發表〈莊周即楊朱定論——爲蔡子民先生駁唐鉞氏「楊朱攷」〉於《大學雜誌》第 96 期。
	6 月	《論語新注》由高雄三信出版社出版。
1977 年	12 月	《莊子宋人考》由高雄三信出版社出版。
1978 年	11 月	《莊子新注》由高雄三信出版社出版。
1981 年	3 月	辭去新埤國中教職，避居高雄大貝湖（澄清湖）畔。期間完成《老臺灣》、《臺語之古老與古典》。
	5 月	17 日，發表〈母親〉於《民眾日報》。
	9 月	《老臺灣》由臺北東大圖書公司出版。 自印出版《臺語之古老與古典》。
	11 月	1 日，參加第七屆省議員選舉，提出對於臺灣原始森林的維護等政見，但因無黨派支援且缺乏經費，終至落選。
	12 月	1 日，開始動筆撰寫〈田園之秋〉日記。
1982 年	1 月	17、19、20、29 日，發表〈田園之秋（9 月 1 日至 9 月 4 日）〉於《民眾日報》。
	4 月	發表〈田園之秋（9 月 1 日至 9 月 9 日）〉於《文學界》第 2 集（夏季號）。

《論語新注》由高雄復文圖書出版社出版。

7 月　發表〈田園之秋（9 月 10 日至 9 月 31 日）〉於《文學界》第 3 集（秋季號）。

本年　年底，搬回屏東縣潮州鎮新埤鄉萬隆村老家，開闢農園。

1983 年　1 月　發表短篇小說〈午夜〉於《文學界》第 5 集（春季號）。

2 月　《田園之秋（初秋篇）》由臺北前衛出版社出版。

5 月　2 日，發表〈父女對話——山〉於《中國時報》第 8 版。

9 月　2 日，《田園之秋（初秋篇）》獲第六屆時報文學獎散文類推薦獎。

12 月　發表〈田園之秋（10 月 1 日至 10 月 15 日）〉於《文學界》第 8 集（冬季號）。

1984 年　1 月　25～26 日，〈棄貓〉連載於《中國時報》第 8 版。

2 月　發表〈田園之秋（10 月 16 日至 10 月 30 日）於《文學界》第 9 集（春季號）。

3 月　2 日，發表〈認識臺語〉於《自立晚報》第 10 版。

8 日，發表〈臺語與閩南語〉於《自立晚報》第 10 版。

29 日，發表〈臺語與上古漢語——語音篇〉於《自立晚報》第 10 版。

《臺語之古老與古典》由高雄第一出版社出版。

4 月　6 日，發表〈臺語與上古漢語——語詞篇〉於《自立晚報》第 10 版。

13 日，發表〈臺語與上古漢語——語法篇〉於《自立晚報》第 10 版。

20 日，發表〈臺語中的日常古語〉於《自立晚報》第 10 版。

27 日，發表〈臺語與論語〉於《自立晚報》第 10 版。

5 月　4 日，發表〈臺語七聲調〉於《自立晚報》第 10 版。

11 日，發表〈臺語的變調〉於《自立晚報》第 10 版。

18 日，發表〈臺語的讀音與語音〉於《自立晚報》第 10 版。

25 日，發表〈臺語的變音〉於《自立晚報》第 10 版。

7 月　3 日，發表〈家居的野趣〉於《中國時報》第 8 版。

發表〈臺灣非無蘆花〉於《大自然》第 1 卷第 4 期。

9 月　16 日，發表〈紙鳳蝶〉於《中國時報》第 8 版。

23～24 日，〈天鵝〉連載於《中國時報》第 8 版。

10 月　《田園之秋（仲秋篇）》由臺北前衛出版社出版。

11 月　發表〈訪草〉於《聯合文學》第 1 期。

12 月　7 日，發表〈田園之秋‧晚秋篇之一〉於《中國時報》第 8 版。

20 日，發表〈田園之秋‧晚秋篇之二〉於《中國時報》第 8 版。

24 日，發表〈田園之秋‧晚秋篇之三〉於《中國時報》第 8 版。

1985 年　3 月　7 日，發表〈報春〉於《中國時報》第 8 版。

《田園之秋（晚秋篇）》由臺北前衛出版社出版。

11 月　發表短篇小說〈第三者〉於《文學界》第 16 集（冬季號）。

1986 年　5 月　13 日，發表〈父女對話〉於《聯合報》第 8 版。

23 日，發表〈田園父女對話三則〉於《中國時報》第 8 版。

《父女對話》由臺北圓神出版社出版。

7 月　6 日，發表〈西北雨及其他〉於《中國時報》第 8 版。

	8 月	22 日，發表〈南北氣溫〉於《中國時報》第 8 版。
		24 日，發表〈「目水」與「目屎」〉於《聯合報》第 8 版。
	10 月	29 日，受邀擔任第九屆時報文學獎散文組評審，發表評審意見〈大巧若拙——評〈在碧寮村度過的耶誕之夜〉〉於《中國時報》第 8 版。
	11 月	14 日，《田園之秋》獲吳三連文藝獎散文獎，北上領獎，並出席吳三連文藝基金會舉辦的晚宴。
		接受陳列採訪，訪談文章〈一切都是為著美——訪陳冠學先生〉刊載於 1987 年 1 月 11 日《中國時報》第 8 版。
	12 月	《田園之秋》（全）由臺北前衛出版社出版。
		自然寫作作家徐仁修讀過《田園之秋》後，專程南下拜訪，與陳冠學結為好友。
1987 年	1 月	22 日，發表〈製餅師〉於《聯合報》第 8 版。
	6 月	短篇小說集《第三者》由臺北圓神出版社出版。
	7 月	應邀至鹽分地帶文藝營演講。
1988 年	1 月	2、4、6、7、11、18、22、28 日，發表〈藍色的斷想——陳冠學隨想錄……〉於《民生報》第 18 版。
	2 月	9、22、23、27 日，發表〈藍色的斷想——陳冠學隨想錄……〉於《民生報》第 18 版。
	3 月	3、11、19、21、28 日，發表〈藍色的斷想——陳冠學隨想錄……〉於《民生報》第 18 版。
	4 月	10、19、29 日，發表〈藍色的斷想——陳冠學隨想錄……〉於《民生報》第 18 版。
	5 月	4、8 日，發表〈藍色的斷想——陳冠學隨想錄……〉於《民生報》第 18 版。

	6 月	10 日，發表〈藍色的斷想──陳冠學隨想錄……〉於《民生報》第 18 版。
	9 月	18 日，發表〈怪醫〉於《聯合報》第 16 版。
		《藍色的斷想──孤獨者隨想錄（A 卷）》、《訪草》由臺北前衛出版社出版。
1989 年	3 月	14 日，發表〈美麗舊世界〉於《聯合報》第 16 版。
	5 月	1 日，發表〈新世代盜賊〉於《聯合報》第 22 版。
		《莊子新注（內篇）》由臺北東大圖書公司出版。
	11 月	24 日，發表〈厭富者傳奇〉於《聯合報》第 28 版。
1990 年	2 月	19 日，《中國時報》製作「開卷人物」專題訪陳冠學。
1992 年	1 月	27 日，發表〈瀧瀧滾〉於《中國時報》第 22 版。
	3 月	應邀擔任第一期「中小學雙語教學師資培訓班」臺語教師。
	8 月	11 日，發表〈日記〉於《聯合報》第 39 版。
		22 日，邱婷專訪文章〈看我故鄉──「物化」改變農村外貌，也摧折人心，陳冠學睜著眼為田園做歷史見證〉刊載於《民生報》第 29 版。
1993 年	3 月	19 日，發表〈父愛〉於《聯合報》第 25 版。
	5 月	4 日，發表〈變〉於《聯合報》第 35 版。
		9 日，臺南縣學甲鎮尊賢館慶祝開館，舉辦「鹽分地帶作家書展」，展出作家有：陳冠學、吳新榮、林芳年、黃昭堂、吳豐山、林佛兒、鄭烱明、莊柏林、黃勁連、黃武忠、黃文博、陳艷秋、周梅春、謝武彰、羊子喬等人的文學作品。
	8 月	23 日，發表〈麻雀〉於《聯合報》第 35 版。
	10 月	28 日，發表〈旅遊文學合璧饌食文化〉於《中國時報》第 42 版。

11 月	28 日，發表〈鵐〉於《中國時報》第 35 版。
	發表〈客語之古老與古典〉於《六堆雜誌》革新 40 期。
1994 年　1 月	16 日，發表〈蛇〉於《聯合報》第 35 版。
2 月	7 日，發表〈臺北街頭遊民是「不為」〉於《聯合報》第 11 版。
4 月	24 日，發表〈談上下淡水溪——兼評介林文義的《母親的河》〉於《臺灣新聞報》第 15 版。
	25 日，邱婷專訪文章〈陳冠學念念為生態，因「惡藤」憂心如焚〉刊登於《民生報》第 29 版。
7 月	30 日，發表〈被奸所害〉於《聯合報》第 37 版。
10 月	《藍色的斷想——孤獨者隨想錄（A、B、C 全卷）》、《訪草・第一卷》、《父女對話》由臺北三民書局出版。
11 月	《田園之秋》由臺北草根出版公司出版。
1995 年　4 月	16 日，開始以「字翁」為筆名，於《臺灣新聞報》「西子灣副刊」開設「雕蟲集」專欄，每日發表一篇雜文，至 7 月 31 日止。計發表〈兩性差異〉、〈男人事〉、〈女人事〉、〈單身條款〉（1～3）、〈夫妻〉、〈外遇〉、〈腦中程式〉、〈說不〉、〈故人〉、〈嚴光〉、〈落地生根〉、〈人〉、〈人權〉、〈民主〉、〈人道〉、〈學徒〉、〈國中——遊民養成所〉、〈社會的轉變〉、〈新新人類〉、〈新新人類的內涵〉、〈新女性主義者〉、〈KTV 前仆後繼〉、〈讀書〉、〈買書〉、〈多餘人口〉（1～3）、〈醫生〉、〈合理的醫療制度〉、〈性教育〉、〈性〉、〈性之於人〉、〈愛滋病〉、〈偉大的男人〉、〈偉大的女人〉、〈母系社會〉、〈新母系社會〉、〈諾貝爾文學獎〉、〈三

聲無奈〉、〈質樸的人生〉、〈智慧的人生〉、〈精神生活〉、〈精神生活的種種〉、〈歌舞〉、〈聽樂〉、〈西洋古典音樂入門 3〉、〈不如人〉（1～2）、〈文學〉（1～7）、〈文學的效用〉（1～2）、〈介紹幾本書〉、〈文明的災厄〉（1～2）、〈平等〉（1～6）、〈教育〉、〈傳播媒體〉、〈認分〉、〈官吏的人格教育〉、〈政府是隻肥羊〉（上下）、〈心智的侏儒〉（上中下）、〈停下腳步〉、〈見賢不思齊〉、〈炫耀的本能〉（1～2）、〈無力〉、〈教師〉、〈超人〉、〈子女家庭教育〉（1～2）、〈選擇權〉、〈愛情〉、〈乾柴烈火〉、〈節慾〉、〈有頭無腦〉（1～2）、〈鼯鼠〉、〈天道〉、〈人事〉、〈富貴不是福〉、〈和氏璧〉、〈記省〉、〈娛樂〉、〈所為何事〉（1～2）、〈錢鼠〉、〈過堂風〉共 103 篇。後因身體不適無法繼續供稿而停刊。所有文章後收入 2006 年出版的《字翁婆心集》。

《論語新注》由臺北東大圖書公司出版。

6 月　3 日，發表〈憶恩師〉於《聯合報》第 37 版。

9 月　7 日，發表〈愛護語文〉於《聯合報》第 37 版。

10 月　發表〈誰在謀殺語文？〉於《拾穗雜誌》第 72 期。

秋　開始全心投入研究「莎士比亞是誰」的研究。

11 月　23 日，發表〈嚮往與失落間的普羅旺斯〉於《中國時報》第 43 版。

12 月　21 日，發表〈用「吃」誘人造訪山野〉於《中國時報》第 42 版。

1996 年　3 月　發表〈蝗〉於《中外文學》第 286 期。

8 月　13 日，發表〈名字〉於《中央日報》第 18 版。

		28 日，發表〈樹〉於《中央日報》第 18 版。
	9 月	25～26 日，〈文字〉連載於《中央日報》第 18 版。
		26 日，應邀出席《中央日報》舉辦的「南北作家會師高雄」活動。
	10 月	9 日，發表〈懷念〉於《中央日報》第 18 版。
	12 月	11 日，發表〈大阡陌〉於《中央日報》第 18 版。
1997 年	6 月	發表〈大洋國〉於《拾穗》第 554 期。
	9 月	19 日，發表〈對稱〉於《中央日報》第 18 版。
1998 年	1 月	《莎士比亞識字不多？》由臺北三民書局出版。
	2 月	5 日，發表〈生日感言〉於《聯合報》第 41 版。
	3 月	23、25 日，發表〈人生的智慧〉（上、下）於《中央日報》第 22 版。
	4 月	21 日，發表〈智慧的人生〉於《中央日報》第 22 版。
	本年	開始編纂《高階標準臺語字典》。
1999 年	2 月	5 日，林麗如側寫陳冠學之文章〈透過書寫傳達田園之美〉刊載於《聯合報》第 37 版。
		《田園之秋》獲文建會、《聯合報》副刊評選為「臺灣文學經典名著 30 種」。
	9 月	9 日，發表〈大自然在唱歌〉於《中國時報》第 42 版。
	10 月	《進化神話第一部‧駁：達爾文《物種起源》》由臺北三民書局出版。
	11 月	〈田園之秋〉部分摘錄刊登於《經典》第 16 期。
2000 年	本年	肺動脈破裂大出血。
2001 年	8 月	10 日，應邀出席吳三連臺灣史料基金會、延平昭陽文化基金會共同舉辦的「第 23 屆鹽分地帶文藝營」始業式，獲頒「臺灣新文學貢獻獎」。
2002 年	2 月	8 日，應邀出席「屏東縣大武山文學會」成立大會。

2003 年	4 月	2 日，時任文建會副主任委員吳密察與立法委員曹啓鴻來訪，陳冠學表示文化工作不能只做表面，應該踏實地做。
	9 月	發表〈此岸與彼岸——介紹老友許其正先生的詩〉於《文訊雜誌》第 215 期。
	本年	至潮州購物時發現有人欲對農會超市前的老龍眼樹灌藥致死，立即通知地方媒體及愛鄉人士，發起護樹運動。
2004 年	11 月	於家門口摔跤，摔傷腰椎。
2005 年	年初	應邀出席新埤鄉公所鄉史研討會。回家後拉傷手肘，2 個月後才逐漸復原。
	2 月	《訪草・第二卷》由臺北三民書局出版。
	5 月	26 日，文建會與屏東文化局派員來訪，陳冠學表示一位偉大的創作者應像一塊「烏火炭」，須忍受無邊無際的黑暗苦楚，才能成為永垂不朽發光發亮的「金鋼鑽」。
	12 月	31 日，接受鍾仁忠專訪，專訪文章〈大武山下的田園哲人——陳冠學〉獲第八屆大武山文學獎報導文學類佳作，後收入《第八屆大武山文學獎》。
2006 年	1 月	《大地的事》（《田園之秋》簡體字版）由中國上海東方出版中心出版。
		短篇小說集《第三者》由臺北草根出版公司出版。
	3 月	《臺語之古老與古典》由臺北前衛出版社出版。
	7 月	《字翁婆心集》由臺北前衛出版社出版。
	12 月	《覺醒——字翁婆心集》由臺北草根出版公司出版。
2007 年	5 月	《田園之秋》（插圖大字本）由臺北前衛出版社出版。
	7 月	2 日，發表〈肉豆〉於《人間福報》副刊。
		9 日，發表〈波斯菊〉於《人間福報》副刊。

16 日，發表〈苦楝〉於《人間福報》副刊。

3 日，發表〈反願力〉。後收入《陳冠學隨筆——現實與夢》。

應邀擔任《人間福報》「七月駐站作家」。

	8 月	《高階標準臺語字典（上）》由臺北前衛出版社出版。
	9 月	28 日，捐贈《老臺灣》手稿予漚汪人文化基金會鹽分地帶文化館典藏。同時，文化館於臺南香雨齋書院舉辦「經典作家陳冠學返鄉特展」，展期至 10 月 13 日。
2008 年	5 月	《陳冠學隨筆——夢與現實》由臺北前衛出版社出版。
	7 月	5 日，總統馬英九探訪，陳冠學建議大陸觀光客來臺，臺灣絕對不能使用簡體字，北京大學的教授都曾說繁體字最美，才是中國字的正統，臺灣應該要呼應。
	10 月	發表〈《現實與夢》自序與後記〉於《鹽分地帶文學》第 18 期。
	11 月	《陳冠學隨筆——現實與夢》由臺北前衛出版社出版。
2009 年	2 月	發表〈一日〉於《文訊雜誌》第 280 期。
	7 月	《臺灣四大革命》由臺北前衛出版社出版。
2011 年	7 月	2 日，作家郭漢辰與屏東縣文化處圖資科長許世文來訪，陳冠學勉勵後進「寫作第一個要務，便是誠實地面對自己，如果無法面對自己的真面目，就無法寫出真心的東西」，訪談文章〈冠學老師的最後一堂文學課〉刊載於《文訊雜誌》第 310 期。

6 日，病逝於屏東基督教醫院。

8 日，於屏東臺灣生命館舉行告別式。

| | 8 月 | 6 日，漚汪人文化基金會鹽分地帶文化館於臺南香雨齋書院舉辦「詠鹽分地帶美展暨陳冠學金句紀念展」，至 10 |

月 30 日止。

《文訊雜誌》製作「陳冠學紀念特輯」，刊載向陽〈田
園躬耕的隱者──陳冠學與自立副刊〉、心岱〈少數與
多數──懷念陳冠學老師〉、郭漢辰〈冠學老師的最後
一堂文學課〉三篇紀念文章。

2012 年　　8 月　14 日，屏東縣政府文化局於屏東旅遊文學館舉辦「陳冠
學田園書房紀念展」揭展記者會，主持人爲曹啓鴻，與
會者有郭漢辰、陳文銓、鍾仁忠、陳坤崙等人，展出內
容包含照片、創作手稿、書信及生前使用的文物等，展
期至 10 月 7 日止。

　　　　　　9 月　21 日，國立臺灣文學館、屏東縣政府、屏東教育大學中
國語文學系、屏東縣阿緱文學會共同舉辦「2012 第二屆
屏東文學學術研討會──陳冠學研究」，於屏東教育大
學國際會議廳舉行。

參考資料：

‧邱珮萱，《戰後臺灣散文中的原鄉書寫》，高雄師範大學國文學系博士論文，2003
　年。

‧鍾仁忠，〈大武山下的田園哲人〉，《第八屆大武山文學獎》，屏東：屏東縣政府文化
　局，2008 年。

‧郭漢辰，〈冠學老師的最後一堂文學課〉，《文訊雜誌》第 310 期，2011 年 8 月。

‧陳信元編，《臺灣文壇大事紀要》，臺北：行政院文建會，1999 年。

‧新聞知識庫網站。

‧國家圖書館──當代文學史料系統網站、臺灣期刊論文索引系統網站。

‧華文文學資訊平臺網站。

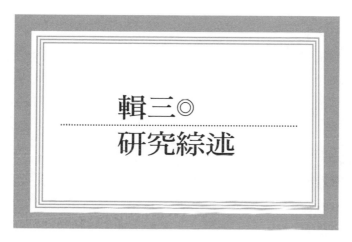

輯三◎
研究綜述

從「烏火炭」到百鍊「金剛鑽」

內儒外莊的陳冠學作品研究綜述

◎陳信元

一、前言

　　陳冠學在 1981 年以前，「一向志趣只在學問」，在教書之外，只專注學術思想的研究，已陸續出版儒道思想研究的相關論著，對莊子、《論語》都有新的發現、新的詮釋；並長期關注臺灣的歷史、語文等問題，並於 1970 年 8 月出版《象形文字》、1981 年 9 月出版《老臺灣》與《臺語之古老與古典》三書；另有一些思想方面的譯著《零的發現》、《人生論》、《人生的論向》等書。1981 年 12 月初起，陳冠學開始撰寫《田園之秋》日記、日後相繼出版《田園之秋・初秋篇》（1983 年 2 月）、《田園之秋・仲秋篇》（1984 年 10 月）、《田園之秋・晚秋篇》（1985 年 3 月），並於 1986 年 12 月，將三書合為《田園之秋》。

　　《田園之秋》是陳冠學 30 歲時醞釀寫作田園日記之計畫。《田園之秋・初秋篇》是他毅然辭卸教職後，隱遁湖畔、田園後，以筆耕實現青年志業的實踐。在無心插柳、文學評論界一致推崇下，獲第六屆時報文學獎的殊榮。這 31 篇日記體的作品，不論題材與體例均為當時所罕見，文筆自然，情感內斂，具有高度的人文思考表現。

二、關於陳冠學的訪談與文學觀

　　陳列在一篇採訪陳冠學的文章中提到：《田園之秋》全三篇的發表，讓

「愈來愈多的人，也才因而經由他成熟凝練的文字和敏銳獨到的生命關
照，既驚又喜地看到平凡田園中的美，曉得質樸的語言可以橫生出怎樣的
精采和機鋒，並且知道，在南臺灣的一處僻野裡，孤獨地活著這麼一個學
養見解、足具性情和風骨的心靈。」[1]

　　在寫作《田園之秋‧初秋篇》前，陳冠學曾參與第七屆省議員選舉，
不幸落敗。陳列也曾參與政治活動，對陳冠學參選之舉十分好奇，對他沒
有繼續走政治的路，卻回頭寫《田園之秋》的心情，充滿追問的興趣。中
國人向來是「出則仕」屬儒家思想，「歸則隱」屬道家思想。陳冠學給的答
案卻充滿使命感：

> 我基本上是想從文學和歷史的立場來從事政治的。落選後，我希望能用
> 文章來表達這些方面的理念，將臺灣人的根紮下去，喚起人民學習先人
> 拓荒冒險的精神，並且將臺灣與大陸的關係作一個處理。

　　所以，他完成《老臺灣》和《臺語之古老與古典》二書。在當時他更
關心的是臺灣這一塊美麗的土地，在全球化、現代化的潮流下，被破壞的
速度驚人，引發他對舊田園有著很深的懷念。這種屬於個人的私事，也是
大眾的事。陳冠學回答寫《田園之秋》的動機「是我個人對老田園的懷
念，以及想要讓以後的人知曉過去的臺灣有多麼美，進而喚醒少年人愛惜
臺灣這塊土地，結合成較大的力量，批評現階段破壞這塊土地的行為。」
　　有些人批評陳冠學的《田園之秋》「脫離現實人生太遠，自囿在他個人
的小天地裡，那是退縮而自私的，是反文明的，甚至是知識分子的一種墮
落。」陳冠學認為這些人不了解他的觀點。

> 《田園之秋》，我是吊在不朽的高度來寫的。我完全將它當作文學作品來

---

[1]陳列，〈一切都是為著美──二訪陳冠學先生〉，原載《中國時報》，1987 年 1 月 11 日，8 版

處理，不要讓它有任何污染，所以我不寫現時社會存在的種種問題，即使涉及到，也用極大技術避免掉。……文學歸文學，政治歸政治。一旦你要文學，卻又要與現實政治糾纏一起，無論怎麼寫，都是一種失敗。

　　陳冠學對文學「不朽的高度」，有獨到的認知，他說：「好的散文是不可能偶然產生的，這牽涉到作者的經歷，對人生的追求、對自我的建立，以及自我建立後的生命是否能涵蓋整個宇宙，若能達到這樣的胸懷，下筆便無問題，便能成為一個大作家，寫出來的都是好文章。」他對臺灣散文作家的作品接觸不多，不好評斷，但對散文的「高度」卻有明確的理念，它「必須在細膩之外，還能在作品底下發現壯闊的波瀾，如大海洋一般澎湃遼闊，高瞻遠矚地發出一股很大的生命力。那樣的味道、那樣的作品、才算是真正了不起的作品。」陳冠學也曾嘗試寫長篇小說，雖已動筆寫了二章，終未能如願完成。但在世界文壇，讓他佩服的小說家卻只有傑克‧倫敦‧托爾斯泰、迭更斯等人；排斥的小說家則有福樓拜、左拉、杜斯妥也夫斯基。

　　陳冠學是一個對文學持有虔敬之心，全心投入閱讀、寫作的典範。在接受郭漢辰拜會的談話中，不無驕傲地自述他是全臺灣第一個也是最後一個，不公開演講、不參與任何聚會的創作者，他認為身為一個作家，讀書、寫作的時間都不夠用，哪有空間出去演講、和人家聊天。他每天讀五個小時以上的書，從天文、自然、宗教、文學、哲學等各種書籍都閱讀，投入最深，用心最久的就是形上學，這些都是他創作時最深厚的基礎。

　　臺灣文學評論前輩葉石濤曾說：創作者要忍受非常人的苦痛歷程，如同遭到「天譴」，也只有透過這樣百般艱難的天路歷程，才能誕生出永垂不朽的創作。陳冠學也說：

　　一個偉大創作者，應該就像一塊「烏火炭」一樣，原本只是一塊根本不

起眼的黑色木炭，埋藏在深不見底幾千公尺的地底層，只有經過千百年
大自然的千錘百鍊，忍受無邊無際的黑暗苦楚，才能成為永垂不朽發光
發亮的「金剛鑽」。[2]

　　48 歲以後，陳冠學研讀於田園，寫下《田園之秋》這部「不朽高度」
的著作，由默默無名的教師、出版家、編輯、名不見經傳的作者，蛻變爲
散文大師，這一段淬鍊的過程，正是從地底的「烏火炭」，出土後成爲璀璨
的「金剛鑽」。

　　葉石濤形容陳冠學「具有中國傳統的舊文人氣質，同時又具有臺灣知
識分子參與（committed）的入世思想」，也就是儒道合一，或筆者所解讀
的「內儒外莊」的特質。葉石濤對《田園之秋》的評價，亦是放在文學高
度的天平上，他提出日本作家佐藤春夫的小說《田園的憂鬱》，是以「敏銳
的知識分子的感性，描寫了日本四季轉移之美，同時也藉田園之美反映了
他內心生活的苦悶和煩惱。」[3]這裡主要針對二人都描寫了四季轉移之美，
而非指向二人的思想、文學的技巧。

　　率先提倡「鄉土文學」的葉石濤，稱讚《田園之秋》透過農家四周景
物的描寫，充分反映了臺灣這塊美麗土地所孕育的內藏之美，將其與法布
爾（Jean Henri Fabre，1823～1915）的十卷本《昆蟲記》相提並論，並給
與高度的評價：

　　陳冠學的《田園之秋》也鉅細無遺地記錄了臺灣野生鳥類、野生植物、
　　生態景觀的四季變遷，筆鋒帶有摯愛這塊土地的一股熱情。這是臺灣三
　　十多年來注意風花雪月未見靈魂悸動的散文史中，獨樹一幟的極本土化
　　的散文佳作。

---

[2]郭漢辰，〈那個午后，聆聽散文大師陳冠學──半世紀的文學堅持〉，原載《文化生活》第 8 卷第
　2 期（2005 年 4 月）。
[3]葉石濤，《田園之秋（代序）》（臺北：前衛出版社，1983 年 2 月）。

　　在「自然寫作」這個名詞尚未出現之前，葉石濤已先見地點出陳冠學敏銳的生態觀察。但是，葉石濤進一步指出：退隱田園，晴耕雨讀，過清貧樂道的生活，「也許只有在夢裡，在心坎深處才能找到那溫馨的泥土香味吧！《田園之秋》，是找不到那歸隱之處的一闋哀歌。」（頁 5）陳冠學棲居在屏東大武山下的田園，那是他安身立命之處，心靈的一塊樂土，寄寓著他的哲學觀、人生觀。葉石濤對《田園之秋》之所以能夠打動讀者的心絃，歸因為「此散文把我們心裡的那一塊模糊的形象的田園具像化的關係吧？」（頁 5）

　　對一個離群索居的詩農，寫日記很可能千篇一律，陳冠學自己卻覺得每一個日子都很新鮮，其中的關鍵是生活者的心活著，日子就是怎樣重覆都是好日子。但自朝至暮，永遠出沒在他的耳際視野的是鳥類。所以，當陳冠學再一次檢讀自己的日記時，他發覺這些日記幾乎成為「田園鳥類生態記」了。

　　　（十月十一日）今天要寫的竟全是鳥類。可是這也實在不足怪，我寫的
　　　是田園生活啊！況且一個離群索居的人，在田園中，豈有不把日月星
　　　辰、風雲雨露、草木蟲鳥當友伴的嗎？而田園除了莊稼，除了日月星
　　　辰、風雲雨露、草木蟲鳥還有什麼呢？尤其鳥類是田園最活躍的居民，
　　　是我接觸最頻密的鄰人，寫的多些原是事實使然的啊！[4]

三、陳冠學《田園之秋》的評論

　　邱珮萱在〈親善大地的田園詩人──陳冠學〉中指出：「自然大地」成為這位天地鑑賞者所關照的主體，也讓無盡重複十分單純的田園日子能時時充滿感激。她引用陳冠學曾強調《田園之秋》要拒絕現時社會種種問題

---

[4]陳冠學，《田園之秋》（臺北：草根出版公司，1994 年 11 月），頁 155。

的污染，而代以自然返歸作爲生命召喚，並以此人類所追求的永恆主題促
發重省人類生命之眞正意義。

> 當人世對於一個人並不是天堂而是地獄之時，對自然的記憶與感情就會
> 全部甦醒，而渴望返歸自然，並於其間感到無限安慰與滿足，……田園
> 呼喚與回向自然自此成為一組互成之命題，猶如樂土之理想世的化身。[5]

　　邱珮萱進一步申論，昔日田園的追憶，卻可視爲陳冠學對理想世界之
追索營構，然其所重在於「昔日」而非「田園」，故現時田園所見之種種自
非刻劃敘寫重心，雖亦有農人、耕稼、田地、耕植、生計等環繞田園生活
的現時俗世，但總輕輕點過並未進一步加以申發，甚而多帶以朦朧之詩意
呈現。陳冠學筆下的形形色色人物，「所成就者乃爲遠古堯天舜日之樂土圖
像」。（頁 109）《田園之秋》十一月七日至十日之事，文中虛設張、陳二人
對語，乃爲正義伸張之「張」與自我敷陳之「陳」，這種安排與理念之伸張
敷陳，亦爲此書用以營構理想現世之主要途徑。邱珮萱觀察到，從昔日田
園追憶到理念伸張敷陳，陳冠學強調的是對現時俗世之儉省與深思。陳冠
學「完全經營在描繪臺灣昔日田園特有風情上，其所意欲營構之理想世已
有鄉土之姿更有超越鄉土之意。」（頁 111）

　　葉石濤、何欣、亮軒等人在寫《田園之秋》評介時對陳冠學諱莫高深
的生平，都有「不知何許人也」的好奇與納悶。葉石濤將《田園之秋》與
佐藤春夫、法布爾的作品放在同一個天平上，何欣則將其與 19 世紀英國小
說家兼散文家喬治・基斯（Geroge Gissing，今譯吉辛）的《四季隨筆》相
提並論：

> （《四季隨筆》）這是一本記錄鄉村生活樂趣的書，雖無優美的形式和堂

---

[5] 邱珮萱，《戰後臺灣散文中的原鄉書寫》第四節「親善大地的田園哲人——陳冠學」，高雄師範大
學國文系博士論文（2003 年 6 月），頁 107。

皇富麗的文體，但它具有一種嚴肅強勁的力量，永遠會喚你親近它。如
果把《田園之秋》比做《四季隨筆》，也許包括作者在內的很多人會以為
我是故意誇張，有捧人之嫌，但我讀《田園之秋》時，的確不時想到
《四季隨筆》。[6]

　　何欣認為陳冠學在《田園之秋》裡流露了對單純的田園生活的熱愛，
「但這種田園生活所以能給予他精神上的寧靜，實在是因為他在自然界中
找到了一種和諧，就是他所說的『諧順』。」何欣也提到《田園之秋》能激
起讀者興趣的還有對野生鳥類、野生植物的精密觀察和生動紀錄。何欣也
注意到老莊哲學對陳冠學的影響，陳冠學在文章中也慣於發揮一些「一己
的哲學思想」。但並未進一步闡釋。

　　吳念真並不把《田園之秋》當書看，反而把它當成「一個私人的心靈
治療師」，或是「蕪雜的思緒裡，處可供徜徉，休息的清麗天地」。[7]他指出
陳冠學筆下的田園景象人情不是大多數人所能觸及，陳冠學也無意使自己
或說服其他人成為遁世的隱士，所以基本上把《田園之秋》排除在「隱逸
文學」之外。

　　　透過他的描述，使我們看到一個人最基本的生活方式在一個最簡單的生
　　　活環境裡。而卻能以感恩的心讚頌一切時，那種令人艷羨的快樂──來
　　　自內心真正的快樂。

　　　　　　　　　　　　　　　　　　　　　　　　　　　　　　──頁 18

　　他反問讀者：這樣的快樂，我們不是已經失去很久了？所以，他常常

---

[6]何欣，〈讀陳冠學的《田園之秋》〉，《當代臺灣作家論》（臺北：東大圖書公司，1985 年 12 月），
　頁 292。

[7]吳念真，〈陳冠學的《田園之秋》〉，原載《中國時報》，1986 年 12 月 15 日，8 版。選自陳冠學的
　《田園之秋》（臺北：草根出版公司，1994 年 11 月），頁 17。

透過《田園之秋》學習生活態度的改變。現代人常處在茫然中，無法排遣心理困境，無法克制欲望的萌生，《田園之秋》指引吳念真的是「心靈的空淨來自生活的態度」，他所提供的是「一個能把欲望降到最低的人的生活境界。」（頁 17）

亮軒形容閱讀《田園之秋》全卷，猶如刻意尋求到的知音，「偶然相遇，竟是登時的相互接納，無一語不貼心，無一事不動人，在飽漲的幸福感之外，還難以抑制一突兒一突兒地興奮。在讀陳冠學一套三冊《田園之秋》的時候，正是浸淫在這般滋味之中。」[8]他以「自然」兩字涵括《田園之秋》的內容。他詳讀全書，體認到陳冠學是一位「每事問」的農人，令人分不清是讀者的習性還是天生的好奇過人，在書中顯示他的博學與精細。亮軒因不能「知人論世」，只能「以意逆志」，反倒顯得客觀。

> 他不是常常以己意揣度便當作是什麼地宇宙大道理的人，他毋寧是服膺「現象」而懷疑「本體」，所以認知事物很有科學家的精神，也因其如此，未落入傳統文人科學哲學文學亂成一處難解難分的困境，陳冠學努力的要證實人本自天地大化而生，也能融匯在大地化中俯仰自如。因此他真正以天地為屋宇，以萬物為一應飲食器具的人。
>
> ──頁 22

通過閱讀陳冠學這一系列的日記，亮軒才發現自然的變化詭奇壯麗遠遠超過人世，但是比人世親切誠懇，更具有任人取捨的胸襟。也許，梭羅的《湖濱散記》打動過無數人內心深處的質樸，但陳冠學「以其自己的勇氣、經驗與智慧，為我提供了生命中早已忘卻的一種可能，更為彌足珍貴。」（頁 22）但能從《田園之秋》讀出多少品味與境界，也是要看讀者的緣分與福分的。

---

[8]亮軒，〈評《田園之秋》全卷〉，原載《中央日報》副刊，1993 年 4 月 5 日，16 版，題名〈天然自在──讀陳冠學《田園之秋》〉。收入陳冠學，《田園之秋》，頁 19～23。

　　劉正忠（唐捐）對《田園之秋》則有犀利的新解，他論析《田園之秋》其實包含兩個田園：一個是文字的田園，以堯天舜土爲原鄉，而以先秦諸子爲思想範式。另一個是草木的田園，生機朗暢，鳥獸各適其天。兩個田園交疊互見，精妙處又以彼此貫穿，融合如一。

> 整個田園看似無限開闊，卻像反鎖的房間，作者安坐其間，耽思旁訊，以文字構築一個理念世界，有自然而無社會。惟其如此，當他綜論本體，每多高遠懇切之論；一旦落實爲具體主張，輒覺迂闊難守。[9]

　　一般的評論都指出《田園之秋》乃是對臺灣昔日田園之美的追憶，但除作者外，沒有人洞見其中「虛實掩映」，遠於「史」而近於「詩」的事實。陳冠學以當下實存的景致爲粗胚，經之營之，用意扣求詩的真實。「筆下看似率爾，胸中自有丘壑，無論描摹敘述如何逼真，始終不脫『寫意』的性質。」（頁 393）有人視此書爲「實錄」，作者卻認爲，在陳冠學筆下，田園成爲一種「理念」，他僅著重心靈的追求，勞動經驗常被輕易帶過，「若不能深入體會農人生活的悲歡愛恨，則所謳歌亦將缺乏感受力，即便擺在封閉的寓言體系中當成一個概念來觀察，也將難以自足。」（頁394）

　　《田園之秋》最大的特色是書中特殊用字法，例如，我們慣用的「匪夷所思」出自《易》渙卦，陳冠學不喜歡「夷」字，就改爲「匪伊所思」，認爲「伊」字多美啊，不像「夷」字殺氣騰騰。劉正忠對這種用字遣辭的方式，不以爲然，議之曰：「讀書用書的方法往往令人想起宋儒『疑經改經』乃至『六經皆我注腳』的路數。他建議把陳冠學有關考史講字的著作，放在子部的脈絡裡觀察可能更爲適當。「考據如此，看似抒情言志的辭章，亦不妨如是觀之。」（頁 389）陳冠學常感嘆思想著作得不到學術界的

---

[9] 唐捐，〈《田園之秋》的辭與物──論陳冠學《田園之秋》〉，陳義芝主編《臺灣文學經典研討會論文集》〉（臺北：行政院文化建設委員會、聯經出版公司，1999 年 6 月），頁 392。

迴響或評價，故萌生「孤芳自賞」的自負。

　　《田園之秋》書中充斥著大量的方言土語，作者亦不吝於表白對斯土的熱愛，但全書的精神意趣仍與狹義的鄉土文學丕異。原因在於：

> 作者有意避開現實社會存在的種種問題，將關懷的幅度指向更普遍的存
> 在處境，他採取的視角是哲學的，而非政治或社會。他雖用富於本土色
> 彩的景物與語彙，卻構築出一幅理想的「上古圖像」。
>
> ——頁 394

　　劉正忠指出：《田園之秋》全書最重要的課題在於如何保存「自我」。他破譯《田園之秋》整個寓言體系，論析敘述者在情節安排中，他的生活，一言以蔽之曰「晝耕夜讀」。「耕」使他融入農民之中，初步找到合理的生存形式；「讀」則使他翻躍出來，進一步扣求生命意義。在這裡，語辭實已超越番薯、番麥，而成爲山林裡最大宗的作物，不能裹腹，卻能擴大「自我」的版圖。（頁 395）陳冠學的「自我」還表現在不送女兒岸香上學，而在家由自己教育，這未免違反孔子「興、觀、群、怨」的詩教，一個離群索居的退休教員，替女兒選擇不群的生活方式，但他卻頗爲自己的教育方式感到欣慰，沉溺在自我感覺良好的氛圍。他認爲讀書爲田園理想生活的必要條件，故將教孩子識字視爲啓發農民子弟的起點。劉正忠的結論是：

> 整部《田園之秋》正是作者爲田園所取的新名。命名既成，草木一一與
> 語辭結合。作者也成爲田園的一部分。正義既難伸張，自我聊可敷陳，
> 而書寫正是保持田園、保存古代、保存自我的唯一手段。
>
> ——頁 397

　　阿盛在本文「講評意見」對於劉正忠指出作者「寓言的手法遍見於全

書」，以「一語中的」點評。他建議讀者將《父子對話》拿來比對，當更會明白作者「虛實相濟」的筆法。不妨再看「五柳先生」，此人「嘗著文章自娛，頗示己志。」陳冠學在《田園之秋》書中「示己志」頗多，為了托出己志，作者或明說或暗說，巧妙經營，讀者仔細一些，還是可以看出「門道」。（頁 398）

　　陳冠學的身分始終是研究者感興趣的議題。在《田園之秋》中，他的自我認知中，就有「獨居的人」、「農人」、「農夫」、「詩農」、「詩人」、「一個獨居的漢子」、「隱士」、「天地的旁觀者」、「博物學家」等。他賦予作品敘述者「我」的角色是農人，過著躬耕自持的生活。張達雅卻別有洞見：

> 倘若順著這位農人的目光所建構起來的田園，回溯到「我」的主體心靈時，便會發現，那田園景物、那農家生活，那麼多的感受和玄思，並不純然是屬於農人的，它只能用以說明作品中的「我」是置身田園的事實。……我雖屢屢自稱農人，但作品中的生活卻一再反映出他不是農人，耕作勞動對於他是生活的調劑與移情養性的輔助，絕對不是重心。[10]

　　所以，作者判定，書中的「我」，絕非他自己觀念中的農人，他理當不全然是以農人的眼睛在觀察照見他的田園。這位逡巡於老田園的詩人之眼所看到的世界，經過陳冠學的詩人之眼和純美心靈的回響，外化為文字，把許多人無比嚮往的心靈田園給具象化了，滿足無數人對美好田園的嚮往和渴望。（頁 270～271）陳冠學在書中一再提示他那離群索居、單身的、孤獨者的身分。作者引用《藍色的斷想──孤獨者隨想錄》對宇宙人生的深刻思考、印證陳冠學自視為孤獨地宣示。

　　作者歸納《田園之秋》的四個特徵：1.自我與田園的交融：陳冠學以自然之心觀察自然，而非以文明之心觀察自然。本書給與讀者較多的是體

---

[10]張達雅，〈陳冠學《田園之秋》中的自然觀察與書寫〉，《臺灣自然生態文學研討會論文集》（臺北：文津出版社，2002 年 1 月），頁 268～269。

驗，是一種美感的發現，不是給予知識。2.視田園爲一群集之整體。陳冠學筆下的田園，並非僅由農家作物和農耕生活所組成，而是由農家週邊一切有生無生、有形無形的世界，加上風土、民情、時空和作者的情感概念所組成，以作者自己爲中心，以平屋爲基地，而及於他的家園、族人、景觀、環境、生活、思考等層面，使田園呈現出寬廣的、深厚的真實感。3.不獨以自視、更以耳聽、以心感、以理推所建構而成的田園。陳冠學對田園面貌的捕捉，是多元的，有有形的有無形的，有可感者不可感者、虛實掩映，形神交織，構成一個厚實深邃的田園世界，也折射出田園不只可供生活棲息，亦是一個可居可遊，可怡情養性、可供思索人生、探索奧秘的場所。4.個人情感撒遍田野。陳冠學本著對老田園的緬懷，對自然固有的尊重與珍惜，對文化、歷史、社會的關心與熱愛，還有那廣博的學識與孤高的精神品格。（頁 273～276）

　　何欣、亮軒曾將《田園之秋》與吉辛的《四季隨筆》、梭羅的《湖濱散記》，放在世界性的脈絡中加以比較。作者特闢此三書的比較，就文體、作品的架構、主題思想以及三人對閱讀、散步、沉思的耽溺逐一闡述，得出《田園之秋》的特殊色彩，是《四季隨筆》、《湖濱散記》的深化與融合。王初慶在本文的〈特約討論〉指出：這種論述「僅涉及皮面之形式與內容，不如從儒家之核心思想多加論析。」確爲卓見，他提點陳冠學之核心思想：「引儒家思想爲己任，從老莊之境界爲理想，參雜西方哲學思想、孤傲不群，以現代人之情懷，效法陶淵明之耕讀不輟，由田園生活將自己融入自然。」（頁 304）筆者提出的「內儒外莊」也正是呈現這一層意義。

　　芮基納・庫克曾將梭羅作品分析出三種文學基型：《魯賓遜漂流記》、《格列佛遊記》、《天路歷程》。渥特・哈定則再加入一部《賽恩伯理的自然史》。《魯賓遜漂流記》代表人類面對脫離社會時，自給自足的生活挑戰，《格列佛遊記》書中蘊有對帝國主義、現代文明不公義控訴的象徵，《天路歷程》是回歸心靈的歷程，而《賽恩伯理的自然史》則是揉合博物學的田

園札記。[11]

　　吳明益引述上述觀點，認為這四個基型移諸《田園之秋》也適當熨貼，但他直截了當點明，本書創作基型就是《湖濱散記》，所以當然有該書的特質。「但平實來說，《田園之秋》的文筆遜於《湖濱散記》，缺乏梭羅那般多樣性而富幽默的筆法，所建構的理想世界則令人充滿疑慮，也不像梭羅具有博物學者的能力。」[12]作者對葉石濤〈代序〉中推崇《田園之秋》「如同法布爾的銳利觀察力和富有創意的方法研究」「是一本難得一見的博物誌」，以及何欣所說「對野生鳥類、野生植物的精密觀察和生動紀錄」，皆抱持保留的態度。

　　吳明益不否認陳冠學展露了豐富的鄉土生態知識，「在文中不時以自身童年的鄉土經驗，與後來吸收到的自然知識作為對照，反而成就本書在描寫自然生態時的語彙，與獨特的文字風味。」（頁 85）但從方法上看，陳冠學所有生物的的相關記述都純粹只是『記述』，既未如法布爾進行的某些設定議題後設計觀察方法的實驗性觀察，亦未如動物行為學嘗試從動物學的角度去解讀觀察記錄所顯現出來的意義，反而，陳冠學的觀察結果常引向主觀的思維。」（頁 82～83）

> 葉石濤先生與何欣先生將其引到博物學家的路上，我以為一方面恐怕違了作者之意，從讀者角度看，也成了無的之誇讚（因為根本找不出符合這種特質的段落），對田園價值評述反而失了焦。《田園之秋》在自然描寫的特色與優點，其實是運用鄉土知識與現代生物學對照之後，呈現出來的一種先民智慧的趣味上。
>
> ──頁 84

---

[11]陳長房，《梭羅與中國》（臺北：三民書局，1991 年），頁 242～243。
[12]吳明益，《臺灣現代自然書寫的作家論 1980～2002：以書寫解放自然 BOOK2》（臺北：夏日出版社，2012 年），頁 72。

　　葉石濤、何欣較偏向傳統的印象式的批評，抬出西方博物誌、自然觀察的名著，奠高《田園之秋》的博物學價值。吳明益則詳舉例證，還原本書的真正意涵。他也對作者另一本《進化神話》第一部：駁達爾文「物種起源」》，批評陳冠學執著於造物主以先驗地存在的「事實」。他舉出肯定某種神秘力量的先驗論者梭羅為例，能將「信仰與自然科學研究者各安其位，當能尋得自然科學解釋時，他便企圖以科學性來解釋種子的散布與森林的演化，當難以尋得科學的解釋時，也有一個上帝可供依託、讚美。……但陳冠學則是近乎拋棄所有自然科學性的解釋一切歸諸造物主。」（頁86）

　　陳冠學對美好世界的藍圖，近似《老子》小國寡民的政治概念，他對莊子更為認同，認為是「方外書，方外哲人」。

> 在古代思想中，莊子是關心人世最深的一個，他對人世反省的智慧遠超過孔子、孟子，當然是更超過釋迦，希臘三哲也沒有一個及得他。……他看出人世的不幸歸根究底（柢）在文明與政治，故他否定了二者，他主張質樸無文的自然生活，主張無政府。
>
> ——《田園之秋》，頁276

　　陳冠學藉由與虛設的「伸張」之對談，提及理想的人世是「無政府」，他不願意受到在政府全盤操控的現代文明中，「政治的壓榨、經濟的壓榨」，他主張人應該有自行製造必需品的能力，最基本便是農耕，傳統式的農耕，最好放棄都市文明，放棄使用電力。他認為民生所涉及的水電、糧食等，都在政府操縱控制之下，就是「專制政治、軍閥政治、財閥政治的絕好溫床。他還主張在無政府的烏托邦裡，人口不能多。」這是脫離現實、純主觀的臆測。

　　吳明益把陳冠學從靈魂演化說到無政府烏托邦，歸納分析，指出其中隱含著三層難以解釋的謎因：「必死的聖人」、「絕對存在的癌細胞」、「誰能

不干預自然」，這些都是陳冠學思想上的盲點。吳明益說：「每個人必會參與自然，這個謎因其實不成其爲謎團，唯有當時人用自己的理論縛住自己手腳時，才會自困。」（頁 92）他認爲陳冠學回到農耕生活，不只是嚮往式的追求，而是一種理念的展現。這種展演的紀錄，恐怕只有永遠展演，沒有實踐的可能。

> 自我消滅，朝向一個似乎永難到達的理想世，《田》展現的或許是不能令人稱美的洞察、諧順、美麗田園、而是作繭自縛，難以實現的想像域。也許正是了解要求他人做到，於是陳冠學只好回到陳家莊去「盡其在我」。

《田園之秋》十一月七日、八日，寫「伸張」來訪對談。伸張闖入陳家莊，向主人提問：「此地是仙境或是人間？」主人答曰：「此地是舊時代，並非仙境，閣下誤入時間隧道，回頭走了幾十年罷了！」伸張以爲自己到了世外桃源，對陳家莊的地景讚不絕口：「這裏的豁朗和爽塏是南北僅見。而且東邊那一條山嶺，那兩座大山，襯著這片荒原和田野，一所平屋坐落在其中，配著幾株樹，造設實在好，宛然仙居。」這是陳冠學筆下的樂土，當伸張認真地問：人世可能太平嗎？主人說怎麼不可能，「地球上每個地方都像我們陳家莊，豈不太平了嗎？像這樣小的村莊、相愛互助都來不及，怎會相忮互害？至於統治的壓榨，更不可能有。」（《田園之秋》，頁24）

吳明益對文學性自然書寫作家，區分二類，一是具有詩人心靈的科學家，二是具有科學家意識的文學家。曾昭榕從分類角度，將陳冠學歸於後者，「雖未受過嚴謹的科學訓練，卻能以廣博的知識，他筆下的自然不僅僅是人生活、耕作的場域，其中，更充滿著與其他生物寧靜、安詳的對

話。」[13]作者顯然強調「廣博的知識」和「諧順」的生活美學。

　　從李炫蒼、邱珮萱、吳明益等人的論述，曾昭榕留意到他們的研究已經注意到《田園之秋》，對於中國傳統田園山水文學，有深厚的聯繫，對其使用的文學手法與山水詩的關聯，做了一個連繫。曾昭榕則強調，其文章內容「許多是來自於對傳統的孺慕，內化而成自身生命的情調。」「陳冠學與中國傳統文學，顯然有更為濃密的血緣，在文學技巧的運用上，運用多種的文學技巧，將田園生活賦予詩性的光采，描繪的雖然是日常生活的簡單事物，但盈漾著一種生機與靈性。」（頁 200）

　　曾昭榕在論述使用何種的文學技巧，以塑造美感，有下列的分析：一是神韻手法的運用。「以看似靜止、停滯的景物，傳達悠遊不盡的美感」，並舉〈初秋・九月十八日〉、〈初秋・九月六日〉為例。二是通感技巧的使用。人身處田園之中，各種感官自然都可能無限的開放、延展，除了視覺的清晰描摹外，也夾雜聽覺、視覺的描寫，甚至彼此會通交互使用。並舉〈初秋・九月一日〉、〈初秋・九月四日〉、〈仲秋・十月二十六日〉、〈初秋・九月二十三日〉為例。三是駢文式的句法呈現。以〈初秋・九月十九日〉為例，先描寫牽牛到溪邊吃草，獨自走入林中，抒發了一番生態感觸，再描寫小溪流穿林間，觸發他古雅的詩興，以駢文句法呈現。「使我們如同閱讀六朝山水小品中，那種典雅優美的意趣。」（頁 206）

　　在「隱喻的桃花源追尋──今昔對比的失落」一節，相對於唐捐判定日記體的《田園之秋》「應非實錄，遠於史而近於詩」，以及吳明益所提出的是一部「將回憶重構為日記體的作品」，曾昭榕細讀文本，發現其日記體「不過是詩人所選擇的一種形式文類，在實際的書寫操作上，詩人並非全部採取此種按日記式的形式，在書寫上反而流露一種強烈的文學情調，裡頭山園的書寫，具有抒情的隱喻性質。」（頁 206）「考察詩人的寫作動機可以發現是因無能力改變外在環境，因此，才採取退而著述的方式，企圖

---

[13]曾昭榕，〈詩性的田園居所──論《田園之秋》的書寫美感與倫理關懷〉，《東方人文學誌》第 5卷第 2 期（2006 年 6 月），頁 199。

以另一種柔性思考，喚起讀者對於過去田園之美的追慕。」（頁 207）

不過，作者在比較《田園之秋》與《訪草》後，便可明顯的看出對於今昔田園的對比以及失落。她引用鄭明娳的觀點：「《訪草》中她反對今日田園，更反對都市文明」，標舉出：

> 田園雖然是馴化的自然環境，然而，仍會有一些野生危險的動物，滑入居所之中。……在詩人的作品中，往往刻意選擇避開了自然對人類生存所潛藏的危險，在其作品中，荒野給予人雄渾、卻不恐怖的感覺，代表人類的原鄉，人是屬於自然的一部分。

——頁 209

《田園之秋》雖將生態的知識結合文學、個人生命境界，在文中展現獨特的生活方式和觀念，但迴避了自然的野性和危險，所以在自然書寫的文類中，往往只能以寬泛的自然書寫涵括。

作者具體指出：陳冠學受到儒家「民胞物與」思維影響，與西方以知識、科學脈絡思考的倫理思維，有其不同之處：「前者的倫理觀重視的是道德情感在主體與外物之間無滯的流動，可以說仍是以『人』為基礎的出發點，而後者卻是將人回歸至生態環境的一部分，人類不過是土地上眾多物種的其中一種。……詩人對萬物的倫理關懷，仍會受到對人類是否有益處的觀點思考，這是不足之處，不過，此種倫理思考仍具有創造性的價值，可為一般生態學者加以採用。」（頁 214）作者並未詳細說明，有哪些「創造性的價值」，可供講究田野調查、科學驗證的生態學者加以採用。

四、關於陳冠學的比較研究、其它著作及紀念文章

2012 年 9 月 21 日，屏東教育大學中文系舉辦並印行《第二屆屏東文學學術研討會論文集》（未正式出版）。唐毓麗的論文從身體形象、生命書寫，論評陳冠學的《田園之秋》與吳明益的《家離水邊那麼近》的「象徵

與敘事」。作者指出兩位作家同樣學貫中西，善於兼容自然科學與人文科學的浩瀚知識，融合中西思想的智慧創造出獨樹一格的散文作品。

> 《田園之秋》運用的日記體的形式，紀實與虛構交雜，融合生命書寫與
> 自然書寫，讓感悟散文與自然散文合盟，創建前所未有的深度與標竿。
> 《水邊》以網狀結構的經營滲透，透過生命書寫與自然書寫，將散文文
> 體與自然寫作，轉變成具個人生平的探索，又與群體記憶連接的倫理文
> 本，值得深入探索。[14]

　　不過，作者顯然不認同吳明益在《臺灣現代自然書寫的作家論》（臺北：夏日出版社，2012 年）對陳冠學的評價。吳明益認為《田園之秋》在臺灣自然書寫史上的價值不高，「觀察生物的那些記述只是單純的記述，無法透過動物學的角度解讀顯現的意義；既無法呈現博物家的精神，也無法將自然素材體悟成偉大的作品，在思想體系上更造成解讀困難，整體而言，評論《田園之秋》在整個自然書寫史上的意義，在於它是傳統田園文學轉移到簡樸的生活哲學，扮演的是一個延續者的角色。」（頁 113）作者認為吳明益的衡量標準太高，把對科學文體（博物學誌或動物學誌文體）的堅持偏好，當成是最首要的標準，放大了科學符碼與實用知識在自然文學中的重要性。吳明益的觀點得到不少研究者的採納與闡述，把兩人並置討論，對自然書寫的義界更能得到釐清。

　　作者以三節分別論述以〈踏查／勞動／教育／去欲／審美／創作〉為主的身體形象探討；以「田園與河流書寫，建立休戚與共、物我合一」的生命書寫及時代建構；從「鄉土經驗對抗都市文明的奢華與虛無」所流露的不同生態倫理意義。她首先追溯這兩本出版時間相距 30 年的書，誕生的源起都與自我認同的危機有重要的關係。他們面對社會認定的知識分子社

---

[14] 唐毓麗，〈象徵與敘事：談《田園之秋》與《家離水邊那麼近》的身體形象、生命書寫及倫理意義〉，屏東大學中文系《第二屆屏東文學學術研討會——陳冠學會議論文集》，頁 115。

會責任與角色時，都面臨一番掙扎，他們刻意迴避城市化的生活，選擇身體力行的回歸自然的山林。作者認為，「這段身體行動與鑄造的過程，也成為生命書寫中的一段重要的印記，從認識自然中，尋找到自我，也確定自我認同，走入自我與內在回歸的過程。」（頁 116）

　　陳冠學與吳明益在審美／創作的身體上，得到了記錄與見證。陳冠學回復到老莊時代的清心寡欲，素樸單純的人生哲學。他以其「獨具審美之眼，超越世俗的桎梏，照亮世人的視野。他在勞動、去欲的生活中，細心品味自然與人生之美，成為老天的知己、大自然最珍貴的鑑賞者，透過審美的心性，挖掘人所未見之美。」（頁 121）吳明益身兼創作者、自然觀察家的身分，嚮往原住民的生態主義，以踏查實現他的人生志願，「他不認為自己只是被動的紀錄者，而是個開發海洋視景的創造者：他將寫實性的踏查記錄、虛構性的世界海洋文學、全球性與在地性的生態史料、歷史文獻進行開放性的對話，建構一本關於思考／想像海洋之作。」（頁 121）兩人置身大自然的身體，向我們展示深刻學問：

> 身體的行動，意味著個人知識場域的延伸，也是個人傳送情感與淑世理念的中介平臺。兩人作品中的身體形象，正好凸顯身體與精神間的複雜的關係，可以相互支持，造成了兩作身體話語的特殊性。
>
> ——頁 122

　　吳明益曾指出陳冠學回到屏東過著農耕生活，不只是一種嚮往式的追求，而是一種理念的展演，「沒有實踐的可能」。作者卻認為如此的評論太過武斷，「陳冠學怡然耕讀的身體行動，對他自身來說，絕對是一個意志與身體雙重實踐，對他人來說，意義取決於價值觀的差異，就算認為他是曲高和寡，過於理想性或認定是高不可攀的信仰，並不影響他的意志與行動。重要的是，他的身體實踐，早已勾勒出一種極端、但清楚的生命態度。」（頁 124）吳明益強調的是日記體的《田園之秋》應符合真實性與紀

實性的嚴格要求，在這一認知上，本文作者百般爲陳冠學辯護，似乎只以「寫意式」的看法回應吳明益。

作者認爲兩人的自然書寫各有其特色。陳冠學利用三個角度來書寫鄉土故居：1.他把鄉土故居，當成是現代文明社會不復存在的理想淨土，用來對抗都市文明的華奢與虛無。2.陳冠學得天獨厚的故居，擁有不受破壞的自然曠野，他日日生活在蟲鳴鳥叫之中，從中體悟到萬物皆好的啓示。3.他把家鄉當成人間道場，在此以儒道文化，展現民胞物與的情懷，以及心齋坐忘修行試煉。吳明益在《水邊》一書，從兩個面向，呈現他的鄉土經驗：1.他把被中央邊緣化的花蓮，當成是臺灣自然生態最後的一塊土地與鄉土樣本，用來對照西部繁華城市的荒漠與死寂。2.吳明益有意讓原民反璞歸真、崇信祖靈的文化模式，作爲都市現代化的一種對照。（頁　131～133）

作者在「結論」中，以陳冠學與吳明益的兩部著作，正好顯示臺灣1980 年代與 21 世紀自然文學的兩種樣貌：

> 一個寧靜致遠，強調人與自然的感情之情；一個善於理性的分析，援引知識進行科學性的考察與辯證，強調人與自然間涉及複雜的學問，各以獨特的風格，建構自然的堂奧，盡顯風華。兩人都將生命的經歷，建立在依偎自然而生、依偎自然而喜的生命狀態，將讀者帶到一個友善的環境，與大自然深深相擁的壯闊世界。
>
> ——頁 135

王國安研究陳冠學《第三者》的論文，也選自「第二屆屏東文學學術研討會」論文集。《第三者》是以小說形式撰成的作品，其中所經營的人物、結構、情節，均飽含著陳冠學閃現於其它著作的「理念」，正確的說是「理念先行」。誠如唐捐所言：《田園之秋》的作意當然不在於客觀地記錄或反映什麼，而在於理念的「張陳」。作者綜合學者們共同的見解提出：陳

冠學最初即建立一種「思想議題」、一種「理想自我」以及一種理念的敷衍
「張陳」。

> 《田園之秋》中所刻畫的懷舊式的田園風光，《老臺灣》、《臺語的古老與
> 古典》所呈現的欲為臺灣存真的臺灣意識，《訪草》一、二卷、《陳冠學
> 隨筆——夢與現實》、《藍色的斷想》及《字翁婆心集》中的理念鋪陳與
> 事實批判、《進化神話第一部：駁達爾文：《物種起源》》中論證造物之先
> 驗存在，以及《象形文字》、《論語新注》、《莊子新注》、《莊子宋人考》、
> 《莊子新傳》等學術、思想論著，在在都顯示陳冠學「避世」的姿態，
> 實是意圖建立更強大的「入世力量」。[15]
>
> ——頁 91

　　作者受到前行研究者的影響，認同在《田園之秋》中，陳冠學所建立
的詩興田園，實是一種脫離社會的烏托邦，而以日記體的形式表現的寫實
筆調，則是實錄其表，想像其裡，如唐捐所言，「寓言」的建立才是用心所
在。本論文依序論述《第三者》所呈現陳冠學的自然觀、宇宙觀及生命
觀，社會批判及文學觀。這部小說形成幾乎代表陳冠學關於人生、生命、
政治、社會、文學等思考路徑，他試圖透過「虛構」的人物、背景、情節
與結局來表現他心中的「真實」世界。更正確的說，是表達他對自然的禮
讚，對現實社會（尤其是都市文明）的批判與厭惡。

　　從《第三者》的第一篇小說〈詩人〉，就可視為全書之序，也可作為作
家之夫子自道，更是直接聯繫《田園之秋》中詩性田園的小說文本。二書
交互涉入，形成互文性文本。〈詩人〉的情節與《田園之秋・九月二十日》
捕麻雀的人借田被拒，悻悻離去有關，〈詩人〉中的獵人，卻在與詩人口角
後引起殺機，詩人與之搏鬥後將其趕出林外。陳冠學在此藉由虛構的小說

---

[15] 王國安，〈「理念」的「張陳」——陳冠學《第三者》研究〉，《第二屆屏東文學學術研討會——陳冠學會議論文集》，頁 91。

形式，完成在「日記」中所無法做到的對「惡人」的懲戒。但從〈詩人〉、
〈天鵝〉、〈一支斑駁的老筆中〉，作者敏銳地觀察到：

> 這三篇人物塑造，理念傳達相近似的篇章中，那對萬物的熱愛，那對文
> 學的傾慕，反而都在情節的推演中呈現其與世俗接觸時無法盡如人意的
> 一面。……在應該近於「真實」的散文中，陳冠學得已建構一個與萬化
> 冥合的世外桃源，在「虛構」的小說中，陳冠學反而承認「詩人」與
> 「兒童」在與邪惡的「世俗人」接觸時的無力。
>
> ——頁 94

陳冠學在《第三者》中，不厭其煩反覆刻畫生命即將終結的老人形
象，並留下令人不勝唏噓的悲傷結局，這是作家欲於小說中表達其生命觀
的衝動，並多讓老人來承擔其所欲表達的生命自然律。如〈末路〉、〈一支
斑駁的老筆〉、〈產婆〉、〈大限〉等作。作者將這些作品詮釋為陳冠學「以
人之生命必然終結其宇宙觀『自然律』之定則所在，又可以說，對「老
人」面對生命即將結束時的恐懼與無奈，是陳冠學『生命觀』最具體的展
現。」（頁 97）

陳冠學的理想田園僅存在於其詩性想像的過去而非今日，當然更非未
來（未來不會更好）。陳冠學對今日田園的文明入侵，農人愚昧、農地過度
開發等，既感痛恨，他對都市具有敵意，有「反都市情結」，有更多的撻伐
與怨懟，他反對都市文明所帶動的人類對物質的欲望。〈第三者〉以登山客
何景明巧遇 300 歲的「人瑞」蘇息，因留下大量文明社會的食物供其食
用，導致這位世界的「第三者」突然死亡。

> 依陳冠學對田園的懷舊思考，蘇息做為一依原始方式生存的「古人」，自
> 然象徵著「冰清玉潔」的「昔日田園」，所以當現代的何景明與之接觸，
> 蘇息便一同接受物質文明引起貪欲的「今日田園」一般，難逃死亡的命
> 運。

——頁 104

　　作者引用簡光明從這篇寓言小說，聯想到《莊子》中的渾沌寓言，略謂：原為中央之帝的「渾沌」，因被鑿出「七竅」而生能「視聽食息」，正如蘇息的生活由何景明的闖入而得以「視聽食息」當代都市的物質文明，如同被打開七竅，卻也因此失去了命。「這是陳冠學結合『反智』與『反都市』、『反物質至上文明』的具體呈現。」（頁 104～105）

　　《第三者》中，能夠表現其文學理念的除〈一支斑駁的老筆〉外，就屬〈製餅師——文學對話〉一文最堪為代表。陳冠學藉由老作家之口，說明其對文學在 20 世紀後轉變的痛惡。他批判喬伊斯、福樓貝、左拉、杜思妥也夫斯基‧卡繆、卡夫卡等人，並直指卡夫卡為「瘋子」。他對當代詩人所寫的詩形容為「髒人」所寫的詩連字都發臭。他認為真正的詩是像「亭前那株桂花樹，那是詩人，每到深秋就開出滿樹的花，放出洋溢四周的香氣。這裡任一株樹任一株草都是詩人，它們都會開出花，放出香氣；它們一身是美，不是一副美的生命，怎麼可以是詩人呢？」（《父女對話‧忿罵》，頁 58～59）美誠然是詩的要件，沒有詩人緣情而作，如何成為一首具體的詩，既視文字為糟粕，陳冠學又何必著書立論，只要欣賞自然花草，不著文字，一切都是美。陳冠學對文學發展現象的偏執性發言，正暴露了他對當代文學豐富內涵的無知，也拒絕認知。

　　張健、鄭明娳的文章，都是書評，前者評《父女對話》，後者評《訪草》。《訪草》是一部收錄諸種文章，內容龐雜的作品，顯然不是計劃性寫作，兩篇小說更像是用第三人稱寫的散文，欠缺小說的焦點。陳冠學從來不是稱職的小說家，「胎死腹中」的長篇小說創作，可為例證。《訪草》的抒情風格不脫《田園之秋》的題材範圍，鄭明娳仍指出兩者相異之處。

　　　《訪草》對田園的眷戀情結，充滿傷痕，更強烈表露了反動城市文明的
　　　意識形態，作者個人的田園經驗早已成為殊相與共相融冶於一爐的口述

歷史，他稱為「昔日田園」，這個藍圖中的聖穢配置圖，正是作者堅持的
理想人間，可是「昔日」早已被「今日田園」取代，「今日田園」慢慢成
為都會系統延伸的單元。[16]

——頁 201～202

鄭明娳仔細觀察《訪草》中對老田園的書寫不盡是懷舊的、美好的，
她舉出〈午夜〉及〈鍾馗與野狗〉中的主角不都是被貧窮逼得偷竊、淪
落？〈午夜〉中能致人於死的百步蛇，十足象徵「自然」中就具有毒害人
類的因素。〈鍾馗與野狗〉中人狗對峙，不也是人類與自然生物之抗爭嗎？

作者田園經驗的基礎乃是常識而非知識，如果放在《田園之秋》中，愛
惜自然，禮讚自然，乃至與自然共生，則是個人優美理念的把握。然
而，作者一旦要站出來批判農業社會與工業社會的是非他個人為中心的
思考，就缺乏宏觀的視野，僅侷促在主觀的懷舊的氛圍之中。（同上）

作者從文學發展的角度預言，一個作者若將自己限縮在田園模式的創
作範疇內工作，包括他創作的題材、寫作手法乃至意識形態，必然妨礙其
文學前景。目前，在書店除了《田園之秋》外，幾乎很難再看到陳冠學其
它的著作流傳。

陳冠學於 2011 年 7 月 6 日病逝，享年 78 歲。《文訊雜誌》，《鹽分地
帶》雜誌都在 8 月份推出紀念特輯，詳參本書「陳冠學評論目錄」。《鹽分
地帶》更在陳冠學逝世一週年，推出「懷念小輯」（第 41 期，2012 年 8
月）。本書選入心岱〈少數與多數——懷念陳冠學老師〉、郭漢辰〈冠學老
師的最後一堂文學課〉、向陽〈田園躬耕的隱者——陳冠學與自立副刊〉，
三人與陳冠學都有數面之緣或文字因緣，三篇文章，藉以呈現先生的人格
與風格。

---

[16]鄭明娳，〈受傷的戀土情結——評陳冠學《訪草》〉，《聯合文學》第 53 期（1989 年 3 月），頁 201
～202。

五、編選後記

　　有關研究陳冠學的論文、文章不在少數，大陸也有不少研究者的論文及《田園之秋》簡體字版《大地的事》（上海：東方出版中心，2006 年 1月）的二篇推薦序，分別由范培松、謝有順撰寫。編者在編選《臺灣現當代作家資料彙編：梁實秋》，因梁實秋文學批評活動有近五十年在大陸，來臺後創作活動又兼及散文和翻譯，所以研究綜述的對象橫跨兩岸學界。接下來編選的陳若曦雖有大陸「文革經驗」、海外華人的身分，但畢竟是臺灣的女兒，編者捨棄大陸的評傳，論文及報導性文字，專注於臺灣本地評論家、旅美學者對她的論述。

　　迄今為止，還沒有一本研究陳冠學的專書，學位論文倒有不少，論著中研究陳冠學的《田園之秋》或其隱逸文學、簡樸生活、自然書寫的單篇、單節論文也不少。編者閱讀了大多數的文獻，並研讀目前所能蒐集到的陳冠學的著作，深感一所圖書館要完整蒐集他所有的著作幾乎是緣木求魚，故在第一部分「關於陳冠學訪談與文學觀」，就收錄陳冠學著作的自序或後記，共十本，並附上兩篇較少為人提及的〈客語之古老與古典〉、〈誰在謀殺語文〉。另外，選錄訪談文章，以知其人。第二部分「陳冠學《田園之秋》的評論」，選入邱珮萱等九篇論文。第三部分「關於陳冠學的比較研究、其它著作研究及紀念文章」收入兩篇《第二屆屏東文學學術研討會》論文，兩篇《父女對話》、《訪草》的書評及三篇紀念文章。對上述慨允提供轉載權的學者深致謝意，對本書責任編輯不辭辛勞，由衷感激。

輯四◎
重要評論文章選刊

《第三者》自序

◎陳冠學

　　一本完整的文學作品不應該有序，有序難免破壞了其完整性。但一本集子則必要有序，序好比是編，用以串連各篇成一部帙。

　　我已發表的文學作品，有《田園之秋》和《父女對話》二書，都是完整的著作。本集子當然不是完整的著作，因此這篇序勢屬必要。《田園之秋》和《父女對話》，我是用專業的筆純文學地寫，十分的虔敬。這本集子則多用業餘的筆，工具地或手段地寫，實在對文學十分不虔敬。如：〈返照〉、〈天鵝〉、〈第三者〉，尤其〈返照〉，幾可以說不是文學，但這篇卻是作者殷切盼望讀者諸君反覆細讀的。

　　我厭惡技巧主義，厭惡趕時行。但這類作品充斥市場，讀者如多讀了這類流行性文字（它們跟流行歌曲一樣，都是朝生暮死的朝菌），便無法再讀舊世代的作品，當然也就喪失其對人類文學產業的分有權，而這本集子也必將顯得很不入時與落伍，尤其因其非出專業之筆，將更增加了它的拙劣。

　　〈詩人〉是三十歲年代的作品，〈產婆〉是四十歲年代的作品，其餘都是五十歲年代的作品，〈製餅師〉是圓神主人簡先生提議附錄的。

　　圓神主人肯費其寶貴資金出本集子，這裡深深致謝。若本集子實在不值票面，則為讀者諸君枉費寶貴時間深深致歉。

——一九八七年五月十七日

——選自陳冠學《第三者》

臺北：圓神出版社，1987 年 6 月

《莊子新注（內篇）》新序

◎陳冠學

　　著者因確證了莊周即楊朱，而尋繹出道家思想的出發點是自我，不是自然。因而解決了二千年來將一門偉大的人生哲學誤認以自然爲本（自然乃外於人）的荒謬解釋，而打開了道家哲學之門，原本以爲將立即獲得學界的肯定。但自《莊周即楊朱定論》（《莊子新傳》）一書的發表至今已整整十二年，即以本書的發表來計算，也有整整的十一年，學界卻一直保持絕對的緘默。只有嚴靈峰先生熱心郵購收藏，編入他的《道家著作集成》（名稱不確知），現已整套獻給了中央圖書館，算是給了著者一些安慰。《莊子新傳》早已淪沒不復見，本書舊版坊間偶爾仍可看到一、二冊。原本是一次學術的重大發現，如因學界的緘默而淹沒不傳，殊爲可惜。前衛出版社負責人林义欽先生熱心的將舊本交給三民書局審查，獲得劉總經理慨允列入滄海叢刊，以廣流傳。二位先生的隆誼，深深感謝。

　　舊本雖自信已盡力校對，發現仍有少許誤植。《莊子》原文且有一處脫落，另有著者不可原諒的一處誤筆，都趁這一次重排的機會，予以改正補入。東大圖書公司編輯部編輯小姐嚴格負責的校對，令著者肅然起敬，這樣的敬業精神，還是平生首見，這裡一併致謝。

　　這新版雖不敢說必無一字之誤植，其爲近於完美的一個版本是可以確定的。本書一切以這個新版爲本。

——陳冠學識，一九八九年八月十一日

附錄：原序

　　莊子注，自來有極優秀的向秀原注郭象增注，若非有特殊的必要，實在也不必另有新注。但歷代新注遞出，似乎各注家都覺得有必要，或爲訂向郭之誤，或爲補向郭之不足。不過，平心而論，都未能超過向郭。因此，向郭注是最最偉大的注。我們這裡也推出了新注，是不是爲的是已超過了向郭？這個我們不敢說，我們只是也被必要所驅使而不得不有了這新注罷了。我們既已證明了莊周即楊朱，便覺得根據這新的發現，非得將莊子重新解釋不可。這便是我們這新注產生的理由。至於集向郭之後訓詁上的新得，而尤其是近代驚人的考據成績，以及注者個人的多量發明，都是其餘事。

　　限於個人的體力與時間，目前只能注成內血，外、雜兩部，當俟異日續成之。

——陳冠學識，一九七八年二月十九日

——選自陳冠學《莊子新注（內篇）》

臺北：東大圖書公司，1989 年 9 月

《藍色的斷想：孤獨者隨想錄》

全卷本序

◎陳冠學

　　趁著全卷本的出版，著者要在這裡說明 A 卷裡的一個用字。A 卷二五八條有「悋佛」二字。按「悋佛」原本寫做「佞佛」，出《晉書・何充傳》：「于時郗愔及弟曇奉天師道，而充與弟準崇信釋氏，謝萬譏之云：『二郗諂於道，二何佞於佛。』」謝萬譏刺，用字恨不得尖刻，後人沿用，未免欠妥。因此著者改用「悋」字，如人悋於錢財，緊抱著錢財不放，信佛而至於緊抱著佛腳不放，情況差可比擬。這是著者個人的用字，當然著者極希望世人能夠採用，但用不用，絕對不能勉強。

　　拙著有機會跟三民書局的廣大讀者群見面，著者要感謝劉董事長振強先生的厚愛。

──一九九四年八月

──選自陳冠學《藍色的斷想：孤獨者隨想錄》

臺北：三民書局，1994 年 10 月

《論語新注》序

◎陳冠學

序

　　余弱冠始讀《論語》，慨然有志爲聖人徒。昔人有早晚誦《論語》如釋子念經者，余於聖人書精勤雖未至此，要未嘗把玩吟味，愛其親切入人深也。然雖聖賢人皆有分，談亦何容易？要所以學爲聖賢者，欲以求無過而體夫天賦之仁耳。仁則吾豈敢？抑得至無過則所企云爾。雖然，乃夫子七十而從心，余何人斯？敢望到此。余茲年四十有三，多惡且多過，每一自念，輒汗涔涔愧對聖人。乃復敢說聖，安得無謬於聖人之本心哉？是益自惶恐。雖然，即以吾過而證聖人之是，可乎？蓋凡此書所說，莫非余平生之所體驗，凡再過三過至四過五過，再思三思至四思五思，再察三察至四察五察，有足以印證聖言者，悉筆之於是，冀與世之人共適道以明聖耳。夫注釋《論語》，自漢以來中外無慮千百家，而朱熹集注尙矣，自明清以來注者代作，皆弗能過之。余之窶陋，自抒一愚，如野人獻曝，徒貽笑狐貉之家。雖然，自集注或有未盡，他無論矣，是則此注之所爲作也。此注仿向郭注莊例，但掘發義理，其不及義理者，或略而不注。然以余孤陋寡聞，久蟄僻壤者，幾何其不爲齊本野人語也？其無悖於聖人本意，是至幸矣！中華民國六十四年九月陳冠學自序於臺灣南部之萬隆村。

再版序

　　朱子爲四書集注，畢生修訂未嘗已，謝世前三日，猶改定《大學》誠

意章。本注自初版以來，幾十九年，余乃未有隻字之改訂，今值再版重校，亦未有修訂意，視諸古人，其慢忽殊甚。但本注以揭發義理爲主，其義理一定永定，所可改易者蓋亦甚寡。惟泰伯章昭公知禮章，吳本爲子姓，周人改造歷史，造爲泰伯兄弟希意讓位奔吳，余於該二章未有附論，或當時偶然遺漏，今特舉出補正。夫岐周之於吳越，相去不啻萬里，泰伯兄弟，即以政權爭奪出奔，亦斷無身穿洪荒，萬里奔吳，方得一保性命之理；況以希意讓位，則渭濱洛浦，隨地可以寄身，此常理之至明者。故昭公娶於吳曰吳孟子，明吳越爲子姓，姬姓安得飛渡荆蠻，孤立東南海陬哉？此事余於《老臺灣》一書移民章論之綦詳，讀者可參檢。

——陳冠學識，民國八十四年一月二十三日

——選自陳冠學《論語新注》
臺北：東大圖書公司，1995 年 4 月

《莎士比亞識字不多？》自序

◎陳冠學

　　莎士比亞只是一個演員、戲院經理、投機生意人，而不是作者，這早已是鐵的事實。但人之通性好感情用事，而不好動頭腦，這個鐵的事實因之仍一直被埋沒，而莎士比亞，一個沒有多少學識，識字不多的人，居然被選為千年來最偉大的文學天才。要數計人類的糗事，此事應可算是第一件最大的糗事。

　　只要肯讀一讀莎士比亞極有限的生平資料而不感情用事，立刻便會看到莎士比亞不是作者這個事實，他根本沒有能力寫詩寫劇本，但人們因為感情用事，像信仰神佛信仰宗教，硬把烏有子虛的事當真實來崇拜。可見，要人動一動頭腦是一件多麼不容易的事。只要人不肯動頭腦，盲信便統治著人生的各個角落，莎士比亞被誤認為千年來最偉大的文學天才，只是盲信人生的一個小角落而已。

　　盲信者太多太多了，幾乎百分之九十九的人都是盲信者，也就是說幾乎百分之九十九的人都是沒頭腦的人，這是一個極端可怕的現象。學者，不盲信嗎？學者照樣是盲信。本書中提到的英國文學家歸化日本的小泉八雲是典型的一個可怕的例，他因為盲信而不肯動頭腦，居然將「天才」兩字意想成「神」───一個無所不能能無中生有的無限能力。

　　做任何事都要有憑藉。希臘大數學家阿契米德（Archimedes）說，給我一個支點，我能夠將地球舉起來。這個支點便是憑藉。沒有憑藉，任何事都做不來。莎士比亞所以不是作者，就為他沒有學識憑藉。

　　莎士比亞一生，一直在跟作者威廉‧莎士比亞撇清界線，一直到死，

他都在為此事苦惱耽心，他是誠實的人。

可是他死後三個半世紀以來，他一直被誤認是作者，且是超級的偉大作者。讀者讀過本書應能還莎士比亞一個清白，他絕對不是一個掠美者。

這把聖火在臺灣重新點火，希望不久的將來，這聖火能夠由臺灣再度傳回英國，傳到世界各地，解除人類這一件最大的糗事，也好讓莎士比亞的靈魂得到真正的安息。

大約二、三十年前，讀到坪內逍遙日譯莎氏全集的第四十冊，纔知道莎士比亞不是作者，此事一直在我的腦中發酵，前年秋，我終於放下一切，全力投入這個問題的研究。去年冬，陸續獲得更多的資料，目前正式寫成這本書，主旨只在解明莎士比亞本人並不是作者，至於真正的作者是誰，卻不在本書主旨之內，但本書下部的兩篇文字已約略有了解明，讀者如不想進一步探究，筆者以為本書已然很完足了。

大熱天的中午，慶島科技公司邱清華先生為我跑東京舊書街，帶回來四十冊資料。劍橋大學張洋培博士及其夫人黃素鶯女士，為我幾十度跑劍橋圖書館，親自拷貝數千頁絕版資料。廖貴蓮女士從中為我連絡。他們四位的熱心幫助，除深深致上謝意之外，應該在本序文中永誌不忘。

本書寫作期間，受邱清華先生和廖貴蓮女士在生活上在各方面多所資助，尤令我感念不盡。他們二位，都是我的學生。

劍橋的印影資料每一到，小女岸香便一一先讀，為乃父做剳記或做記認，確是我的一個好助手。她還據 G. B. Harrison 版莎氏全集，做不二字統計，到後來做得頭暈眼花，還剩兩個劇本和三篇詩未做完，已得一萬三千二百多字，可見 Max Muller 的一萬五千字是可信的。

這本書唯恐寫不到完稿，如今竟已脫稿，自是十分欣慰。

——陳冠學識，一九九七年端午節

——選自陳冠學《莎士比亞識字不多？》
臺北：三民書局，1998 年 1 月

《進化神話・第一部：駁達爾文《物種起源》》序

◎陳冠學

　　主廚者都深知牛肚豬肚極不好煮得爛，燉以外，根本無法處置。一副火候未到的肚，咬都咬不動，不說是嚼了。爲什麼這些大獸（包括人類在內）的胃會有這麼強的韌性呢？當然這是因爲做爲一個消化器官，它非韌不可，否則容易破裂掉。鳥類的胘（胃）也一樣堅韌無比，鳥類的胘內尚且要吃進小石子供作研磨工具，它要不夠堅韌，怎麼受得了？如果把胃當做一個考試題來考，要受考者來創造一副動物的胃，問要用什麼樣的肌理來構成，這大概不是那麼容易可以答得準確的。假設胃的肌理只有縱肌，能夠防止破裂嗎？

　　由縱肌圖看來，任兩條縱肌間都可能在撐了大量食物之後裂開，因此胃不能純用縱肌構成。那麼如果加一層橫肌呢？

　　這樣大概就成了，縱橫互結，破裂的機會大概沒有了。可是如果你是一個凡事謹慎小心的人，你可能會再加一層斜肌。

　　這樣大概萬無一失了。但還剩有一個問題，到底縱、橫、斜三肌，你會怎樣安排呢？那一層在內，那一層在中，那一層在外？這種安排跟韌性是大有關係的。安排得好便有一副韌性好的胃，安排得不好便有一副韌性較差的胃。以力學的原理來推究，答案是很明白的，裡層應該用斜肌，中層用橫肌，外層用縱肌。然而我們的胃（包括牛肚豬肚等肚在內），到底是不是這樣的結構呢？一點兒不錯，正是這樣的結構。真是太奇妙了！那麼胃的構成是出於一種智慧的設計呢？是出於自然盲目碰巧組成的呢？如果你贊成是出於一種智慧的設計，那麼你是神造論者；如果你贊成是出於自然盲目碰巧構成，那麼你是進化論者。可是這裡我們要問，但憑自然盲目碰巧構成，有可能嗎？凡事我們都得先問它的可能性，如果沒有這種可能性，那麼主張也是白主張。這裡我們明白看到了進化論是無理的主張，因為它的主張欠缺可能性做它的立論基礎。

　　如果再出一個題目，問創造關節要怎樣來設計？首先認知就人體而言，關節大別之有兩類，一類是作半圓球型周轉的，一類是作同一平面直擺的。前一類兩骨交接處，應該一作圓球型骨臼，一作圓球型骨輪，這樣便可套合作圓球型運動。後一類兩骨交接處，應該作一凹一凸套合，這樣便可供作同一平面擺動。但無論前後類，應該有某種筋腱將兩骨結連，人體解剖學告訴我們，用來結連兩骨的是韌帶，異常強韌的韌帶。兩骨結連之後，是兩骨套合面的結構了。這裡一邊是滑膜，一邊是輭骨，且由滑膜分泌油狀的滑液來填充滑膜和輭骨的空隙，用以避免摩擦損傷，且增加彈

性。跟胃肌構造一樣，關節構造的優異，讓我們又看到了智慧的設計。整個人體，地球上的任一生物體，都是無限智慧的設計，而達爾文卻意想爲由無生命的物質自動契合而成。這是無理的主張。如果一種主張，雖然無理，卻是無害，那麼他叫賣他的矛盾，我不掏錢去買也便罷了，若這種無理的主張竟是有害於真理真實乃至於人類的宇宙觀、人生觀、社會觀，那麼這便不是單純的學理問題，而是涉及實際問題了。這便是如瘟疫，非加以撲滅不可了。達爾文的進化論正是這樣的一種主張。一百多年來，有不少宅心仁厚的人起來批駁，捍衛人群，可是達爾文的主張還是像野火，一山燒過一山，像瘟疫，一地傳到一地，現在它是完全霸占了全世界各地任一級學校的生物學教科書。邪惡不會席捲全世界嗎？馬克思的無產階級鬥爭，豈不統治過半個地球近一個世紀嗎？現在色情和暴力不正是藉著傳播媒體席捲整個世界嗎？愛滋病豈不成了二十世紀末的黑死病？而達爾文的邪說則甚於一切。

　　筆者以駝背爲代價寫作了這部書，也只是盡其一己的棉薄之力而已。

　　達爾文，在當今，當然是一個響叮噹的名姓，可是他真正應份的事實是怎樣的呢？正如筆者的另一部書《莎士比亞識字不多？》所示，莎士比亞也是一個響叮噹的大名姓，可是事實呢？他只是一個識字不多的演員、經紀人、投機生意人而已，他並不是作者，更稱不得是什麼文豪，甚或是大文豪。達爾文亦如是都是虛名，有名無實。

　　達爾文這份大有害於人類的個人事業，發端於他加入小獵犬號半個世界的航行。當初他應徵陪伴該船船長，纔只有二十二歲，而船長費茲羅纔二十三歲。二人初見面，費茲羅對達爾文的印象並不好。費茲羅自認對面相頗有研究，他看到達爾文的鼻子，認爲有這樣的鼻子的人，做事沒有決心，他認爲果真用了達爾文，難免他會半途而廢。差點兒爲了鼻子，達爾文沒被錄取。後來達爾文爲了要證實自然選擇這個假設，收集了十五種鴿子來飼養，還邀請他的老師萊伊爾來參觀。萊伊爾是神造論者，不信達爾文那一套，達爾文問萊伊爾，難道他的鼻子是上帝創造的嗎？我們引述達

爾文這句話，是要讀者一睹達爾文的真實形象。筆者認為像這樣的問話，有點兒像是小孩子。凡是成人，都知道「身體髮膚，受之父母」，發這樣的問話，無異說傻話。

　　植物的生長，陽光、空氣、水分、土壤缺一不可（現在有水耕法，不須土壤，將植物所需的無機鹽全配在水中，這樣的水，其實是兼攝了土壤）。學說的形成也有這四成素，作者的智力是陽光，學力是空氣，觀念是水，心態是土壤。因此我們在本書中，不止未迴避達爾文這四成素，還直接深入探討這四成素。擒賊先擒王，如果討論某一學說而刻意迴避或保留這四成素不去碰它，這種討論是隔靴搔癢，抓不到癢處。直搗黃龍，原本便是唯一徹底滅敵的方法。打倒論敵，當然不能例外。本書在這一方面，可以說絕對無絲毫的保留，如果達爾文的徒子徒孫們因此而加給筆者做人身攻擊的罪名，筆者聲明在先，這是刻意抹黑，筆者絕對不能接受。本書的一切言詞言論絕對不逸出《物種起源》一書的思想範圍之外，範圍外絕對不加一言一詞。如果禦敵之時，劍下留情，批駁論敵之時，也筆下留情，這種婦人之仁，只會姑息養奸，除惡不盡，自取災殃。孟子也說：「頌其詩，讀其書，不知其人，可乎？是以論其世也。」這是很遺憾的一件事，我不得不無保留地對待達爾文。

　　按達爾文的《物種起源》，中譯有二種。早先有工學博士馬君武先生的譯本《物種原始》，當時各科術語未備，馬譯在這一方面遇到了很多困難，今日讀起來當然也很吃力，便是因為術語未備的緣故。最近商務印書館出了大陸學人的新譯本《物種起源》，因為各種術語大備，譯起來非常順利，讀起來也很順暢輕鬆。本書體例是先錄出達爾文的文字，或成行，或成段，然後附筆者的按語，來加以討論。本來很可以迻錄商務的新本譯文，但格於新著作權法，筆者只得自譯。凡是人名、物名等等專有名詞或普通名詞的譯名，及各科術語，筆者儘量採用新譯本的譯法，以便讀者的查閱對照，只有在不得已時纔另立異譯。本來這種非文學的文字，沒有多少修飾技巧，只有樸質的意思，像馬譯用文言體，各家可能有些出入，但用語

白體來譯，總是很難立異，而且爲了讀者查對的方便，其實也不容許做太大的異譯。故筆者的譯文跟商務的新譯，總是保持相去不遠的距離，有的竟就無法故意標新而全無距離，這一點須得事先聲明，以免被認做是抄襲，這一點非常不好處置。如英語"Come in!"，也只有一個譯語「進來！」，便是神仙也做不出第二種譯語。爲了便於讀者查對，凡是達爾文《物種起源》的文字，都標出了商務新譯本的頁數乃至行數。《小獵犬號環球航行記》，商務也有同譯本，引用到此書時，也都標出了商務版的頁數，以便讀者查對。

　　本書中引用到的著作，不論外文本或中文本，審度讀者可能查對得到的，便附了頁數或章數，其不易查對的便付之闕如。

　　希望本書對世道人心能起一些正面的作用，那麼筆者的辛勞便算是未白費了。

　　　　陳冠學　識，一九九九年三月二十日，中午十二點半，於萬隆

——選自陳冠學《進化神話‧第一部：駁達爾文《物種起源》》

臺北：三民書局，1999 年 10 月

《訪草·第二卷》自序

◎陳冠學

　　《訪草》預定寫到第三卷，但第二卷寫到一半，因編寫臺語字典，四年多來，幾乎輟筆，要寫到足數，恐怕已不可能，可知第三卷，似乎已不可能寫出。第二卷便以這半卷的量出書了。原本《進化神話》出了第一部，接著便要推出第二部，也因編字典的緣故停了下來。《進化神話》原擬寫到第三部，是否能寫出，也變成了一個未知數。加之，我年前仰跌一跤，傷及腰臀，會不會成為殘廢，也是個未知之天，若果成了殘廢，我的寫作生涯，將到此為止了。要不是我的學生廖貴蓮女士像我的女兒一般地照顧我，我早已不在人世，連這半卷《訪草》的出書都看不到，遑言寫這篇簡短的序。我一向不喜歡在著作前寫序，這篇序卻是不能不寫。

——二〇〇五年一月三日於綠陽山莊

——選自陳冠學《訪草·第二卷》
臺北：三民書局，2005 年 2 月

《老臺灣》第二版序

◎陳冠學

　　本書初版時，因時勢第五章客家這一部分及第七章〈起義〉全章被刪除。如今時過境遷，理應復原。

　　有關客家被刪的文字，即我的主張，客家是塞外民族，曾經發表在鍾肇政先生主編的《世界客屬》第 2 期（民國七十年）。同期及第 3 期，該刊刊出客家人士多篇反駁文字，他們都非常火大，還扣我「共產黨」、「分化」的帽子。但後來卻有客家人士以我的主張，在美撰寫博士論文（此論文垷已譯成中文在臺出版）。昨天，我的學生打電話告訴我，汪笨湖先生主持年代電視某節目，邀請南社社長曾貴海醫師及另一位客家人士（因不熟悉，姓名忘記了）做現場訪談。他們都自認客家是塞外民族。我和曾醫師很熟。這個消息，讓我聽得心花怒放。巧的是三民書局《老臺灣》一書供不應求，因重刷多次圖版已經模糊，一週前寄來新排校樣。我因自五月以來頭腦如同著了孫悟空的金箍，未能一氣校完，纔得有機會在寫這第二版序言之前，聽到我的學生報告好消息。這第二版，被刪的有關客家文字，當然原就復原補入了。

　　第七章〈起義〉，第二版未補入。理由是，一旦有《臺灣革命史》這樣一本專書出版，第七章就無多大意義了。但第七章關連著本書附錄邢一篇文字。荷蘭人對付郭懷一的革命伙伴，非常殘酷。我當時選錄周教授這篇譯文，是要讀者對照，鄭成功對待荷蘭人的和善。第七章刪除後，效果似乎適得其反。這一點，這裡特附一語。

陳冠學　識

——民國九十二年八月五日

——選自陳冠學《老臺灣》

臺北：東大圖書公司，2006 年 5 月

《現實與夢》自序與後記

◎陳冠學

自序

　　這一本小書很可能是我最後的一本著作了，回顧來路，有如倒退影片。我五十幾歲時，和新加坡一位女孩通信，幾年後，她一直想來看我，我一直勸她珍惜想像中美好的心象，莫要落實，破滅了它。她還是想來，我不得已只好斷然婉謝她。於是書信斷了，爲了生怕她果真來，我也不敢再給她信。而時光飛逝，十八個年頭過去了。此事就像一個句子永遠未能點下那個句點，對於寫慣了文字的人，是很悲哀的。臺語歌曲有首〈風飛沙〉，描寫思鄉之情，唱著「這種的　艱苦無底看」，移用來唱出我的心情，一樣地貼切，哀哉！

　　2004 年十一月中旬，我摔壞了腰脊。三年半後的今日，我變成了祕雕（布袋戲裡一個駝背的不具者）。回顧我漂瞥的一生，令我渴慕人物美，無邊地神馳，這促使我寫出本卷書的上卷。下卷是爲了救贖康德所造成的大災禍而寫。（2008 年 7 月 21 日暮）

後記

　　八月二十七日初回聆聽鄧麗君小姐歌唱的〈心酸酸〉（金企鵝版），被她那五千足的內在美即時融化，聆聽鳳飛飛小姐歌唱的〈港邊惜別〉（同版），年輕時未曾流過的淚，一下子從老眼裡奪眶而出。九月一日再聆聽鄧麗君小姐歌唱的〈三聲無淚〉（同版），又即時融化。啊，偉大的臺語歌曲

作詞者作曲者歌唱者！這是人類世界的寶，其他族群很少有這麼豐富的創作，她理應廣被歌唱，傳諸永遠。我由於要全心投入字典下冊的編寫，在自序裡寫道本書怕是我最後的一本私己著作，現在我得改正這一說法，無論如何我得將字典再放下，我必須先寫一本《世界瑰寶：不朽的臺語歌曲》。臺語歌曲，必須流傳到世界人口的任一角落，傳唱千年萬代，這是臺灣人對老天和人類的一點點兒奉獻。

我聆聽鄧麗君、鳳飛飛二位小姐的歌唱後，第一個想起的便是溫莎公爵和查理王子。溫莎公爵放棄英國王位，和一位離過婚不再年輕的女子廝守後半生，查理王子情形類似，世人大都不解，我也曾經不解。以一隻男人的立場，選的應該是二十五歲以下的年輕女子。但他們二位，早已晉陞為一個男人，他們所甘心的是那五千足的女性內在美。偉大的五千足女性內在美！（參看 P.20）作者呼籲：男人們，三十歲便該晉陞為一個男人，三十歲做不到，四十歲也該做到，四十歲做不到，五十歲也該做到，五十歲還是一隻男人，那是可恥的！

感謝宋耀光先生允許我附錄他的〈女魔神〉一文。我另去信，托聯經轉呈給李明輝教授，乞允許我在本書引用他的譯文。但未得回音。我已沒有這二管道，只好在尊重且不掠心之美的道德律下，依舊引用。其實，我寫這一本小冊文字，出版者出這一本小冊文字，以臺灣目前的文化旱象，非常明確，作者出版者全在做義工，無一絲一毫利益可得。如果能夠不寫，我寧願不寫一個字，那也就不存在任何問題了。但教我不盡一點兒社會責任，我萬難做到，出版者林文欽先生也做不到。情形便是如此。（2008年9月2日　早）

附註

金企鵝版鄧麗君小姐唱的〈三聲無奈〉很可能是初本，「僥雄」唱做「僥倖」；「暝」字，比現時通行的樂譜高兩個音階，很美，「會」、「知」兩字也高兩個音階，格外地美。初本哭調似乎是沒寫出歌詞，由作詞者直接

口授鄧小姐唱出，現在給補出：「站在窗邊啊／俄頭看天星／唉喲心酸酸／害阮每日無限在豚母寺／唉喲啊喂／心啊肝我苦啊／心肝唉喲我苦啊喂」。

　　按「豚母寺」是謔稱尼姑庵或修女院。豚是二年豬，豚母是未受孕生育的雌豬。南部唸是語音，北部是讀音。

　　最後一段首句，鄧小姐唱的是：「三聲無奈哭悲哀」。

　　「命痀」，鄧小姐唱做「命否」。

　　得不當好處或利益叫「僥倖」，本歌詞當「造成不幸」講。

《字翁婆心集》自序

◎陳冠學

　　《字翁婆心集》一九九五年四月十六日起，在《臺灣新聞報》「西子灣」副刊發表，這多年後再拿出來檢讀，仍未失時效。〈萬一〉以下數篇，是本月補寫的。這些文字真是苦口婆心，原名《字翁雕蟲集》，合該改爲《字翁婆心集》。

　　《字翁婆心集》補寫中兩度提到我的中年朋友，他的姓名是：陳文銓。這多年來我受到他們賢伉儷的照顧，二〇〇〇年我肺動脈破裂大出血，半夜過後一點，還是由他載我到長庚醫院入院的。平時每逢星期日，他都載我出去採購，尤其是相偕逛舊書店，真是其樂也「洋洋」。我想在此向他們賢伉儷深深道一聲感謝。他的牽手謝秀蓮老師也曾經半夜裡，載我往返長庚醫院和我的住家。

——陳冠學，二〇〇四年七月三十日於萬隆

——選自陳冠學《覺醒——字翁婆心集》
臺北：前衛出版社，2006 年 7 月

客語之古老與古典

◎陳冠學

　　我發表《臺語之古老與古典》後，一直很想寫一本《客語之古老與古典》。但要寫這部書，得深入做客語切實的研究，至少得住進客家村落五年以上。十多年以來，一直沒有這個機會，因此也就不能了卻這個心願。一直到現在，我還是極想做這份研究，期能提出意料外的成果。

　　我所以對客語有這樣深厚的關心，有兩個理由：其一是隋唐中古漢語，現存者只有客語、廣東語（粵語）、閩南語這三個語裔，其中客語尤其純粹；其二是我發現客語中潛存著可能有極不少的上古漢語。這個客語中極不少的上古漢語，我以外，無人有能力來發掘，這第二點纔是我不能忘懷客語之所在。但是實際還是歸實際，徒呼奈何！

　　這裡且舉一例。客家人讚美一個女孩子生得好看，通常是這樣說的：「細妹女ㄐㄧㄤˇ哪！」意思是說姑娘你真漂亮啊！這一句話裡面的ㄐㄧㄤˇ就是漂亮的意思（比美更生動，所以不能譯做美，只能譯做漂亮）。那麼這個ㄐㄧㄤˇ是土語呢？是古語呢？當然它是古語，而且是上古語，在古經典中經常出現。

　　要指出這個ㄐㄧㄤˇ是經典中的那一個常見字眼，當然不容易。全世界除了陳某某以外，誰也指不出來。

　　我寫有一本小冊子，名爲《莊子新傳》，副題《莊周即楊朱定論》。這本小冊子，定論了莊周就是楊朱，總共做了五項論證，其中一項便是姓名論證。要不是透過這一項論證，便不可能發掘出ㄐㄧㄤˇ的正字。

　　要證明莊周即楊朱，在姓名上一定要證明古人姓名有兩種寫法的例。

此例頗多，最有名的，如皋陶也寫做咎繇，荀況也寫做孫卿。

既然是一人兩個姓名的例，進一步便得證明莊和楊這兩個姓是同音異寫，也就是說在上古時代莊楊二字使用上因字音相同或極端近似，無法避免混淆。按今音無聲母的字，上古時代多數全有聲母，這楊字，上古的字音在章與莊之間。有一個楊（皿）字，郭璞注《方言》，讀做章，而宋朝編的《集韻》則讀做莊。可見得莊楊混用不是不可能的。而客語的ㄐㄧㄤˇ如減省掉聲母ㄐ，聰明的讀者您很快便猜得出來是那一個字了。

又客語女孩子叫細妹，男孩子則叫細弟。我寫成細弟，讀者怕會大吃一驚，但懂得日語日文的人，很快便會悟出它的直接證明。

上面ㄐㄧㄤˇ的正字，和細弟的直接證明，便當做謎題，謎底在本刊下期刊出，讀者有興趣者請將您認為正確的謎底寄到本刊，猜中者將在下期刊出芳名，並寄贈小小的獎品。

——選自《六堆雜誌》，革新第 40 期，1993 年 11 月

誰在謀殺語文？

◎陳冠學

法國人每兩年便整頓一次新生語或外來語文，連帶的也整頓舊語文。法國人熱愛自己的語文，以法語文為傲。漢語文是世界優秀的語文，我們當然以我們的語文為傲，且加以熱愛。東漢許慎著《說文解字》，是整頓漢語文的嚆矢。北朝顏之推的《顏氏家訓》〈書證篇〉是單篇討論，唐朝顏師古的《匡謬正俗》是專書糾正。自後歷代筆記常有檢討。孔子早在二千四百多年前便呼籲正名，荀子因此有〈正名篇〉。

文字導師有愧天職

純屬學術性的語文問題，當作另一番討論，本文只想就目前的出版物和廣播媒體的發音用字做一些糾正。我國語文之混亂與積非成是，七千年來（我國文字至少有七千年歷史）未有甚於十年來的臺灣者，情況之可怕與危急，教育部、國立編譯館及各大學中文系，實應立即起而大加整頓。

教科書原是國民認字識音，使用正確語文的範本，但我們的教科書自小學的國語課本便有誤。試舉一例：「知識」一詞，一般含義是指人類腦中所存的概念與命題，這一個含義的「知識」要唸「智識」，而國小國語課本卻唸了 40 年的「之識」。按「知識」唸「之識」，其含義是指所認識的人。這一詞只見於古書，是古書常見的詞眼，口語是沒有的。

中醫有「真珠」、「琥珀」、「麝香」、「熊膽」，是名貴的藥材。珠寶商販賣的珠寶，「真珠」占了一個要項。中醫界、珠寶商都不會寫錯，他們都寫做「真珠」。按「真」是天然的意思，「真珠」就是天然珠。可是文藝界

呢？卻全寫做「珍珠」。按「珍珠」是珍貴的真珠的意思。《漁洋說部精華》卷 12「蚌珠」條下云：「珠重七分爲珍珠，八分爲寶珠。」不是所有的真珠都可以稱做「珍珠」的。日本偷襲「珍珠港」，這樣的寫法根本是笑話。但「真珠」誤寫做「珍珠」由來已久，明人的小說筆記便已常見。緣北音「真」、「珍」同音ㄓㄣ，不能分辨，但南音則截然不同，以臺音爲例，「真」唸ㄐㄧㄣ，「珍」唸ㄉㄧㄣ，小孩童都不會弄錯。文藝界原是文字的導師，反不如中醫界和珠寶商，實在有愧天職。

我們的現文藝界和學術界，說實在的，文字根柢頗欠紮實。可以想見報章雜誌和新書，情況之混亂與積非成是，已頗嚴重。

日本校對者全學者

「定婚」，按經典叫「文定」，《詩經・大雅・大明》：「文定厥祥」。如今「定婚」卻寫做「訂婚」，頗爲嚇人。「定金」，因之也一例寫做「訂金」，全是不通的詞眼。按「訂」是法律字眼，是逐條逐項由雙方討價還價權衡一切利害，推求至雙方都同意而成合議的意思。議婚到了這種地步，豈不成了買賣？又按北音「定」「訂」同音ㄉㄧㄥˋ，臺音則「定」爲下去聲，「訂」爲上去聲，字調不同，故在臺語中「定婚」、「定金」無法寫成「訂婚」、「訂金」。

作者們下筆，用字遣詞，還是要循規蹈矩，一仍舊貫，千萬勿爲淺人所引。目今之勢，反而是識字淺的人在引導識字深的人，這甚爲反常。淺人無知，可以誤用，作家學者怎可中心無主？

顧炎武有言：「讀書不多，輕言著作，必誤後學。」但出版自由，發表文章、出書都容易，濫竽充數之勢，自難遏止。這是良心問題，誤已誤人，總關世道。多讀幾年書，沉潛一些時日，再行出道，應不至於延誤前程。青果終須等待黃熟，纔不至澀人口齒。

作者們肯負責了，出版物、報章、雜誌纔能避免混亂與積非成是。如今日即使作者字斟句酌的，推敲再四，出了書，發表了文章，卻難免會走

樣。出版社的校對員、報章雜誌的編輯人員，未必是學富五車，一旦師心自用，擅加竄改，作者們又安能文責自負？以筆者的親身經驗，三民書局編輯部人員雖率多初出校門的新秀，但他（她）們有一個原則，尊重作者，有疑問，另用鉛筆商量，未敢擅改，這可做為一個榜樣。我的《田園之秋》，去年由草根再版，被初校者改了一千多字，早知即使再用心多校幾回（我校了五回），仍會是個爛本子，果然不出所料；原想廢版重排，不好啟齒。

日本出版物的校對者全是學者，這一點值得我們借鏡。前清以前的雕版，校對者全是學者，日本是承襲這一優良傳統，中華反而斷絕了。

聯副之尊重作者，已出了名。像前些日子，筆者發表〈憶恩師〉一文，原稿抄漏了好幾個字，又將「問業」誤抄成「執業」，全部照原稿刊出，很覺得對不起聯副和聯副的讀者。心情不好，抄好便寄了出去，未再檢讀，誤導讀者，確實有罪。

誰在謀殺臺語文？

出版社、報章、雜誌編輯部，至少得擺一部中華書局的辭海在案頭，有疑問可隨手查對，切忌擅改，供稿者多的是老師宿儒，幾乎是動不得的。

只讀過唐李白月下獨酌「我歌月徘徊，我舞影凌亂」，看到「零亂」二字便擅改做「凌亂」，那麼宋姜白石長亭怨慢「暮帆零亂向何許」，明高啟悲歌「零亂四野」，是不是也要改？草根版《田園之秋》60 頁，如今便留著一個「凌亂」未改回來。「凌亂」「零亂」兩詞含義是不同的。

現在電視無遠弗屆，電視新聞收視尤為普遍，電視記者在語文教育上地位之崇高，遠非大學中文系教授之可比擬。可是聽見臺視記者陳秀鳳小姐「高承載」三字一再唸「高承宰」，實在令人心痛，這三字出現的頻率太高，已嚴重誤導了全國觀眾。「千載難逢」，「載」唸「宰」是對的，但「載重」「高承載」則要唸做「再重」「高承再」，小學生都不會唸錯（可試

試），反而是大人會唸錯，真不可思議。又「傾向」「傾斜」，唸成「請問」
「請斜」，真不知該如何責備纔好？「傾」只有「輕」一個讀者，怎會唸成
「頃」？再是「僞善」「虛僞」，唸成「偉善」「虛偉」，「僞」除了荀子書唸
「圍」，當做「爲」用外，只有一個「衛」的讀音，真是「於予與何誅」！

　　前日，聽見行政院新聞局長胡志強先生「偏頗」唸做「偏叵」（應唸做
「偏坡」），覺得事態嚴重，新聞局是不許唸錯字音的，其影響力與電視
等。教育部實應責令各級官員及電廣記者多重視字音。將來這一類人員考
試，凡字音未達滿分者，應不錄取。

　　目前臺語文甚爲風行，寫作者實繁有徒，但全是在謀殺臺語文。最近
國立編譯館已委請臺大楊教授全權負責編撰臺語教材，楊教授聲明要全用
正字，這是要通讀我國全部古典籍的一件大工程，非常辛苦。

　　現時有個流行詞眼「抓狂」，是來自臺語，原是「俄狂」（俄唸 gia），
訛爲「掠狂」（掠唸 liah），「掠」字罕見，寫作者用「抓」替代，便成了
「抓狂」。但是用了正字，恐被排拒，不用正字，則又與古典切斷，殊爲可
惜，這是一個問題。

──選自《拾穗雜誌》，第 72 期，1995 年 10 月

一切都是為著美
二訪陳冠學先生

◎陳列*

　　陳冠學先生在臺灣文壇的出現和存在，是相當特殊又引人議論的。他初次從事散文創作的時候，已經 48 歲（年）了，而以「田園之秋——初秋篇」這一系列的三十一篇日記，專寫一個題材，然後一次刊登，這在此地的散文界，也是很少見的。1983 年，他因這些日記而獲得第六屆時報文學獎的散文推廣獎。在接著的兩年裡，他繼續發表了「田園之秋」的仲秋篇和晚秋篇。愈來愈多的人，也才因而經由他成熟凝練的文字和敏銳獨到的生命觀照，既驚又喜地看到平凡田園中的美，曉得質樸的語言可以橫生出怎樣的精采和機鋒，並且知道，在南臺灣的一處僻野裡，孤獨地活著這麼一個深富學養見解、足具性情與風骨的心靈。

　　但是在眾多的驚喜之外，卻也有一些人感到疑惑，認為他的人，他的作品，都脫離現實的人生太遠，自囿在他個人的小天地裡自樂，那是退縮而自私的，是反文明的，甚至於是知識分子的一種墮落。

　　我兩次去拜訪陳冠學先生。一次是去年六月時，從臺北去的；一次在十一月，從花蓮坐著友人開的車子，連夜趕了三百多公里的山路前往。每次，我們都坐在他住家旁的一座小屋的長簷下談話——絕大部分時間是聽他談話。一大片安靜的芒果園就在我們身邊，樹下是厚厚的落葉。我心裡想，啊，這很好，其實我來，也只是帶著想要親近的心情來的，希望能夠多去觸及一個獨特的生命，他的人，他的寫作，他的感情和思想。

*本名陳瑞麟，作家，專事寫作。

去年，陳冠學先生又以《田園之秋》得到了吳三連文藝獎：十一月號的《讀者文摘》中文版，摘錄他的全卷《田園之秋》作為該期的文摘，並以他為特頁的封面主題。

但這些似乎都不重要。重要的是，陳冠學先生是一個面目絕對鮮明的人，他孤獨而激烈地追求著他的生命境界，誠實地表達出他的愛與惡：或者，用他的話來說，他是一個「心是活著的」「生活者」。在這個隨時講求權宜之計、聽慣了明目張膽的謊言的時代和社會裡，這樣的堅持因而顯得更為可貴。而他的三卷《田園之秋》，大概也可以肯定是臺灣數十年來的散文著作中，少見的經典之作。

陳列（以下簡稱列）：根據粗略的了解，我總覺得，您的生命彷彿可以相當清楚地劃分成兩截。1981 年以前──您曾說過──「一向志趣只在學問」，在教書之外，只專注於學術思想的研究，並也出版了好幾本有關儒家、道家，以及語言學和歷史方面的著作，然而就在這一年，您卻忽然退隱鄉間，並且開始了文學創作，初次為文壇所知。我的這一番了解是否有錯？是什麼原因使您作了這麼重大的改變的？

陳冠學（以下簡稱學）：這必須從我求知識、做學問的過程講起。

我讀到小學五年級的時候，美軍空襲臺灣，學業因此停頓。在臺灣光復到學校復學的那段期間內，家父請了一位漢學先生教我漢學，教臺語。大概教了一、兩個月。那便成了我與中文緣分的開始。

進中學後，大概從初二開始，我就自己摸索中國的舊體詩。高二開學時，分文理二組，我開始頭痛躊躇，因為我的數學和國文都很好，不知如何選擇才是。當時，許多人都想要考醫科，我心想，怎麼都這樣子呢？中文的東西，為什麼都沒人要下腳手呢？臺灣人實在應該要有人出來做中文的工作啊！啊好啊，我就這樣決定讀社會組。當時在高中，我已學作唐詩了，平仄的規律，都是自己摸出來的。對文學的趣味，大概在那時就有了。

入大學後，我走的是純粹國學的路，主要是在研究儒家的東西。大三

時，牟宗三先生教我們朱子，深深被吸引住，更是一路往中國思想方面探討。不過，話說回來，對中國文學的趣味還是在的，三不五時，仍會拾起唐詩來讀。

記得在 26 歲的時候，我就決定要寫一本很龐大的書，討論形而上的問題。對這一方面的思考，到差不多 30 歲時才算徹底醞釀成熟。也差不多就在 30 歲或稍後的時候，我的頭腦裡冒出一本田園日記，心裡很希望寫這樣的一本書。就這樣，心裡有了兩個負擔，一方面是形而上學，一方面是田園日記，逼得我開始很討厭教書。我經常在受不了的時候就辭職，沒飯吃再回去教書。這種惡性循環的情形，平均兩年一次，主要的就是掙扎著要寫這兩本書啊。寫那　本形而上，需要很長的時間和很大的心力，而寫田園日記，心情必須要很純一，所以在這一漫長的時間裡，我只有利用寒暑假寫討論儒家、道家之類的書。那是很不得已的。

到了 1981 年 3 月，我終於斷然避居大貝湖。就在那　年內寫了《老臺灣》、《臺語之古老與古典》，並參加省議員的選舉，最後還寫了《出園之秋》。

列：你參加了選舉，卻回過頭來寫《出園之秋》，請問您是帶著怎樣的心情寫這一本書的？

學：二月初一那一天，我本來慨慨地在寫一本《權力論》，但苦無發表的所在，忽然想到 30 歲左右醞釀成熟的那兩本書，卻依然心願未了，怎麼辦呢？形而上學預定寫 100 萬字，目前是不可能的，田園日記卻可以完成。當時想到這裡，筆拿起來就寫了。實在說，當時是打算就要跟學術和文學說再見的。

列：但是後來，您並沒有繼續走政治的路。為什麼？

學：本來，我基本上是想從文學和歷史的立場來從事政治的。落選後，我希望能用文章來表達這些方面的理念，將臺灣人的根紮下去，喚起人民學習先人拓荒冒險的精神，並且將臺灣與大陸的關係作一個處理。但黨外的多數人只知法律與政治，不關心文化與歷史；我寫的文章，雜誌都

不用。我因此無路可走。1982 年 5 月，我搬回新埤的這個老家以後，不得不再靠寫文學的作品生活，但一直寫得很少。

列：這麼說來，你是在不得已的情形下走上文學路的。

學：其實當時，我較關切的是現實的問題，對名山事業較不關心。後來走入文學，實在不是我的本意。這麼說，好像顯得我對文學的很無誠意。對文學，我其實早就有一份心意在，有那個種籽在。只不過是我的興趣多方面，關心也多方面，而在比較之下，我認為政治參與較直接，對形而上學的思索較深入而已。要回去寫形而上學，處理整個人類根本的心靈問題，整個世界的創造問題，現在仍是我最大的心願。

列：您說您的《田園之秋》是在告別文學的心情下寫出來的，那麼動機——

學：當然寫《田園之秋》是有動機的，並不是說，因為自己要從政了，要與文學說再見，所以必須寫一本書。沒有這樣的道理。

我是看臺灣的土地這麼美，但經過這些年來，破壞得這麼嚴重。當然，現代化是全世界的潮流，無法阻擋，難免造成破壞，而且速度驚人。所以我對舊田圃有著很大的懷念。這種懷念是屬於我個人的，但若為著讓後代人知道過去的田園是怎樣的，這就不是我個人的私事，而是大眾的事了。所以，寫《田園之秋》的直接動機是我個人對老田園的懷念，以及想要讓以後的人知曉過去的臺灣有多麼美，進而喚醒少年人愛惜臺灣這塊土地，結合成較大的力量，批評現階段種種破壞這塊土地的行為。

列：就一部文學作品而言，您當時在寫《田園之秋》的時候，對它有怎樣的要求呢？

學：《田園之秋》，我是吊在不朽的高度來寫的。我完全將它當作文學作品來處理，不讓它有任何污染，所以我不寫現時社會存在的種種問題，即使涉及到，也用極大的技術避免掉。所以有很多人以為我不關心現實，其實是不了解我的觀點。文學的歸文學，政治的歸政治。一旦你要寫文學，卻又要與現實政治糾纏一起，無論怎麼寫，都是一種失敗。

列：所以您在《田園之秋》中，很少寫人，也沒有想到要為那些生活
在你周圍但較無法用文字或語言表達意見的人說話。

學：對，我沒處理這些事，而純粹是文學的結構。

列：那麼，《田園之秋》中那些日記裡所寫的，純是對過去的某部分的
回憶，而不是真實生活的紀錄，是嗎？

學：我寫作當時的生活和書中的情景講起來也是很接近的，但主要是
要讓人知道臺灣老田園的風貌。就寫作來講，當然是當作文學作品來寫，
而不是當作生活的紀錄。

列：在您看來，文學和文學家的存在有著怎樣的意義？

學：文學是藝術的一支，而藝術的本質是美，目的只在於發掘世界中
的美、人性中超越不已的理想、感情中晶瑩透亮的純潔。文學可貴的是，
將人的生命從污濁的現實世界提升到一個很乾淨的世界，和宗教一樣地安
頓人的生命。這是文學很大的一個功用，也是文學的最大使命。文學家、
藝術家之可貴，全在這裡。文學家的全副生命是美而貴的：一個真正的文
學家的生命中時時刻刻充滿了美感。

列：「為人生而藝術」和「為藝術而藝術」是自古以來就爭論不休的話
題，對這一場爭執，您有什麼看法呢？對於所謂的「社會良心」，做為一個
文學創作者，您又是怎麼去看待的？

學：文學是人類文明的花。既然是花，就要有香有色，若將它變成一
個工具，就錯誤了。作品反映人生，反映時代，這沒錯，但要看作者是否
為真正的文學家，寫出來的作品是不是全部具有藝術的架構和本質。以美
的動機出發，以美的效果收場，這才算藝術，才算文學。以探討的動機出
發，以揭發事相作收場，這只可能算是社會學的研究、人性學的研究、犯
罪學的研究。

列：您認為，怎樣的散文才算好的散文？或者說，您講過，您的《田
園之秋》是吊在不朽的高度來寫的，那麼您是否可以談談作品不朽的標準
是什麼？

學：真正講起來，好的散文是不可能偶然產生的，這牽涉到作者的經歷、對人生的追求、對自我的建立，以及自我建立後的生命是否能涵蓋整個宇宙。若能達到這樣的胸懷，下筆便無問題，便能成為一個大作家，寫出來的都是好文章。

列：那麼，關於自我的建立，關於使生命涵蓋到整個大宇宙，我們一般人要如何著手才能做到？

學：自古以來，人類出現過很多偉大的心靈，他們的著作都可以引導我們，給我們反省，讓我們學習到透視的能力。讀書，對，這是培養大生命的第一個要點。

第二點可以分兩個方向來講，一是向外觀察，一是向內自省。這兩者是要同時進行的。

這還不夠，人的精神體包含三方面：情、智、意。這三方面要平均發展，缺一不可。感情要熱要敏要不僵化不枯竭，再細微的事情都要能在體內引起很大的感應；智識要光亮得能透照黑暗和曚昧處，不能蒙騙；意志要堅，遇困難危險或不如意時全不曲折軟化。

列：就情感這一點來講，您把對象放哪裡呢？

學：到最後，整個大宇宙都成了情感的對象。當宇宙萬物有什麼不對勁時，都會有感受。

列：對人的感情呢？

學：我這一生對人的體驗可以用八個字來表達：偏見、誤會、愚蠢、貪婪。人世的不幸，都種因在此。所以看眾生時，總會替他們感到悲哀可憐。古人說的悲憫就是這個意思。所以對人，我可以說已持著第三者的旁觀態度了。

列：對於人世的這一類不幸，您難道沒有過要積極加以改善的想法和作法？

學：關於這種事，儒家與道家各有一套講法。孔子說：「知其不可為而為之」，道家則認為，道本身是動態的東西，是千千萬萬個因素結合起來在

推進的，不是死的。所以一個真正透徹的遠觀者知道事實就是如此，你去干涉，去拉拔，去改變，都是無用的。做為人類的一分子，我們在情感上自然會去關心人類的走向如何等等，但是就智的立場來看時，卻又曉得沒辦法和道對抗的。牟宗三先生說過一句話，我很佩服。他說：莊子的背後一股蒼涼氣。他雖達觀，卻對人世的種種不幸總也有著悲憫。寫作的基礎就在這裡。

列：關於意志的堅持這一點，您是否可以多作說明？

學：生命要立起來，要擴大為大生命，現實是一個很大的障礙，但為了藝術生命的錘鍊，任何藝術家卻都必須與現實鬥，要能跳出生物的邏輯，不把心放在爭食、求地位、求名利、求繁衍上面，所以為了藝術生命的提升，年輕人應該帶一點狂氣，這樣才不會被現實掐住，翅膀才不會被折斷。中年以後，甚至於要變得瘋狂，要不顧一切地走向自己的藝術之路，不怕頭破血流，將種種打擊、別人異樣的眼光和各種現實問題丟在腦後，能活就活，活不下去就夭折。這是無法妥協的。一妥協，藝術生命就斷了。所以，天才往往是犧牲了自己的一生，才得以開出的一朵花。

列：請問您對臺灣目前散文作家的作品有什麼看法？

學：臺灣目前散文作家的作品，我看得不多，所以不好評斷。對散文的愛好，也是常因個人的性向而不同的。我所喜歡的作品，必須在細膩之外，還能在作品底下發現到壯闊的波瀾，如大海洋一般澎湃遼闊，高瞻遠矚地發出一股很大的生命力。那樣的味道，那樣的作品，才算是真正了不起的作品。子敏不錯，很細膩，但有時代給他的束縛。梁實秋也很好，很老到，但他是 1930 年代的。那個年代的梁遇春、豐子愷、沈從文，都寫得很好的散文。

列：您以後有什麼寫作計畫嗎？

學：最近我正在寫一部長篇小說。已經動了兩章，估計大約需要 40 萬字。不過，我已差不多三個半月沒動筆了。

列：為什麼想到要寫長篇小說呢？

　　學：要寫長篇，講起來也是我的自負啦；一方面是想要表現給人家看看，什麼叫做小說，文學是什麼，一方面是要聲明自己的天分。

　　在小說界，真正讓我佩服的沒幾位。傑克倫敦，他的《荒野的呼喚》是很好的作品。托爾斯泰也很了不起。還有狄更斯。福克納嗎，我對他沒有深刻的研究，不敢下斷言，但總覺得他是一個怪傑。對他，我不排斥，我保留……。

　　列：那麼您排斥的是誰的那些作品呢？

　　學：福樓拜的《包法利夫人》。還有左拉的作品，除了他少年時代寫的《妮儂的故事》之外，我全排斥。他的作品沒有美感。他是小說家沒錯，但只是社會小說家。人類有很高尚很高潔的情操，他都不懂。杜斯妥也夫斯基的作品也沒有美感，讀者無法從其中得到生命的提昇，而只會跟著一起沉溺下去。他的小說是人性學、神學或犯罪學的小說，但不是文學。我將小說分成很多種，文學的小說才是我所要求和追求的。

　　列：許多人都對您的文字極為讚賞，請問您講求這一方面的寫作技巧嗎？

　　學：寫作，不能說沒有技巧，那是需要磨練的。但技巧附屬於境界的高低。境界低，再好的技巧都是下等的技巧；境界夠，自然會帶動各種技巧。

　　列：關於您工作的情形，我想向您請教一些問題。第一個就是，您是否有一定的寫作習慣和特別要求的寫作環境？

　　學：在有內外干擾的情況下，寫作當然較不合適。即使是一年之中，季節的不同對我的寫作也會有所影響。根據我的經驗，過年後的那一段春天時節，寫作起來最順遂。落雨期，我常無寫作的興致，像雲雀，落雨就不唱歌。最近三個半月沒寫，主要就是這個原因。但這也不是絕對的啦；若我不幸被關進牢裡，還是照樣可以寫，只是寫起來較艱苦。

　　列：您是否規定自己每天寫多少字？

　　學：前一時陣在寫長篇小說時，我規定每天寫二至三千字。

列：寫這樣的兩、三千字，需要多久的時間？

學：這很難講。有時候，一句半句就將你堵住了。有時，說快也很快，但堵住的時候很多，甚至於堵個一整天。但等到碎心一突破，速度就很快了，一天固定的字數也就完成了。

列：寫《田園之秋》時的情形又是怎樣的呢？

學：三卷《田園之秋》的寫作速度都差不多。但有一個經驗很有意思。十月十九日那一篇，我早就有很強的意念要表達，但就是無法通透，幾天都寫不出來。我心裡這樣想：嗯，大概是營養不良的關係吧。恰好我母親拜拜，她知道我不吃雞，所以買了鴨子回來。中午拜完後，我再蒸一次，然後吃下了半隻。那個下午，就寫出來了；三千多字，都沒什麼修改，而且是一篇非常精采的散文，自己很滿意。所以很好笑，十月十九日這一篇文章是半隻鴨子寫出來的。

列：您是否經常修改呢？

學：有時寫得很艱苦，一再修改，到沒辦法時，只好用貼的。有時遇到表達不出來，全張紙改得黑漆漆，毫無空白處，紙換了三、四張，不重抄也不行。

列：您所修改的，主要的是什麼？

學：主要是表達不夠滿意的所在；我頭腦裡的東西是那些，但表達後若打了折扣，我就必須修改到百分之百的完滿。但有時陣，這也是做不到的。譬如說，《田園之秋》十月六日那一篇的結尾部分，我改過很多次，但是到現在，我還是不滿意。

列：對於年輕一輩的寫作者以及有志於文學創作的人，您是否可以再提出一些建議？

學：按照我所接觸的來講，我認為目前文學界的人普遍具有三項弊病：1.識見卑陋；2.生命庸俗；3.急功近利。這些話，講得很不客氣，人家聽起來可能不太高興，但是您一定要盡量避免這些毛病。

還有，對一個散文作家來說，寫思想零零落落的單篇作品是沒有用

的，只有等到寫得出主題貫穿全本書的作品時，才可以算是見到了成績。

——選自《中國時報》，1987 年 1 月 11 日，8 版

那個午后，聆聽散文大師陳冠學
半世紀的文學堅持

◎郭漢辰[*]

在屏東縣大地醞釀的千古散文

我有兩次都在沉靜的下午，拜會那個寫就千古絕唱散文《田園之秋》的散文大師陳冠學老師。

要去找老師，你必須穿過一大片屏東縣持有的甘蔗田，尋尋覓覓前去，這彷彿是屏東縣僅剩的廣闊田地，農地捲天蓋地而來，有一種天地連綿的壯闊，快要接近老師居住的社區時，才恍然大悟，原來就是這片無邊無際的天地，醞釀老師的豐沛創作及堅毅人格。

老師的家在社區最熱鬧的後方，推開那個矮矮銹蝕的鐵門，迎面所及卻是不一樣的天地，一片清淨的庄園及平房，很難想像這就是創作《田園之秋》被喻爲世界級散文的發源地，但這確實是老師作品中，時常描寫的那個田園，那處孕育萬物的所在，老師隱居半世紀，一人過著幾乎是隱士的生活，除了有關屏東縣地方文物之事，他對於紅塵不拈不染。

我是民國 91 年第一次去老師家，老師白髮蒼蒼，人看來很是祥慈和藹，在老師家那間窄窄小小的書房，房內掛著「拒絕採訪」的牌了，訴說著老師不想清淨隱居生活被打擾的堅持，老師坐在老舊的竹椅上，說起文學竟慷慨激昂，彷彿一個終生投入文學革命的烈士，完全不像應休養生息的老人家，他說著說著，老師的平房，龐大成一個巍峨的文學國度，說到

激動處，老師還以拐杖重重敲擊地上，那個是文學之國君王之怒。

民國 91 年 2 月 8 日，是值得紀念的日子，老師走出隱居天地，到屏東縣文化局參加家鄉一個文學團體的成立，與年輕一輩的寫作者相見歡，他鼓勵年輕創作人要多讀書、沉潛、蘊積能量，才能成為真正的文學創作者，進軍國際，占有一席之地。

老師當時懇切地說，創作者一定要多讀書，每天至少要讀書八個小時，沉潛，蘊積巨大的能量，這樣創作才能像火山爆發，噴發出最傑出的曠世巨作，他感歎國內老一輩作家相當努力，但年輕作家卻始終無法走出自己的創作風格，他希望屏東子弟要不斷努力，立下遠大志向，希望有一天看到文學種子在屏東茁壯成長。

不過，老師的堅持與毅力，讓我們做晚輩的不得不折服，70 歲的老人家，那天上午要來與會，堅持不用派車接他，他自己從居住的社區，公車一路搖晃到火車站，再搭火車奔向屏東市，最後自己一人走到文化局，所有的人都望穿秋水等待老師；要回去的時候，我被指派一個重要任務，開車接送老師去火車站。

老師下車時，我看到一個外表看似佝僂，身影卻早已穿越時空限制的老師，他堅持走出一條屬於自己的文學康莊大道，那條道路最終的盡頭通向永恆，我看到他的影子隱沒在人潮湧動之間，不徐不緩走向火車站，我知道那就是有所堅持的陳冠學。

「我是不朽的，你們是朽的」，一生從不參加文學聚會、文學講座，打造一個陳冠學式的文人風骨

匆匆三年過去了，我一向忙碌奔走在記者的生涯上，偶爾想到老師，會記起我那個還在拼湊的文學大夢，想起老師的諄諄教誨，工作之餘，有時間絕不鬆懈，與生活搶得幾個日夜，埋頭寫出幾篇小說，得了幾個文學獎，但總覺得缺乏文化養分的輸血，文學生命還得辛勤灌漑，這一段時期聽朋友陳述，老師跌倒受傷，傷勢不是很輕微，那份掛念又浮起心頭。

今年 5 月下旬，聽文化局的朋友說文建會長官，要去探望陳老師，我有了一絲絲私心，想藉著採訪之便，再次去看老師，這次一路開車奔馳而去，一樣看到開闊的天地，連接著無邊際的農田，想起百年前，我們的祖先就曾在這裡開墾種植，像老師一樣，被大地孕育成一個偉大的創作者。

5 月 26 日去看老師的是文建會第二處副處長方瑤瓊、文化局副局長洪士特，這時才聽 73 歲的老師，述說自己這兩、三年多次在家跌倒、受傷的情形，聽人令人不忍，老師說，最嚴重的一次是今年年初，他在參加新埤鄉公所鄉史研討會時，手肘下方受到拉傷，迄今兩個多月忍受劇痛，最近才逐漸復原。

屏東縣文化局長徐芬春曾前往探望，了解老師隱居的情形，向文建會主委陳其南報告，原本陳其南要親自南下拜訪，但為尊重老師隱居狀況，最後才由第二處副處長方瑤瓊，代表陳主委前往到新埤鄉萬隆村陳冠學的老家拜會。

老師那天下午談興很濃，我們一樣在那間看似不起眼的小書房，聆聽他獨特的看法，老師說，他是全臺灣第一個也是最後一個，不公開演講、不參與任何聚會的創作者，他認為身為一個作家，讀書、寫作的時間都不夠用了，哪裡有空閒出去演講、和人家聊天，他現在 73 歲，每天還要讀五個小時以上的書，從天文、自然、宗教、文學、哲學等各種書籍都閱讀，他投入最深、用心最久的就是形而上學，這些都是他創作時最深厚的基礎。

老師也說到許多小故事，他生氣地說，他最看不慣部分官員、文人的勢利心態，他時常以「見大人而渺之」的角度，看待所謂大官，他碰到不少人，連文學家都不看一眼，讓他很氣憤，在他的內心，「作家的創作是不朽的，但你們這些人都是會朽壞的，有什麼好驕傲的呢？」他希望各界要有尊重創作者的心，否則這個社會風氣很難會有轉好的跡象。

老師說到當年領一項全國性文學獎的趣事，頗令人莞爾，當時他獲知自己得到該獎很是高興，但他看到前一屆得獎人的合照時，卻快樂不起

來，因為該名作家在領獎時，站在後排，前方竟是一些官員一排排坐著，此舉讓他覺得領獎領得不甘心情願，他認為創作者應該被尊重，怎麼可以像學生一樣在後面排排站，反而讓官員一副自大的樣子坐在前方。

因而在他即將入內領獎時，特別要他一名友人，在輪到他頒獎時，要進屋通知他有他的電話，以逃過這種他認為尷尬的場面，但頒獎時，該名友人怎樣也不來叫他，他只好硬著頭皮領獎，這個往事更顯老師獨特的行事風格。

忍受千錘百鍊，烏火炭才能變金鋼鑽

當場叫出我的名字，三年前的往事他都記著，他也知道我寫作得寶島文學獎刊登在聯副的事，特別勉勵我一定要多讀書，遍讀各種學問，他說，他年輕的時候，一天 24 小時都在閱讀各種不同種類的書籍，要遍覽群書，才有大收穫，成為一個世界級的文學家。

73 歲的老師，持著拐敲擊地面，非常嚴肅地說，一個偉大創作者，應該就像一塊「烏火炭」一樣，原本只是一塊根本不起眼的黑色木炭，埋藏在深不見底幾千公尺的地底層，只有經過千百年大自然的千錘百鍊，忍受無邊無際的黑暗苦楚，才能成為永垂不朽發光發高的「金鋼鑽」。

老師的話像雷電霹靂一樣打擊著人心，原來一個偉大的創作者，就是要歷經這樣非人的遭遇，才能成就非凡的事業，老師的這番話，讓我想起同樣是臺灣文學評論前輩葉石濤，也說過同樣的話，他說，創作者要忍受非常人的苦痛歷程，如同遭到「天譴」，也只有透過這樣百般艱辛的天路歷程，才能誕生出永垂不朽的創作。

老師說，中國有作家高行健獲得諾貝爾文學獎，不少好友替他抱不平，認為他的散文創作《田園之秋》，一樣有資格獲得此殊榮，他建議文化單位應盡速擴充中書外譯的計畫，讓《田園之秋》等代表臺灣文學的代表作，早日在國際發出熠熠光亮。

那天午后，就在老師窄小的書局，聆聽他對文學半世紀不偓不傲的堅

持，那道矮小的紅門關起來後，老師持續他隱居田園的生活，但開啓了那
道通往文學永恆的大路，我似乎又看到了那個佝僂又雄偉的影子，在大路
上孤寂獨行。

——選自《文化生活》，第 8 卷第 2 期，2005 年 4 月

大武山下的田園哲人
陳冠學

◎**鍾仁忠**[*]

壹、從山芙蓉花說起

　　我曾經在宜蘭三星的田野綠籬，在屏東滿州 200 閑靜的縣道，在淡水北新庄的山坳水湄，甚或在不知名的荒原，與山芙蓉驚喜相遇。她總在不起眼的地方，在你最容易忽視的角落，靜靜的綻放嬌妍。常常是在一個轉彎處，給你一個驚豔，如同王維〈辛夷塢〉詩中所詠意境：「木末芙蓉花，山中發紅萼。澗戶寂無人，紛紛開且落。」山芙蓉不因無人欣賞而自憐，不因園荒地瘠而萎頓，所生所長之處，無不是一道亮麗的風景。如同謙謙君子，自有其理念，花開花落，我自炫燦。

　　隱遁在我們屏東大武山下田園的陳冠學，正是像山芙蓉一般的謙謙君子。他以一枝真情自然之筆，將田園點化為煥發迷人魅力的人間仙境，正如山芙蓉於山野水岸，一日三色，清新脫俗。

　　陳冠學，是以知識分子重返自然，是一位享受生命美感和田園樂趣的儒者，是我們屏東文學界的泰斗，更是臺灣文壇中第一位真正融於自然的真情散文詩人以及生活哲學家。他用一雙清澄的眼睛、一個溫柔的心，以樸實凝練的筆法，描寫田野情趣與生命感悟，充分反映臺灣這片美麗土地所孕育的各種美；他用真誠的心辛勤的耕耘與灌溉，織就出最焠鍊的文字和最深情的心靈關照。閱讀陳冠學的田園文章，彷彿走入美麗的文學花

[*]發表文章時為屏東仁愛國小教師，現為屏東內埔國小教師。

園，使身心無比的恬靜與安適。就好像是多日裡與好友圍爐夜話一般，聽他翻開心內的寶藏，娓娓訴說心理醞釀已久的話語，是那麼的純真如癡、樸素自然。每一個字句，彷彿是他飽蘸著淋漓酣暢的感情寫出來的，內容自然、情感真摯、詞藻豐富、心靈細膩、寓意深遠……，讀來，總令人心裡回味無窮。

陳冠學出身農村，最後禁不起泥土的回喚，又回到田園裡，用最真誠的感情，確確實實的在田園裡生活，這份真實的生活體味，造就了陳冠學獨樹一幟的文章風格，他不但活靈活現的描寫田園裡的自然景致，實實在在的表現自我，也表現出人類熱愛大自然、追求人與自然和諧的生存願望，更展現了美好的人生境界。

在陳冠學以田園為主體的散文裡，處處充滿著自然美與溫馨的抒情氛圍，可以說是理性思考與感性體驗交織，更在文字中散發濃郁的詩意。我領略了陳冠學文學園地的美麗與芬芳，不免想野人獻曝，試著引領更多人得以走入陳冠學散文的綺麗國度。

貳、緣起大武山下

屏東縣萬巒鄉是筆者成長的故事，此處「可濯東港溪之清流，挹大武山之白雲」，青山、綠水與田野、純樸敦厚的民情風俗，豐盈了我的童年，所以對大自然、對田園，自有莫名的、難以割捨的眷戀與喜愛，自小對散文、尤其是小品文就非常偏愛的我，當讀到陳冠學吟詠秋光下的南臺灣，是最美的仙境，有無限美好的氣候和天色，他彷彿乘著美妙的音符般，在田園的綠色世界裡，展開自由的翅膀遨遊在大武山下，那樣淬鍊優美的文字，有無比的親切，心弦更是被深深的牽動。巧的是陳冠學的家鄉：屏東縣新埤鄉萬隆村與我的家鄉——萬巒鄉萬巒村，同在大武山下，陳冠學與筆者擁有同樣的視窗，距離可以說是咫尺之遙而已；陳冠學筆下的田園景致，與我成長的環境相當的類似，讀來自然倍感親切。更何況自己與陳冠學具有同樣的中文學系學程背景，在這麼多的因緣巧合下，使我一直想前

去造訪陳冠學，一睹大師風範，傾聽大師諄諄教誨。但是素聞陳冠學先生個性獨特，勇於探索自我，是一位相當用心生活、用心於學問的人，深怕因自己才學疏淺，冒昧造訪，反而打擾了先生的清悠。一直到民國 94（2005）年的最後一天（12 月 31 日），透過記者好友王榮信先生、縣籍作家曾寬老師的引薦，才得以進入《田園之秋》的美麗花園，目睹了大師的風采。

　　說是「美麗花園」其實並不是真的充滿璀璨奪目、五彩繽紛的花園，記得第一次造訪，我認真看著車窗外的景致，滿心期待⋯⋯那大清晨，我們沿著大武山與平野的交界，穿越沿山公路，一腳踏入隱沒於田野間的小村落：萬隆村。在簡樸自然的村莊中，我們循著一條幽暗深邃的小巷，走入巷底見到一扇早已鏽蝕的深紅色矮門，沒有門鈴，也不用傳喚，曾老師自己就輕輕的推開鐵門，門一開，進入眼簾的盡是果樹、雜草、小花叢，再走過一條花與草雜生的小徑，一幢簡陋、古樸的平房就在眼前。陳冠學老師看到我們便親切的招呼我們進入屋內。屋內牆壁早已充滿歲月久遠的痕跡，陳冠學老師看到我們便親切的招呼我們進入屋內。屋內牆壁早已充滿歲月久遠的痕跡，而屋內的擺設，更是儉樸陳舊，彷彿回到古典的農舍。呵！這就是大師的家！談話時我看著眼前慈祥謙遜的可敬長者，再從縫補多層的紗門往外望去：數不盡的白色粉蝶在射干花與黃色兔兒草花間穿梭，陣陣的貓鳴、清脆悅耳的白頭翁、畫眉不時的鳴叫，偶爾傳來如響笛般的伯勞啼聲，空氣裡是桂花與樹蘭的清香，一切是那麼的自然，色調是如此的祥和，想起陳冠學在《田園之秋》裡頭說的：「我這裡可是鳥的樂園。」不正是嗎？我心裡這樣想著。

　　之後我們常常前來萬隆村造訪，一方面是探望年事已高又獨居的陳冠學老師，一方面則是想更深入領略大師的田園哲思與意境。一次次的拜訪，讓我更佩服如大武山般深厚的陳冠學老師。一個好的創作者必須要有獨到的生命見解、深厚寬廣的學問視野以及敏銳的觀察力、認真的生活態度⋯⋯，先生可以說具備了這樣的條件。多次的造訪深談後，與陳冠學老

師幾乎已經建立了亦師亦友的關係。

　　陳冠學在自然田園裡，將自己與大自然融爲一體，真正的體悟自然美感，生活其中，所以醞釀出如此精釆的作品，如同陳冠學老師所說的：

> 大自然是億萬種創作的總合，換言之，大自然是美的總合，包括形式美
> 與律動美。在大自然中，就好像是在一座無量大的美術館中一般，真是
> 目不暇接。[1]

　　置身在陳冠學的田園世界裡，領略自然，生命可以說有了一種嶄新的體悟，如同飲了最醇的甘泉，在心靈之中迴盪不已。出身屏東農家，喜愛自然田園的我，對同樣出身屏東的陳冠學質樸自然、內涵深遠的田園散文愛不釋手。陳冠學的散文就像是林間的一股清泉，令人心曠神怡，安撫了許多迷失的現代人的心靈，堪稱是臺灣文學的經典，也是散文界的翹楚，更是自然寫作的先驅。

參、陳冠學的人生經歷

　　一個人的作品，往往會展現出一個人的思想、風格與特色，古人說：「文如其人」正是這個道理，而這也常常是我們審視一個人文章之後的品評。一個作品的呈現，必然是蘊含了作者的成長、思考、心向、人格特質……等，是作者的努力結晶，更是作者長時間的蘊釀，也可以說文章是一個人品格之體現，是一個人思想內涵的延伸，更是個人生活經驗智慧累積的結果。陝西師範大學副教授張智輝說：

> 散文是情種的藝術，散文美的一個重要因素就是作者真情實感的自然流
> 露。要寫好散文，必須是作者自己對於他所描述的人物情景，有著沉厚

---

[1]引自陳冠學，〈十一月二十五日〉，《田園之秋》（臺北：草根出版公司，1994 年 11 月初版第 1刷），頁 324。

真摯的情感。[2]

現年已經 74 歲的陳冠學，可以說是今日臺灣最有資格被尊稱為「現代
陶淵明」的人。他不但是一位道道地地的隱士，甚至是徹徹底底的農夫，
他毅然辭去教職，搬回屏東大武山下的萬隆村老家隱居後，更是知識分子
重返自然、融於自然的真性情表現。

陳冠學的田園文學作品曾獲得吳三連文藝散文獎、中國時報散文推薦
獎。從十多年前，陳冠學的作品就被編入了中學和大學的國文教科書中，
代表作《田園之秋》早被臺灣文學界評選為經典文學作品，《聯合報》更評
為臺灣十大散文大家。大陸文學評論家楊澤文說：

> 做為一個閱讀者，我一直對那些充滿大地意識和土地倫理觀的作家始終
> 充滿著深深的敬意。[3]

在陳冠學的作品中，最感動人的便是對他家鄉、田園、族人的熱愛，
字裡行間更充滿對土地的關照與疼惜，這是陳冠學散文的最大特色，也是
最有價值的地方。陳冠學之所以能有這份獨特的文風，應該與他的童年成
長、學習過程、世事歷練、獨特的性格等累積而成。散文作品往往是作者
自身的寫照，不僅僅含括了作者對事物的觀點及看法，同時也蘊含了作者
的人生觀與道德感，時時以自身的生活為體、生活體驗為本。所以要了解
陳冠學的創作世界，一定要先了解他的人生經歷。

以下擬就陳冠學人生的幾個重要轉折處為分期，共分為五個時期。在
每一個時期中都以對陳冠學產生重要影響的人、事、物為主軸，期能清楚
勾勒出陳冠學的人生歷練。

---

[2] 見張智輝著，《散文美學論稿》（北京：中國社會科學出版社，2004 年 10 月第 1 版），頁 274。
[3] 見楊澤文，〈貼近大地的事〉，此文發表於福建泉州《石獅日報》，2006 年 4 月 25 日版。

一、陳冠學的成長背景

陳冠學，本名陳英俊，屏東縣新埤鄉萬隆村人，民國 23（西元 1934）年 1 月 11 日生。陳冠學的祖先是日據時代北門郡（統稱「鹽分地帶」）的人，北門的範圍很大，大約是現在臺南縣的學甲、佳里、將軍及北門鄉地區。民國 14（西元 1925）年，陳冠學的父親，在家鄉招募了五、六百員壯丁接受當時政府委託先到高雄縣旗山鎮開墾，後來日本殖民政府開出更優渥的條件鼓勵，陳冠學的父親便又帶領鄉親們輾轉到屏東縣新埤鄉萬隆村力力溪新生地這一帶來開墾。陳冠學說：

> 我父親頭腦很好，又懂的說日文，所以很容易與當時的日本官員溝通。當時這一帶都是河川新生地，不但土壤貧瘠，又有很多大石頭，在沒有機器代替人力的惡劣條件下，鄉親們都是用最原始的苦力，用血汗一點一滴將地開墾出來的……（陳冠學先生口述）

有關這樣的背景，出身臺南府城的臺灣本土作家葉石濤先生也有描述：

> 大約在光復前後的時候吧，從古代西拉雅族盤踞的鹽分地帶，有幾十家沒有土地的農戶，成群結隊的，為了找尋一塊乳與蜜流瀉的地方，老遠跑到潮州附近新埤，就在這荒蕪的地方落了戶。我說乳與蜜流瀉的地方，其實是近諷刺的話，可憐新埤這地方倒相反，可說十足的不毛之地；由於是灌溉不十分方便的一片沙磧地，因此所有篤實的農家都敬而遠之，可能連正眼也不看它一眼，這實在是傷心之地……雖然如此，這些後到的西拉雅族的後裔也就在這裡紮了根，建立了福佬人的部落，從此和客家人和睦相處，就在這瘠薄的土地上討生活。[4]

---

[4]陳冠學，〈代序〉，《田園之秋》，頁 1。

　　出身北門地區的知名企業家吳三連曾經回憶他在學甲頭港的老家，一到多天，土地就出現一片白色的鹽霜，如果屍體埋在這個鹽地上，長時期無法腐爛，正因為這種地質的特殊，養成這一區域的民眾有一股肯打拼，不服輸的心理。流著這樣血液的陳冠學的父親及族親們，遠從臺南縣北門地區搬到大武山下的屏東縣新埤鄉萬隆村的新生地開墾，他們胼手胝足、滴血滴汗的與艱苦的環境搏鬥，慢慢的辛苦耕耘終於化成甜蜜的果實，變成能夠自給自足的移民農村，這是陳冠學成長過程中所目睹的田園景象。

　　鹽分地帶自古以來靠近臺南府城，一直是教化普及的地方。因此這地方人才輩出，數得出許多鼎鼎有名的學者、政治家、企業家和作家。深入研究臺灣文學的張良澤教授，更把鹽分地帶文學定義為「臺灣文學的代表」。陳冠學出身文藝氣息濃郁的臺南鹽分地帶，身為純樸憨厚的西拉雅族的後裔，血液裡早已流露著濃郁的文學天分，也才能孕育出像陳冠學這樣的文學家。

二、求學時期

　　陳冠學在小學五年級時，遇到美軍空襲臺灣，學業因此一度停頓。臺灣光復到學校復學的這一段時間，陳冠學的父親請了一位漢學先生用臺語教陳冠學漢文，因此奠定了往後對臺語的熱愛及基礎，也啟迪了陳冠學與中國文學之因緣。陳冠學說：

　　　　大概是從我讀潮州中學初二開始，我就自己摸索中國的舊體詩，高二開
　　　　學時，分文理兩組，我開始頭痛躊躇，因為我的數學與國文都很好，不
　　　　知如何選擇才是。當時，許多人都要考醫科，我心想怎麼都這樣子？中
　　　　文的東西怎麼都沒有人要下手腳呢？於是我就這樣決定讀社會組。當時
　　　　在高中，我已學做唐詩了，平仄的規律，都是自己摸索來的。……經過
　　　　激烈競爭，進入大學國文系後，我走的是純粹國學的路，主要是在研究
　　　　儒家的東西。大三時，牟宗三先生教我們朱子，我深深的被感動，對中
　　　　國哲學思想引發濃厚的興趣……。（陳冠學口述）

陳冠學在就讀潮州中學高一時失怙後，由母親獨力撫養，他在課餘之暇，也下田幫忙農事，對土地產生濃厚的感情。除了與農村莊稼為伍之外，他最喜愛的莫過於讀書，嗜書如命。民國41年（西元1952年），陳冠學從省立潮州中學畢業，考上臺灣省立師範學院（即今國立臺灣師範大學）國文系，是村中第一位上大學的，當時全臺灣也只有四所大學：臺大、省立師範學院、省立農學院（中興大學前身）、省立工學院（成功大學前身），能考上大學已屬不易。讀臺灣師大國文系時，他擺出做學問的架式，一天讀書14小時，就是那時打下深厚的國學底子。

三、青壯年時期

陳冠學負笈臺北，對臺北多天濕冷的天氣很不能適應，在大四那年，他實在受不了臺北多天的陰雨綿綿，加上對文憑的不在乎，原本想放棄學業，趕緊回到溫暖的故鄉，但因為恩師陳蔡煉昌教授[5]為他在延平補校謀得教職，並擔任夜間部高一導師，教學認真負責，與學生相處融洽，也因為這個機緣，才使得他沒有捨棄這張即將到手的大學文憑[6]，後來陳冠學還是忍不住故鄉的召喚，回到故鄉，從臺灣省立師範大學（畢業那時已由師範學院改制為師範大學）國文系畢業後，先在東港中學擔任高一導師，後來又到母校省立潮州中學、文藻外語專校、新埤國中等校任教。這期間輾轉於初中、國中、高中、專科學校達十一所之多，陳冠學形容自己為「浪跡江湖，顛沛流離，居止無定所」，這期間主要原因是心中有恨不得立即完成的寫作計畫時常纏困著他，猶如芒刺在背，而田園更無時無刻呼喚著他。

陳冠學除了教書之外，對出版事業也產生興趣，因此他在潮州鎮上開設一家印刷廠，以老家所在地的村名「萬隆」為印刷廠的名稱。後來並在高雄三信高商附設之出版社擔任總編輯。

---

[5]陳蔡煉昌，臺灣臺中豐原人，生於民國元年（1912年），曾任日本東京高等師範學校教授，民國35年應聘至臺灣省立師範學院（臺灣師範大學前身）國文系拴教授兼訓導主任。
[6]參照陳冠學，〈下淡水之冬〉，《訪草第一卷》（臺北：三民書局，1994年10月初版），頁217。

四、歸隱時期

民國 70 年（1981）三月陳冠學毅然決然辭去新埤國中的教職，避居高雄澄清湖畔，專心著作，這樣避世的舉動，或許有人視為無勇之舉，但葉石濤先生有不同的看法：

> 陳冠學具有中國傳統的舊文人氣質，同時又有臺灣知識分子參與的入世思想，他辭掉教職，毅然脫離看不見的枷鎖，絕不能看做是退縮和逃避，毋寧是一種更積極的為求真理寧願殉道而死的強願。[7]

也有人認為這種行為是終於下定決心面對生命本質，追尋真理的突破。少了俗務纏身的陳冠學可以專心思考、研究、寫作，並在此時寫出極具尋根意義的《老臺灣》、《臺語之古老與古典》等兩本著作顯現出他對臺灣本土的關愛。

但臺灣自然環境在工業化的巨輪輾壓下，被無情的壓縮、崩解、變形，這對喜愛田園生活的陳冠學而言，內心的鬱結與悲痛，已經超過筆墨所能宣洩與承載，因此陳冠學寫過一篇約三千字的散文〈我們憂心如焚〉，更以小說筆法諷刺本來被稱福爾摩沙的美麗臺灣，而在小說〈天鵝〉中，16 歲的少年阿泉對尋覓美麗島嶼的天鵝說：

> 這個島嶼原先是美得仙境一般的，我們老師說，歷史上記載著，葡萄牙水手第一眼看見這個島嶼時，被島嶼的美感動得幾乎發狂。這個島嶼變醜是近數十年來的事，尤其是近二十年變得厲害。人們謀殺了這個島嶼。[8]

---

[7] 陳冠學，〈代序〉，《田園之秋》，頁 4。
[8] 陳冠學，《第三者》（臺北：草根出版公司，2006 年 1 月新版 1 刷），頁 102～121。

　　由以上引文可以強烈感受，陳冠學對美麗的山川地貌是如何的疼惜，更對人們貪婪的侵害土地感到無比的痛心，因此家鄉的荒蕪與現代腳步無情的污染田園，也成爲日後寫《田園之秋》的動機。

　　由於陳冠學自身對舊田園的懷念及想讓後代子孫也仍能保有和他一樣的感動的這一份信念，進而產生了強烈的使命感，他毅然的走出書房，投入民國 70 年 11 月的省議員選舉，令許多人覺得不可思議。人們常戲說：「要害一個人最好就是勸他去搞出版社、辦雜誌；要不就勸他去選舉。」很巧合的是陳冠學這兩樣事情都做了！

　　陳冠學所提的政見中，最主要的是對於臺灣原始森林的維護。這種議題在低俗的選舉文化中，讓一般人覺得實在太高遠了，引不起大多數人的共鳴，但這對於陳冠學而言，卻是他生命中最重要的部分。畢竟這是做爲一位知識分子對社會應有的責任，更是回饋鄉土真誠無私的愛的表現。

　　但選舉終究是現實的，陳冠學既沒有任何黨派的支援，又缺乏競選經費，只憑著一股熱情理想，孤軍作戰，在選風惡劣的環境下，落選早是意料中的事。

　　同年 12 月，陳冠學帶著平靜的心境，回到高雄大貝湖邊賃居的住所，動筆創作《田園之秋》一書中的〈初秋篇〉。民國 71 年的春季，先連載於《民眾日報》副刊，稍後於《文學界》雜誌第 2 期一次刊完。其後兩年，〈仲秋篇〉、〈晚秋篇〉也相繼完稿出版。於是《田園之秋》這本田園文學的藝術經典在這時候完成了。

　　民國 72 年（1983）《田園之秋》獲得中國時報的時報文學獎推薦獎（散文獎），75 年（1986）也榮獲吳三連文藝獎（散文獎），至此，陳冠學以其凝練的文字，獨特的自然哲學觀，一心爲後代子孫保留臺灣故去的田園之美，及文化遺產這份的一片心意，終於受到肯定。

　　故鄉、田園、童年，那幾乎都是每個人心目中最美的畫面、最甜蜜的回憶，只是大多數的人俗念太重，恐怕只能發出感慨，真要回歸田園，過簡樸的生活，卻不能付諸行動；然而陳冠學在喟嘆「田園將蕪胡不歸」之

後，真能以大決斷的勇氣，回到「老田園」，彷彿遊子回到母親懷抱一般，很自然產生的對家鄉的孺慕之情。徐志摩說：

> 自然是最偉大的一本書，只要你認識了他，寂寞時便不寂寞，窮困時不窮困，苦惱時有安慰，挫折時有鼓勵，軟弱時有督責，迷失時有南針。[9]

真正領略大自然樂趣的人，一定會用積極樂觀的態度對待生活，所以，陳冠學的歸隱，不為別的，只因泥土的芬芳、因田園的召喚。他說：

> 我出去，是一種生命裡的渴求，想拿腳底去親親田園的膚表，……恢復自然原始的生命；是田園呼喚我，也是我自發的回向自然。[10]

其實田園的呼喚，似乎在陳冠學的腦海裡不斷的迴盪。於是，陳冠學真正的強烈聽到自然的呼喚，就在一個平常的日子裡，走過平常走過的道路上，偶爾瞥見一朵平常的藍色小花朵，頓時做了即刻隱遁，反璞歸真的決定。以下我們從他的〈田園今昔〉一文來看出其中端倪：

> 1952 年秋，為了求一點兒智識，暌違了老田園。誰料這一暌違竟就是 20 年，待 1972 年春回來，老田園早已過去了。到處看，到處喚，到處聽，為失去的老田園，一直想嚎啕大哭。只為歲數大了，不便如兒時任性盡情，於是十年來，悲哀與懷念竟在內心裡積成了壘塊。[11]

回到了老田園，他不管世界怎樣改變，他堅持要過傳統的生活模式：以人力、牛力去營生，住在一棟瓦厝裡，耕耘著兩甲旱田，輪作番薯、土

---

[9]見徐志摩原著，《相逢不是偶然——徐志摩的生活美學》（基隆：亞細亞出版社，2000 年 5 月初版），頁 66。
[10]陳冠學，〈九月二十四日〉，《田園之秋》，頁 88。
[11]陳冠學，〈田園今昔〉，《訪草第一卷》，頁 11。

豆、番麥等粗食淡飯，自給自足。於是他又說：

> 滿院青草，滿田綠苗，在燕衢劃破熹微曉空的鳴聲中醒來，在鈴蟲的幽
> 幽夜吟中睡去。沒有疲勞感，沒有厭倦感，這是我的生活。[12]

選戰結束後，陳冠學對於落選頗能坦然面對，其實他對於世俗的紛擾
早已厭倦了。陳冠學說：

> 這一大把年紀，追尋了一輩子人生的意義，能夠轟轟烈烈給人世作一番
> 事業固然是好，但對本人來說，會有比一片永遠安詳的心境更好的成就
> 嗎？會比這個更有意義的人生嗎？[13]

因此陳冠學選擇遠離紅塵，從高雄搬回北大武山下的萬隆村老家，過
著深居簡出的隱居生活。除了田園風光給陳冠學的心靈莫大的安慰之外，
在他隱居期間，另一個精神寄託就是小女兒岸香。他從民國 70 年底帶著小
女兒回到老家，當時岸香才虛歲四歲，老父稚女兩人相依為命，陳冠學對
小女兒呵護有加。

陳冠學不僅照顧女兒生活，亦有感於臺灣的教育環境不佳，擔心小女
兒成長過程中受到不良影響，因此拒絕小女兒上學，每一門課都自己親自
教導。陳冠學並將和女兒一起成長於田園的點點滴滴，寫《父女對話》一
書，隱居後所寫的文章，也常出現小女兒的影子，可見小女兒在他生命中
的重要性。

陳冠學雖然隱居田園，但他受儒家洗禮後的心靈，指引著他成為一個
關懷土地的入世學者，這也是他毅然決然回歸田園的最大動機，他以行動
告訴我們另外一種生活的可能。人本就從大自然裡出來，聽到鳥鳴聲、看

---

12 陳冠學，〈野薔果〉，《父女對話》（臺北：三民書局，1994 年 10 月初版），頁 103。
13 陳冠學，〈九月二日〉，《田園之秋》，頁 9。

到滿眼的綠意，每一個人心情都是愉悅的。但現代的人，生活在都市中，要看一片藍天，幾片綠葉，甚至讓腳踏實的踩在泥土裡，都是一種奢侈。他們把藍天綠地用畫框掛在客廳，以畫餅充飢；把鳥兒掛在籠子裡，聽失調的鳥鳴聲，把狗鎮日關在鐵籠內，讓狗鬱鬱寡歡，人們把自己囚在都市的樊籠裡，還要殃及無辜……所以陳冠學說：

> 依著失卻自然渴望自然這個意義說，都市人一概都是貧困的，大富豪有後花園是貧困，常戶掛圖籠鳥更是寒酸。然而我竟是居住在無限的花園裡，居住在圖畫中，我是多麼富有，多麼幸福啊！[14]

陳冠學安貧樂道、知足謝天，用田園來照鑑真我。陳冠學在田園裡聽枝頭最悅耳最自然的鳥鳴聲，任狗兒、貓兒在田園裡恣意遊玩，聞著最自然的花香與泥土芬芳，到了夜裡，有螢火蟲飛舞，蟲鳴蛙鳴不絕於耳，抬頭更有滿眼的星光……這麼豐富的生活，人怎能不滿足？我們看陳冠學的描述：

> 遍地裡草蟲唧唧競鳴著，依舊有幾隻螢火蟲為我照路。這是我的故鄉，我的田園，前面那棟靜默安睡著的平屋，是我可愛的家。[15]

這是一個多麼祥和的畫面啊！在這樣一個繽紛美麗的世界裡生活，生命豈能不飽滿呢？

五、目前的使命

每一個人都有自己的特性，或有他獨樹一幟的生命堅持，內涵深厚的陳冠學自不例外。陳冠學這樣形容自己：

---

[14]陳冠學，〈十月二日〉，《田園之秋》，頁 120～121。
[15]陳冠學，〈十月二日〉、〈十一月三十日〉，《田園之秋》，頁 341。

我是個直腸子的人，無論何時我的腸子裡都儲存著過量的熱，我隨時隨
地散放我的熱，分與失溫的人。[16]

陳冠學雖然歸隱田園，並不代表他對世事漠不關心，相反的，他對世
道人心、學術真理，以及他所愛的臺灣這塊土地，充滿著無限的熱情。我
們看陳冠學回想對寫《田園之秋》的動機自述：

我是看臺灣的土地這麼美，但經過這些年來，破壞的這麼嚴重。當然，
現代化是全世界的潮流，無法阻擋，也難免造成破壞，而且速度驚人，
所以我對舊田園有著很大的懷念，這種懷念是屬於我個人的，但若為著
讓後代的人知道過去田園是怎麼的，這就不是我個人的事了。所以寫
《田園之秋》的直接動機是我個人對老田園的懷念，以及想要讓以後的
人知曉過去的臺灣有多麼美，進而喚醒少年人愛惜臺灣這塊土地，結合
成較大的力量，批評現階段種種破壞這塊土地的行為。[17]

從以上的敘述可以很清楚的了解陳冠學是很有「入世」想法的，有著
傳統讀書人悲天憫人的心，更對世間充滿了關懷。

除了自然田園，陳冠學對於人文的關懷，也不遺餘力。例如在社會現
象上面，陳冠學認為當今人類四害：資本家、官僚、宗教、進化論[18]，陳冠
學尤其對達爾文的〈進化論〉深惡痛絕，認為那是邪說，為了徹底駁斥這
個邪說，陳冠學終日伏案寫作，終於完成了《進化神話（第一部）──駁
達爾文物種起源》，駁斥物種由進化而來的學說，肯定萬物是造物者的智慧
設計。

---

[16]陳冠學，〈婆心〉，《字翁婆心集》（臺北：前衛出版社，2006 年 7 月初版第一刷），頁 242。
[17]見陳列，〈一切都是為著美，二訪陳冠學〉，《中國時報》，1997 年 11 月 11 日，8 版。陳列（1946
～）：本名陳瑞麟，臺灣嘉義人，淡江大學英文系畢業之後擔任國中教師。曾因政治事件入獄。
以《無怨》、《地上歲月》獲得第三屆時報文學獎散文獎首獎，《永遠的山》時報文學獎推薦獎。
[18]陳冠學，《藍色的斷想》（臺北：三民書局，1994 年 10 月初版）b309，頁 163。

　　而陳冠學為了追求學術真理，嘗透過友人從東京舊書街，乃至於劍橋圖書館，蒐集了許多絕版資料，寫成了《莎士比亞識字不多？》一書，考證被全世界推崇為偉大文學家的莎士比亞，只不過是一個識字不多的演員、經紀人、投機生意人而已。

　　在當今強調「愛臺灣」這樣主流意識的社會裡，陳冠學可說是「愛臺灣」的前輩，而且是真心的愛臺灣之不是為了任何的利益，陳冠學說：

> 能在這個神山美麗的窟上生息居住，是何等福分？若飲水不能思源，將這寶島任意揮霍，甚而搜括榨取而之他邦，則真是狼心狗肺，怎能算是人呢？[19]

　　所以，延續他一貫追求真理、關懷臺灣這片土地的態度，陳冠學只要知道不公不義，破壞大自然的行為，他就會用他的筆表達他的看法，引起大眾注意：陳冠學在民國92年，活動尚稱靈活的時候，到潮州購物，發現農會超市的老龍眼樹竟被不肖人士灌藥欲置其死，陳冠學立即通知地方媒體及愛鄉人士，發起護樹運動，當地鄉親們對他的行動的一致深表贊同。

　　現任縣長曹啟鴻先生幾次探訪陳冠學時，陳冠學皆利用機會表達他對家鄉土地的關心，包括反對南橫國道的開闢、盜採砂石等問題……從以上的幾個例子來看，陳冠學雖然隱居，卻仍未放棄他對家鄉土地的熱愛與關注，仍是那樣的熱腸子。

　　現年（民國96年）已74歲的陳冠學，平日很少出門，像陶淵明一般「門雖設而常關」。民國93年11月13日，不小心在自家門口摔了一跤，身體狀況不復當年，目前正在進行的是《高階臺語字典》的編纂工作。因身體健康因素，進度稍緩。

---

[19]陳冠學，〈第三章：美麗之島〉，《老臺灣》（臺北：東大圖書公司，1981年9月初版1刷），頁82。

肆、結語

筆者成長於屏東農村，環境的薰陶使我喜歡田園、喜愛文學，喜歡觀察鳥類、觀察大自然……加上地緣之便，陳冠學老師所描述的田園景致與風土人情，與筆者的成長背景相當，讀到陳老師的作品倍感親切與熟悉，每每讀來，字字敲入心坎裡，常常驚嘆感動不已。所以在幾次拜讀過陳冠學老師的作品之後，便一直仰慕大師風範，很想目睹盧山真面目。後來很幸運的能夠透過友人引薦，如願以償見到了老師，並沉浸在《田園之秋》的實地創作園地裡，想想真是令人出奇的興奮。

現年已 74 歲的陳冠學老師，雖然拄著枴杖，但氣色仍然相當的好。與他談話時，陳冠學老師總是精神奕奕，炯炯有神，興致來時，可以侃侃而談一、二兩個小時，不用喝水也不間斷。面對這些後生晚輩，陳冠學老師總是勉勵有加，像一個慈祥的父執輩，親切而和藹，每次談到文學創作，老師總有他堅持之處；談到田園、談到過往，老師自然的發出喜悅的笑容，予人寧靜平和的氣息；若是談到不公不義之事，陳冠學老師抨擊起來，依然鏗鏘有力。

與老師談話，像在翻閱一本生動又有深度的書一般，總是有滿腦子的收穫。而老師學問淵博，思想也有獨到的見解，律己甚嚴，不苟且、不媚俗、不隨波逐流……，在這方面老師又像是一位哲學家，一位生活大師。

想當初還沒來到陳冠學老師家前，我總想像著老師家應該是窗明几淨，住在綠草如茵的田園木屋裡……一到老師家前，才猛然夢醒：老師的家就隱藏在村落裡一個小角落裡，「門雖設而常關」的大門，油漆早已剝落，打開門進入庭院，果樹蒼鬱，花草雜蔓生長，已蓋上鐵皮的瓦房，牆壁早已剝落、紗門更是陳舊不堪。一代文學大師的家，竟是如此簡樸，我才深深領悟，陳冠學的真隱風格。面對塵世文明，老師早已無所欲求，面對生活，更早已心無罣礙，所以他才能如此自在、如此自然。老師的居所，雖然陳舊，卻充滿德馨，就像屋外滿園的綠意。

　　在當今虛浮蒼白有點紛亂的時代，大家盲目追求無謂的生活標的，卻迷失了自己……一直堅持自我，選擇關心我們生命周遭具體卻又卑微事物的陳冠學老師，是一種真實樸素寫作的實踐者，更是真正享受生命美感與田園樂趣的儒者。

──選自《第八屆大武山文學獎》

屏東：屏東縣文化局，2008 年 3 月

《田園之秋》（代序）

◎葉石濤[*]

　　大約在光復前後的時候吧，從古代西拉雅族盤據的鹽分地帶，有幾十家沒有土地的農戶，成群結隊的，為了找尋一塊乳與蜜流瀉的地方，老遠跑到潮州附近的新埤，就在這荒蕪的地方落了戶。我說乳與蜜流瀉的地方，其實是近似諷刺的話，可憐新埤這地方倒相反，可說十足的不毛之地；由於是灌溉不方便的一片沙磧地，因此所有篤實的農家都敬而遠之，可能連正眼也不看它一眼，這實在是傷心之地。雖然如此，連這樣沒人要的土地已有了兩個客家人的先住部落奇蹟似地，頑強地黏住土地生存了下來。這些後到的西拉雅族的後裔也就在這裡紮了根，建立了福佬人的部落，從此和客家人和睦相處，就在這瘠薄的土地上討生活。

　　新埤的這一塊土地為什麼開放給窮苦人家去開墾，這事情的顛末我不太清楚，也許是糖廠招不到工人去開墾的關係吧？反正，在臺灣這樣人口稠密，耕地有限的地方，發生了這樁事兒，實在是絕無僅有的事。

　　雖然搬到這兒離老家很遠，但這塊土地是鹽分地帶住民的一處最南端的，前鋒的屯墾地，和老家不是沒有來往的，有人搬出去，又有人搬進來，三十多年來隨著水利灌溉的發達，漸漸地旱田上有了水，長了甘蔗，後來也有了芒果等果樹園，倒也變成差堪安居樂業的地方。既然農民勉強可以維持生計，就慢慢地計較起子女的教育問題來，這 30 年來也有少許有出息的子弟讀到大學，當然念過中學的也頗不乏人。這些鹽分地帶住民的

[*]葉石濤（1925～2008），散文家、小說家、翻譯家、文學評論家。臺南人。發表文章時為高雄縣甲圍國小教師。

後裔在全省各地都可以看到，在高雄市隱然構成一股勤勞的市民階層，有些人非常精明，甚至爬到社會金字塔塔頂，掌握了經濟實權，頗有叱吒風雲，睥睨一切的氣概。

然而您以為他們這一群人是實利主義者，只為追求金錢權力而勞碌一生，那就錯了。須知鹽分地帶自古以來靠近臺南府城，從荷蘭時代歷經明鄭三代以至於滿清、日據時代，一直是教化普及的地方。因此，這地方人才輩出，數得出許多鼎鼎有名的學者、政治家、企業家和作家，始終是臺灣精英分子群集的地方。

我的開場白這樣長，其實是在努力解釋默默無聞的作家陳冠學的背景。我不知道陳冠學是否在新埤誕生的，或者孩提時候跟著爹娘到新埤落戶的，總之，他是在新埤長大成人倒是事實。他從來沒告訴過我他的身世，因此上面那一段開場白，一半是猜測，一半是聽聞。

陳冠學是師大國文系畢業的，據說他曾受教於牟宗三。因此他在任教課餘之時，二十年如一日地鑽研中國古代思想，成就頗可觀。可以說著作等身，曾經出版了《象形文字》、《莊子新傳》、《論語新注》、《莊子宋人考》、《莊子新注》、《莊子》等著作。可惜，我是不懂老莊哲學的，又沒有多少興趣，所以我不敢肯定他的學術價值。

雖然我不懂老莊哲學，我倒的確懂得一點臺灣歷史。我斷斷續續的讀了 40 年的有關臺灣歷史的文獻，而且對於臺灣的先史時代有濃厚的興趣，曾經參加了幾十次先民遺蹟的挖掘和田野採集工作，最近一次在臺南永康的蔦松貝塚還挖到一塊玻璃質陶環碎片，因此著實興奮了好幾天。所以我看到他兩本有關臺灣的著作時便真正認識了他的才華。

前年 11 月他送給我兩本書；一本是由三民書局出版的《老臺灣》，另一本是自費出版的《臺語之古老與古典》；《老臺灣》是一本有關古代臺灣歷史的著作。從來寫歷史的學者，其著述大都是教科書式的，如郭廷以的《臺灣史事概說》；不然則有似一本流水賬，鮮能融會貫通，將臺灣的過去活現於紙上；尤其是臺灣過去地理的變遷和移民的拓荒實況，幾乎全不觸

及，取貌遺神，既缺乏興趣又少鼓舞。陳冠學的這一本《老臺灣》正是為彌補這一缺陷而作的，值得一提是雖然寫的是枯燥無味的歷史，而他的筆鋒常帶感情，真教人掩卷而久久心情激動，難以平靜下來。

有關臺語研究涉及到聲韻學，也是一門冷門的學術領域。我曾經讀過先賢連雅堂先生有關臺語語根的闡釋而開了眼。此次讀到陳冠學的《臺語之古老與古典》，才慨然悟覺，時光流逝得快，連雅堂先生的研究只能算是放下了一塊雄偉的基石。

陳冠學是 1934 年的，今年已 48 歲，但是二十多年的伏案苦讀，使他顯得蒼老。一雙清澄的眼睛發著溫和的光，透露著他內心寧靜平和的訊息。

他最近一部著作是散文《田園之秋》，曾經發表在《文學界》。日本作家佐藤春夫曾經有一本小說叫做《田園的憂鬱》，在這本小說裡他以銳敏的知識分子的感性，描寫了日本四季轉移之美，同時也藉田園之美反映了他內心生活的苦悶和煩惱。

陳冠學的《田園之秋》，透過農家四周景物的描寫，充分地反映了臺灣這塊美麗土地所孕育的內藏的美。同時也是一本難得一見的博物誌；如同法布爾（Jean Henri Fabre, 1823～1915）的十卷《昆蟲記》，以銳利的觀察力和富有創意的方法研究了昆蟲的生態一樣。陳冠學的《田園之秋》也鉅細無遺地記錄了臺灣野生鳥類、野生植物、生態景觀等的諸面貌的四季變遷，筆鋒帶有摯愛這塊土地的一股熱情。這是臺灣三十多年來注意風花雪月未見靈魂悸動的散文史中，獨樹一幟的極本土化的散文佳作。

如果要明白他寫《田園之秋》的動機，可以看他另一篇只短短三千多字的散文〈我們憂心如焚〉。在這短文裡他把臺灣工業化的結果，生態環境被破壞，我們的祖先篳路藍縷好容易才開拓的美麗大地將要荒蕪的憂慮，用滿腔抗議發洩出來，這是一篇近來難得一見的有力控訴。

陳冠學具有中國傳統的舊文人氣質，同時又具有臺灣知識分子參與（committed）的入世思想。他辭掉教職，毅然脫離看不見的枷鎖，絕不能

看做是退縮和逃避，毋寧是一種更積極的爲求眞理寧願殉道而死的強烈意願。

　　中國的知識分子一向是依附權力謀生的。設若堅決不想妥協，那麼唯一的出路便是退隱；晴耕雨讀，過清貧樂道的生活。可惜，我們的田園在哪裡？也許只有在夢裡，在心坎深處才能找到那溫馨的泥土香味呢！《田園之秋》，是找不到那歸隱之處的一闋哀歌。它之所以打動我們的心絃，就是因爲此散文把我們心裡的那一塊模糊形象的田園具像化的關係吧？

──選自陳冠學《田園之秋》

臺北：前衛出版社，1983 年 2 月

親善大地的田園哲人
陳冠學

◎邱珮萱*

> 將臺灣石圖安置在書桌右角上，我要將它當座右銘，雖然上面沒有刻上半文隻字，那裡卻含蘊著山海全部的靈秀、先人磅礡天地的拓荒精神以及三百年來苦難的歷史。
>
> ——《田園之秋·九月二十九日》

　　陳冠學（1934～），一個棄絕世塵薰染而遁居鄉野田園的哲人，以那枝清透靈智之筆覆頌昔日老田園之美，引人重省這片無垢大地所載育之生命存在的意義，經此抒發出潛藏內心深處那股回向自然的天性需索。他之能以尋常田園生活點顯不凡的生命觀照，完全是源由於一分對土地的摯愛與尊重，如同葉石濤所言的《田園之秋》以透過農家四周景物的描寫，鉅細無遺地記錄了臺灣野生鳥類、野生植物、生態景觀等四季變遷面貌，是充分表現臺灣這塊土地所孕育的內藏的美的作品，「這是臺灣三十多來注重風花雪月未見靈魂悸動的散文史中，獨樹一幟的極本土化的散文佳作。」（1983.02：5）

　　陳冠學，1934 年生，屏東縣新埤鄉人。小學時曾因戰亂學校停課，而短暫受業於漢學先生之啓蒙，意外地就此牽結了他與中文的不解之緣。在其後的學習經歷裡，曾有過中學時自修中國舊體詩與習作唐詩的摸索階段，而培養對文學的深濃興味；也有過大學時在名師引領下走進純粹國學

*發表文章時爲臺北市立師範學院語文教育學系專任講師，現爲臺北市立大學中國語文學系副教授。

之堂奧專研儒家之哲理，而致日後走上深究思想之路。就是這分無法忘棄文學與思想的志趣，讓他在迂迴波折的人生路途，雖經教書、經營出版事業、擔任編輯工作、甚而參選省議員之職，終是斷然避居鄉野著述立業，完成個人之職志。

　　1981 年是陳冠學退隱鄉間開始個人純文學創作之期，在此之前他曾明言「一向志趣只在學問」，已陸續出版儒道思想之相關論著，計有《莊子——古代的存在主義》、《論語新注》、《莊子新傳》、《莊子新注》等書，並同時譯有思想課題嚴肅之《零的發現》、《人生論》、《人生的路向》等書。除學術研究之有成外，陳冠學在猶如隱遁般的鄉野田園生活之際，則是先完成了《老臺灣》與《臺語之古老與古典》二書，此應視為是他長期關注臺灣之歷史語文等問題之直接表述。再者，當身立此斷絕世事紛擾的人生變動點上，過去興味深濃的文學志業悠然萌生，忽憶 30 歲時曾醞釀寫作田園日記之計畫，故完成為 31 篇日記體的《田園之秋——初秋篇》系列作品，不僅題材與體例均為當時所殊見，更因其文筆自然情感內斂與高度的人文思考表現，而獲致第六屆時報文學獎之散文推薦獎。其後與續出之「仲秋篇」與「晚秋篇」，儼然形成一整體性極強之巨製，深刻完足地表現其一貫之精神理念，故「愈來愈多的人，也才因而經由他成熟凝練的文字和敏銳獨到的生命觀照，既驚又喜地看到平凡田園中的美，曉得質樸的語言可以橫生出怎樣的情采和機鋒，並且知道，在南臺灣的一處僻野裡，孤獨地活著這麼一個深富學養見識、足具性情與風骨的心靈」（陳列，1987.01.11）。這顆文學種籽的萌發成長，是陳冠學不期然的人生驚喜，終持虔敬之態度執筆為文，故作品量少質精，與《田園之秋》同屬純文學之作僅續有《父女對話》、《訪草》二書，但所展露的依是那襲田園哲人之不朽身影。

一、將臺灣人的根紮下去

> 寫《田園之秋》的直接動機是我個人對老田園的懷念，以及想要讓以後
> 的人知曉過去的臺灣有多麼美，進而喚醒少年人愛惜臺灣這塊土地，結
> 合成較大的力量，批評現階段種種破壞這塊土地的行為。[1]

《田園之秋》是陳冠學在四十多歲時避居高雄大貝湖參選省議員未成
後所寫的作品，當時是持著告別文學的心情，原只為完成青年時期曾有過
的一項寫作計畫———一本田園日記。他曾談及自己創作這一系列作品時的
動機是：

> 我是看過臺灣的土地這麼美，但經過這些年來，破壞得這麼嚴重。當然
> 現代化是全世界的潮流，無法阻擋，難免造成破壞，而且速度驚人。所
> 以我對舊田園有著很大的懷念。這種懷念是屬於我個人的。但若為著讓
> 後代人知道過去田園是怎麼樣的，這就不是我個人的私事，而是大眾的
> 事了。

大眾之事，原是個人對老田園的追懷，到用以喚醒大眾對臺灣的愛，
甚而冀許能形成一股制衡敗行的力量，就是陳冠學精心細寫那個近乎理想
世界的田園生活之初衷。

這分以理想指引現實的創作初衷，適足以破除過去一些人曾有的疑
惑，「認為他的人，他的作品，都脫離現實的人生太遠，自囿在他個人的小
天地裡自樂，那是退縮而自私的，是反文明的，甚至於是知識分子的一種
墮落」，所以會有這種誤解，當是未能明察到陳冠學是以虔敬的態度與不朽

---

[1] 此小節引文未注出處者，均出自陳列（1987.01.11）〈一切都是為著美——二訪陳冠學先生〉。

的高度來撰寫《田園之秋》，對此他也曾明白地予以辯駁：

> 我完全將它當作文學作品來處理，不讓它有任何污染，所以我不寫現時
> 社會存在的種種問題，即使涉及到，也用極大的技術避免掉。所以很多
> 人以為我不關心現實，其實是不了解我的觀點。文學的歸文學，政治的
> 歸政治。一旦你要寫文學，卻又要與現實政治糾纏一起，無論怎麼寫，
> 都是一種失敗。

　　不寫現實並非代表不關懷現實，而其背後隱蓄之力量或更能發人省
思。從當初計畫創作的田園日記到後來真正落實寫成《田園日記》「初秋
篇」，在前後相去近二十年的歲月中，許多的感發當已有所轉異，故兩者之
面貌應也是已有所變化了。因爲隨著臺灣政經環境的巨大變動，身處其間
的陳冠學莫不深切體悟，故原本意欲將此憂心於這塊土地的未來發展，以
最爲直接快速的政治參與方式進行陳發並改善，所以他毅然地參選省議
員，抱持著文化與歷史的立場來從事政治的參與，但卻未能成功；他只好
退而選擇以文章撰述來表達這些理念，就是「將臺灣人的根紮下去，喚起
人民學習先人拓荒冒險的精神，並且將臺灣與大陸的關係作一個處理」，但
也只有受到屢遭退稿之命運；最後，只能將無處申發的理念轉向文學天
地，回到新埤老家，重拾文學創作之筆，續寫出《田園之秋》的「仲秋
篇」與「晚秋篇」。
　　從對臺灣文化歷史的關懷，到政治選舉的直接參與，再到文學創作的
自我要求，我們能清晰看見的那是一顆熱切關愛臺灣的心靈始終在激盪昂
揚。當中鮮明的思想脈絡就如鄭穗影所指出的，那是陳冠學成長於臺灣，
做爲臺灣人的自覺和對鄉土熱愛的生命呼喚，因此無論是《老臺灣》、《臺
語之古老與古典》、《田園之秋》都是源於同一的根本精神與思想
（1983.08：118），所以他能寫出那段在溪牀撿拾到酷似臺灣圖像石塊時熱
血沸騰的興奮心情：

在水邊踱著，偶然瞥見水中有石塊，形狀酷似臺灣。伸手探下去拿，發現還有個底座。拿出水面一看，我興奮得捧著直跳，跳進水裡，又跳了出來，連聲高喊。……

在天然石雕中，看到祖先開闢出來、世代生息其間、自己生斯長斯老斯的臺灣，怎能禁得住生命全部情感的洪流呢？……

真是個奇異的天工！把玩著把玩著，不由想起了她血淚鑄成的整部歷史，但願像此刻已出了水深之中，今後永不再有征服者；民主既經人權思想的浪潮推到了本島，希望此後過的是堯天舜日，而永不再有禹王朝；願當年英勇拓荒者的孝子賢孫們，能夠愛惜這塊土地保護這塊土地，能夠自己站立起來，莫辜負了先人流的血汗。

——〈九月二十九日〉

除此，在「晚秋篇」中極為醒目之「伸張敷陳二人對語」中，經過四回相語辯難後，伸張臨別留念之物，乃「一枚小小的胸徽，照著初日閃爍發光。這枚小胸徽是臺灣島的一個縮影，平原鍍了綠彩，山脈突起鍍了金色，乃是鎳質的」（〈十一月十日〉），此處作者用心無疑同前。

從告別文學到後來無可選擇下回返創作天地重拾文筆，看似陳冠學對文學的無誠意，然卻能為自己作品的高度開創一番新格局，如同他所欣賞的作品表現一般，「必須在細膩之外，還能在作品底下發現到壯闊的波瀾，如海洋一般澎湃遼闊，高瞻遠矚地發出一股很大的生命力。那樣的味道，那樣的作品，才算是真正了不起的作品」，可以說他對臺灣歷史鄉土氣息的愛就是那股迸發在作品中的生命力。

二、昔日田園追憶，理念伸張敷陳／新時代的理想世

住在都市裡的時候懷念現田園，回到現田園又懷念昔日的田園。昔日的田園是童年的寓境，而且對於現時的都市與田園，都已是十分的理想

世。單是跟童年糾結在一起，構成童年的國度，已夠人懷念不至，更何況它是愈往後愈是新時代的理想世呢！

——《訪草‧田園今昔》

　　為失去的老田園，在暌違多年的悲哀與懷念內積為心中的壘塊下，陳冠學所嚮往的昔日田園即幻身化成每個新時代的理想世，相對於任何現實意義下的都市與田園。在「初秋篇」末尾中寫著：「一個人活著，若不能將自己當成一包強烈的炸藥，把世途的轗軻炸平，好讓千千萬萬的人們有坦蕩蕩的道路行走，則套在人群中的一切行為都是出賣自我、遺失自我的勾當」（〈九月三十一日〉），雖本是論自我主體性之期許，但更為引人深思的是「炸藥」之勢，那是懷抱著發於人世並歸於人世的強烈淑世情懷才能為。在不得志退而求獨善的選擇下，陳冠學將內發情感所迸裂出的文字碎片，一片一片拼貼成《田園之秋》裡的田園生活與理念世界，欲以此理想境地的謳歌頌讚用以針砭現世俗事。然而，這樣的創作理路相當符合陳冠學自己對文學功用的要求，就是「文學是藝術的一支，而藝術的本質是美，目的只在於發掘世界中的美、人性中超越不已的理想、感情中晶瑩透亮的純潔。文學可貴的是，將人的生命從污濁的現實世界提升到一個很乾淨的世界，和宗教一樣地安頓人的生命。這是文學很大的一個功用，也是文學的最大使命」（陳列，1987.01.11）。

　　日記體式的《田園之秋》猶如一部連篇的詩卷，因為那是詩農陳冠學眼中田園生活的記述，是以一顆詩心所體悟得致的詩中世界，是天地真有睛者所見所聞所覺之萬有，是以超越生存事態的生命心靈在看待萬物（〈十月六日〉）；所以，這部作品自當生活之紀實，而是以過去臺灣老田園風貌記憶所構築的文學作品，就同唐捐所論的：「《田園之秋》乃是對臺灣舊日田園之美的追憶，虛實掩映，遠於史而近於詩。在『美』的定見下，自動篩選經驗，並附麗以層層的想像與願望。作者以當下實存的景致為粗胚，經之營之，用意扣求詩的真實。筆下看似率爾，胸中自有丘壑。無論描摹

敘述如何逼真，始終不脫寫意的性質。在這裡，田園成為一種理念，他鉤勒的是應然而非實然」（陳義芝主編，1999.06:393）。

在這個應然而非實然的理念世界，自然擺落一般田園生活既有實存之人事物像，所以周遭與農務相連之人事能入日記的機會並不多，反是無論朝暮永遠出沒耳際視野的蟲鳥，便讓陳冠學這部「我自己的生活」紀錄幾乎成了「田園鳥類生態記」，「可是這實在也不足怪，我寫的是田園生活啊！況且一個離群索居的人，在田園中，豈有不把日月星辰、風雲雨露、草木蟲鳥當友伴的嗎？而田園除了莊稼，除了日月星辰、風雲雨露、草木蟲鳥，還有什麼呢」（〈十月十一日〉），也因如此，自然大地，便成為這位天地鑑賞者所觀照之主體，而這也讓無盡重複十分單純的田園日子能時時新鮮充滿感激。在作品整體結構的文學處理上，陳冠學曾強調《田園之秋》要扣絕現時社會種種問題的污染，而代以自然返歸作為生命召喚，並以此人類所追求的永恆主題促發重省人類生命之真正意義。尤其，當人世對於一個人並不是天堂而是地獄之時，對自然的記憶與感情就會全部甦醒，而渴望返歸自然，並於其間感到無限的安慰與滿足，因為「人是從自然中來，人離開了自然之後，照說對自然應該有一份永恆的記憶與鄉思，每一個人在心裡面都會時時聽見自然的呼喚，這是人們一見到自然就會打從心底裡歡喜起來的緣由」（1994:49），田園呼喚與回向自然在此成為一組互成之命題，猶如樂土之理想世的化身，他心裡明白：

　　不論田園裡有事沒事，田園好像老要我出去，和她在一起。其實，我住的平屋就在田園的正中央，滿屋子浸透了田園的氣息，縱然不出去，仍舊在田園之中。我出去，是一種生命內裡的渴求，想拿腳底去親親田園的膚表，接觸接觸泥土、砂礫、草葉，充一充生生不息的地氣；想隨著無邊的藍天舒開我的眼眸，莫要像石塊下的草芽，令眼眸鬱而不伸；想承受一點兒陽光，漸漸四野的風，好好打開全身的毛孔，任光熱氣流通暢地左右穿透；想成為一隻野兔、一隻野雉、一隻野鳥，恢復原始的自

然生命；是田園呼喚我，也是我自發的回向自然。

——〈九月二十四日〉

　　因此，我們在《田園之秋》中看見最多的描述就是在一幕一幕田園自然奇景下一個清透空靈的哲人身影，一回又一回出自內心誠摯的讚嘆，有時是他沉醉在田野的靜謐之中：

　　騎著腳踏車回來時，天果然全晴沒有半絲雲了。空氣中可覺到含著幾許水氣，晚照靜靜地返照著這一片田野，薄薄的散撒著一層紫，南北太母及其向南北延伸的山嶺著色更濃些，尤其南北太母的削壁染得最濃。南太母一向無人測過，對照著北太母兩千六百公尺的斷崖約略推測，大概至少也有兩三千百公尺的直削，這兩座山實在沒話說，永遠吸引著我，令我仰敬。一群燕？背著晚照，ki-lit ki-lit 地鳴著，從後面掠過我的頭頂上空，向家那邊飛去，數了數，約有五十隻。對著這一切的景致，猛憶起，此時我是在畫中行，心中不由產生出不可言喻的感激。

——〈十月二日〉

　　而有時是他深思著自己身環目視的感念之情：

　　從路的盡頭向路前端看去景色就好形容了。最東邊是一道山嶺，路頭一排木麻黃和一部竹，兩邊是莊稼。夜色方褪，晝光未染時是一種景色；須臾，朝日探出山頭，對直的撒下金光，又是一種景色；現時，銀光滿地，山影朦朧，木麻黃和刺竹在番麥田後面向天高舉，月光羅紗一般籠罩著全樹。走過番麥田，左前方便是我獨居的平屋，安祥的在月光下熟睡著，老楊桃樹、牛滌有一半在陰影裡；右手是一片番薯地，番薯地盡向，可見著幾戶人家，依稀可聽見，族姪輩在月光下角力的吆喝聲。這條路靜而且有著溫馨。讓月光對直照滿身，獨自靜靜的在自己和族親的

土地中間行走，領略此情此景，不負此景也不負此身。

——〈十月六日〉

當然也時會出現令人驚喜的「意外訪客」前來叨擾：

一對草鵜鴒追逐著飛過窗前，影子一前一後在地上光幅裡掠過，後面的一隻還「執」（"chip"）「執」（"chip"）叫著。好嘹亮的鳴聲突然的入耳，纔只有五、六尺的距離，我整個人像一枝火柴棒，一下子被擦亮了，說我從來沒這麼快樂過，誰都不能相信。這一對草鵜鴒也不知道為著什麼事兒爭執著，繞著屋子追逐了好幾圈，那後面的一隻一直「執」「執」鳴著。在這樣的明光下，在這樣的朝氣中，在這樣心無一事的當兒，那鳴聲一聲聲的將我擦亮又擦亮，擦得心花不由得不怒放！原本恬愉怡悅的心，這田園裡的任一動靜形色隨時都可能使之綻開喜悅的心花呵。

——〈十月十六日〉

有景有聲有光，種種來自於天地萬物的身靈感應，人身置此境，實在不由得會深深體悟到：「在自然裡，在田園裡，人與物畢竟是一氣共流轉，顯現著和諧的步調，這和諧的步調不就叫做自然嗎？這是一件生命的感覺，在自然裡或在田園裡待過一段時日以後，這是一種極其親切的感覺，何等的諧順啊」（〈九月一日〉），真切是只要人不棄自然，自然就不會棄絕你，以自然之姿充足內心安祥寧靜的渴求。

昔日田園的追憶，確可視爲陳冠學對理想世之追索營構，然其所重在於「昔日」而非「田園」，故現時田園所見之種種自非刻畫敘寫重心，雖亦有農人、莊稼、田地、耕植、生計等環繞田園生活的現世俗事，但總輕輕點過並未進一步加以申發，甚而多帶以朦朧之詩意呈現，最爲顯著者莫如在人物上安排有相親助耕的族親、載醬油的「澎湖的」、載豆腐的「溪寮客家人」、賣魚的太平仔、同一山腳線傳遞而近四十年音信的郵差以及上課習

字識文的天真孩童們，彼等所成就者乃爲遠古堯天舜日之樂土圖像。

再者，除昔日田園之追憶外，理念之伸張敷陳亦爲《田園之秋》用以營構理想世之主要途徑，因爲在全書中相當引人注目的，自是那段記述在十一月七日至十日之事，文中虛設張、陳二人對語，乃爲正義伸張之「張」與自我敷陳之「陳」，此段安排自當是張陳理念意有所指。兩文從仙境人間之辨，到遍論現象真實與靈魂全知，以及無政府之理想人世和小國寡民之太平人世等，每組論題都有正反對照，所究爲何？或許可從末尾以此作結看出，那就是「談得太多了無法兒記；而且實在也不必記下，我們所談的，全都記在現臺灣的土地上、住民身上」（〈十一月九日〉）。

除前所特意虛設之場景外，在此之前亦有多處因事而發，首先是「初秋篇」中所現之桃花源，描寫一次探訪霧中芒花盡處的古老村莊，受到村民熱情款待，不禁感思：「這些馬來族，純樸善良，最大的好處，是不動腦筋。據我所知，他們不爭不鬥，連吵架都不會有，真可稱得是葛天無懷之民。人類的好處在有智慧，壞處也在有智慧，兩相權衡，不如去智取愚。智慧是罪惡的根源，也是痛苦的根源。愚戇既不知有罪惡，也不知有痛苦」（〈九月十日〉）；接著在「仲秋篇」之末更以驚恐之洪水奇夢接承「初秋篇」以撿拾臺灣石圖之喻，寫到夢境中所現之望石情緒由興奮轉而凝重：

> 我所以凝重地注視它，是我清清楚楚看見石圖面是個活境，縱貫山脈真有千年古木到處點綴著，只是絕大部分山坡都是光禿禿的；而山谷間也真的有細條的流水蜿蜒地流著。但是正觀看間，發現山谷的流水一下子暴漲了起來，我見太母山麓的洪水滾滾而下，僅一彈指的工夫，已沖出了谷口，下意識裡不由大吃一驚，急忙抬頭向上游的溪面看去，果見山洪已奔騰而至，竟然沒有半點兒聲音。但一經看見，便聽見雷霆般的吼聲隨著山洪淹襲過來。
>
> ——〈十月二十九日〉

此處以臺灣石圖前後之異喻指真實臺灣土地之變，其意昭然若揭。

另外，尚有散見多處且不斷申覆而相當值得注意的，是陳冠學對「農人」身分進行多方論述，此當是在田園生活耕稼經驗下最爲直接的觸發。在「初秋篇」概爲個人農務的簡略記事，多以詩人之心詠嘆農人之美善，「農人的特徵在於有個純樸的心，因有一顆純樸的心，纔能日出而作，日入而息，鑿井而飲，耕田而食，含哺而熙，鼓腹而遊，而不奢求，不貪欲，過著無所不足，勞力而不勞心的安詳生活，而和田園打成一片（〈九月二日〉）；然隨著「仲秋篇」開端續寫多日關於族親番薯番麥收成出貨之銷售大事，則鋪寫一般農家在生計維持艱難之實際問題，讓族親所憤憤埋怨的是「怨恨做農命苦，出的汗多，入的錢少」、「寧願做任何其他行業，就是不願意耕農」（〈十月三日〉），在產銷價量問題上雖未多論，但卻也發出「除了大自然，農人並不依賴誰，也不虧欠誰，農人自始就不需要任何人間組織，任何人間組織加諸農人都是無理的強制」（〈十月五日〉），如此之言所隱之控訴尤甚。陳冠學在此處除用理伸張之，更是以景感嘆之，猶見其不忍之情：

> 一覺醒來，聽見一陣牛車的轟隆聲和駛車人的吆喝聲。睜開眼，只見西窗外一輪明月正在牛滌頂上，掛在老楊桃樹南枝末端，銀光透過窗，照得我滿身。心想大概是南邊族親趕早出貨，遂起身到靠東窗邊探看。只見月光下，一排重載牛車，自木麻黃列樹外直連到籬口，正在向北行進。數了數，一共十車，這是南邊族親盡有的車數。望著車隊一車車轟隆轟隆走過去，此情此景，深深的印入我的心裡。聽得車聲呼喝聲逐漸消失在北去的田野間，我開了門，走到路口，北面是茫茫的一片月色，南面也是一片茫茫的月色，只有路面上兩條深陷而齊整的車轍發著嶄新的黑光，向南向北筆直的伸展過去。
>
> ——〈十月九日〉

　　到了「晚秋篇」，由情理交參轉爲議論全發，其中尤以十一月二十五日所述最爲完整深入，以生存艱難之飢餓問題爲論，「農人必定要天天在他的土地上滴下汗珠，他一天不滴下汗珠，就一天沒得吃」，總籠罩著飢餓陰影的宿命，甚此更爲不幸是農人的汗大多是爲別人流，「他無端要納官租，穀價賤如土。他的牛身上只有一隻牛虻、幾隻牛？他身上卻有數不盡的人虻和人？」但農人究竟是農人，今日明日的麵包都在他的土地上，即使他擁有鳴禽之翅膀也不敢飛，因爲土地不可能跟他一起飛，「因此農人永遠死釘在土地上，永遠只想著土地上的麵包，而不會想到致富，更不會想到支配別人。農人是徹頭徹尾的好人，因爲他的腦子裡只有那不走不飛，用他的汗珠播出穀粒的土地。這就是農人的樸質寡欲性格的全部」，如此相較於人類向前進化，將生物生存本能無限擴張與膨脹，至而出現了彼此算計劫奪甚而互相排擠，兩者之不同在於：

　　農人至多想到固定在自己土地分內的明日麵包，而人類則想到一切麵包。一個進化人，不只要今日的麵包，要明日的麵包，要可能得到的一切麵包，還要整個地球，若整個宇宙可能要到，他更要整個宇宙；他的生存本能轉變成了貪婪。

——〈十一月二十五日〉

　　最後，所發出的嚴肅警示是「人類這個癌質化的生存本能，或將導致萬物的絕滅，地球的毀亡」。

　　從昔日田園追憶到理念伸張敷陳，陳冠學以正以反所重複強化的是對現時人世俗事之檢省與深思。然在這個相較於任何現實意義下的人間樂土裡，最爲特殊的是完全經營在描繪臺灣昔日田園的特有風情上，其所意欲營構之理想世已有鄉土之姿更有超越鄉土之意。

——選自邱珮萱《戰後臺灣散文中的原鄉書寫》

高雄：高雄師範大學國文學系博士論文，2003 年 6 月

評陳冠學的《田園之秋》

◎何欣[*]

　　初讀刊於去年四月出版的《文學界》第 2 集中〈田園之秋〉時，便被
那質樸凝練的文字迷住了，彷彿很久很久沒有讀過這樣樸實無華但具浸透
力的文章了，讀之自然難以釋手。作者陳冠學的名字，也是初見。是位年
輕的後起之秀嗎？不像，除了老練的文字之外，文章中表現的思想與生活
態度似不是初出茅廬者所能望其項背的；是位老作家嗎？怎麼沒有聽人提
起過他呢？有些納悶。不久之後，偶遇葉石濤兄，便問他知道不知道《田
園之秋》的作者陳冠學先生何許人也。葉先生說他已不再年輕，是師範大
學國文系畢業的，教過書，也出版過書，現在正過著真正的農夫的田園生
活。哦，原來如此，難怪他寫的農夫生活能讓人覺得不是空洞吶喊而是首
能動人心弦的歌。再後又有機會重讀《田園之秋》，而且是通篇讀完的。我
個人讀書除不求甚解外又乏耐性，對讀過的文章，如乏特別吸引人的力
量，總不能逐句逐段讀第二遍，但對《田園之秋》，的確真心誠意讀過第二
遍。讀它時，我想起 19 世紀英國小說家兼散文家喬治‧基新（George
Gissing）的《四季隨筆》（*The Private Papers of Henry Ryecroft*），這是一本
記錄鄉村生活樂趣的書，雖無優美的形式和堂皇富麗的文體，但它具有一
種嚴肅強勁的力量，永遠會喚你接近它。如果把《田園之秋》比做《四季
隨筆》，也許包括作者在內的很多人會以為我是故意誇張，有捧人之嫌，但
是我讀《田園之秋》時，的確不時想到《四季隨筆》。《田園之秋》開始的
第二段中就說：「在自然裡，在田園裡，人和物畢竟是一氣共流轉，顯現著

[*]何欣（1922～1998），散文家、翻譯家、文學評論家。河北深澤人。

和諧的步調，這和諧的步調不就叫做自然嗎？這是一件生命的感覺，在自然裡或田園裡待過一段時日以後，這是一種極其親切的感覺，何等的諧順啊！」生命的步調同自然的變換流轉合而爲一，獲得這種「諧順」。也許是這種諧順在招喚著人們，至少是一部分人們罷，尤其是生活在都市裡的人們，在耳中回響的盡是不和諧的音樂聲時，偶爾會思念或盼待那「在燕銜劃破熹微曉空的鳴聲中醒來，在鈴蟲幽幽夜吟中睡去，沒有疲勞感，沒有厭倦感」（頁8）的生活罷。

現在我們都爲著經濟繁榮和高度工業化的奇蹟而感到驕傲，臺灣人民生活水準提高了，收入增加了，不畏懼門外狼嚎了。誠然，我們衷心地爲這些物質方面的成就欣慰。但是工商業的高度迅速發展改變了我們的舊日生活方式，也帶來無限煩惱與焦慮。拋開哲學家、思想家們的高深學理和主義不談，我們都親自體驗到工業化的大手給我們一巴掌的力量了。人們終日忙碌得連吻吻妻子抱抱孩子的心情都沒有，奔東逐西，爲了賺大錢；在賺大錢的過程中就忘了孟夫子那句「王何必曰利？亦有仁義而已矣。」的忠言了，當今「利」在控制著人們的思想、指導著人們的行動，「爲目的不擇手段」代替了「己所不欲，勿施於人」的金科玉律；莽林法則代替了仁義道德。就是一個普通人的生活，在喧囂的都市中也沒有悠閑，更不易建立彼此間的親密關係。同在一幢樓裡的隔壁的鄰居，是馬麻之聲相聞、民至老死不相往來。家家電視機裡喧鬧之聲相通，而鄰人相遇電梯中或門口時，微微點頭，或露齒微笑，而不知對方來自何處，妻妾幾人。自己一家人聚在兩間小屋裡，難得互傾心曲。白天各奔前程，晚上接受電視歌舞連續劇的庸俗文化之襲擊。晨不聞「兩個黃鶯鳴翠柳」，夜不聞「一犬吠深巷」。再說大環境罷，處處皆是污染威脅，河中不再有香魚，山間不復有野熊，林中不再有珍禽。許多的人寫過報導生態環境慘遭破壞的文章與書籍了，讀過之後，不禁爲上帝創造的這些生物之被屠而嘆惜。因此「歸去來兮，田園將蕪，胡不歸」就對我們構成了一種「誘惑」。既不能隻手挽狂瀾，只有「窮則獨善其身」了。陳冠學先生之歸隱田園，是否來自這種動

機？葉石濤在《田園之秋》的序文中曾有這樣的一段話：「如果要明白他寫《田園之秋》的動機，可以看他另一篇只短短三千多字的散文〈我們憂心如焚〉。在這短文裡他把工業化的結果，生態環境被破壞，我們的祖先篳路藍縷好容易才開拓的美麗大地將要荒蕪的憂慮，用滿腔抗議發洩出來，這是一篇近來難得一見的有力控訴。」陳君那篇有力的控訴〈我們憂心如焚〉，我還沒有機會拜讀，想來他是處於前述的那種情境罷。真是至大的矛盾，在感情上我們可以發思古之幽情，但從理智上考慮，工業化是必然的，欲求國富民強，必須工業化，我們不能永遠生活在古老的農業社會中做「高貴的野蠻人」哪！為了建築大水壩而毀了一條供人暇時垂釣的小溪，實在也毋須做有力的控訴和抗議，盧梭的抗議阻不住科學迅速發展；梭羅的抗議攔不住美國現代化。我個人認為陳冠學先生在《田園之秋》裡固然流露了他對單純的田園生活的熱愛，但這種田園生活所以能給予他精神上的寧靜，實是因為他在自然界中找到了一種和諧，就是他所說的「諧順」。哲學家、文學家、聖賢、宗教家，自古以來，就在不息地追尋這種和諧；這追求不始自工業化帶來災難——對生態環境之破壞後，它始於唱「日出而作，日入而息；鑿井而飲，耕田而食，帝力於我何有哉」的時代；古希臘詩人狄奧克利塔斯（Theocritus）在紀元前三世紀寫的田園牧歌裡便歌頌自然之美；羅馬史詩作者維吉爾也寫過歌頌農家樂的「農事詩」（"The Georgics"）；我國詩人寫自然之美者，歷來不計其數。這些詩人雅士為甚麼那麼熱愛自然呢？如果我們也「一言以蔽之」，他們是在追求悠然物外的心境，求其心溶於自然。陳冠學先生曾精研莊子哲學，曾注莊子，注論語，對我國古代思想頗為熟稔，我們倒不敢說他是純受老莊思想之影響的吧。在日記開始的一段中，作者說：「置身在這綠意盎滿的土地上，屈指算來也有足足的兩年了。這兩年的時光已充分將我生命的激盪歸於完全的平靜，可謂得到了十分的沉澱和澄清。生命吸飽了這田園的喜悅！」田園生活淨化了他，使他於「激盪」後而趨於平靜、沉澱和澄清，而最終得到生命的喜悅。我們不知道他的「激盪」是甚麼，當然是屬於心靈或精神

方面的，「喜悅」也是心靈方面的，這種喜悅不是終生都在田間工作的赤足農夫所能得到的境界，也不是假日背著照像機去接觸一下大自然的人所能理解的；能夠置身於自然，心智得以啟發、胸襟得以開拓、德性得以涵養者，必是有準備有修養的人。陳冠學先生已有這種修養，他是學者從「農」，所以能「吸飽了這田園的喜悅」。13 世紀義大利僧侶亞西西的佛蘭西斯（Francis of Assissi）能同鳥獸結為兄弟，能化入自然，能得到心靈的寧靜與喜悅，不是也要歸於他已有的修養與信仰麼？

　　能溶於自然，始能得真的喜悅。作者時常以文字表現這種溶入，如「像一尾魚游入一泓清泉，我得游進這空氣中」（頁 3）；如「日頭已到三竿高，照得泥土味越發擴散，對農人來講，這是世上惟一最提神醒腦的香味，吸進肺裡，滲在血中，元氣百倍」（頁 17）；如〈九月六日〉所記工作一天之後，「跳進小溪裡，在大自然的遼曠中，在無邊夜色的黑幕下，脫光了衣服，袒裸裸地，躺在從山中林間來的清泓裡」（頁 34）；如〈九月十日〉記晨間大霧，他走進濃霧之中，「越向前走，霧越發的濃，剛走過，後面的路又給霧包了，真是前不見古人後不見來者，不識前路又斷了後路」（頁 49）；如〈九月十九日〉記森林，「密菁滅徑，深草蔽蹊，溪岸容足，則攀條附幹而行；逼仄難通，則涉水溯流而進。蜿蜒迴旋，五步殊境，十步異世，迷而不返，樂而忘歸」（頁 85）等，作者溶入大自然後，得到的是甚麼呢？是「我的生命更加晶瑩了」；是「給人無限寧謐的柔和」；是「我每天都很覺滿意」，這「滿意」是他認識了宇宙生命的意義而得到的。在記溪中裸浴的一段，作者說：「洗除外在的一切，還我原本的自我，是何等的享受，何等的痛快！」人生價值自存於「真我」中，能洗除塵垢，重獲赤子之心，重識自然的永恆。「順著沙漠中的細徑走，芒花高過人頭，在朝陽中，絹繪也似的閃著白釉的彩光，襯著淺藍的天色；說不出的一種輕柔感。若說那裡有天國，這裡應該是天國。論理，天國應該是永恆的，但是那永恆應該是寓於片刻之中的。明淨的天，明淨的地，明淨的陽光，明淨的荒花，明淨的空氣，明淨的一身，明淨的心；這徹上徹下、徹裡徹外

的明淨，不是天國是甚麼？這片刻不是永恆是甚麼？」

　　英國詩人威廉・布雷克的一首小詩說：「一沙一世界，／一花一天堂；／掌中握無限，／剎那在永恆。」陳冠學先生的這段敘述不就是布雷克的小詩中表達的意思嗎？只有明淨的心才能理解「這片刻不是永恆是甚麼？」

　　在《田園之秋》裡，我們也深深體會到作者的真摯而深厚的愛，他所關懷的不只是他的「一家六口——包括牛、狗、貓、兩隻雞」，他也愛田野的小動物和禽鳥；他不僅愛他賴以生活的番薯，他也愛野生的花草；他更愛阡陌間草葉上的雨珠，路上的碎石，潺潺的流溪，巍巍的峭壁。我個人很喜歡他拒絕捕雀人向他借用空田張羅雀的那一段（〈九月二十日〉）「通常捕雀人借空田，田主很少拒絕的」。但捕雀人「教我窘了半晌，真不知如何回答他好，要說不好嘛，不近情，要說好嘛，我做不到。最後我只有咬了牙根，跟他說：『老兄，我這兒是有點兒不方便。』捕雀人眼睛瞪得大大的，一直四下的看。『空田裡也沒有什麼妨害的，沒什麼要緊啦！我不得不尋思片刻，找個什麼理由搪塞。可是有什麼理由好搪塞呢？……『是這樣啦……總之，也不便說明，還是請您老兄委屈委屈！』捕雀人不高興地走了，說不一定他還認為這空田主人是不可理喻的怪人哩。」然而空田主人就救了幾千隻、甚至萬隻小麻雀的生命。最後作者說：「我和麻雀自小便有著特殊的感情：那晨昏大片的吱喳，滿樹的跳躍，那半個小時繞飛得盡的大景觀，那是我小心靈的一大部分。」敘述單純，文字平實，沒有刻意的誇張，沒有感情的傾吐，而真情寄於其間，如讀屠格涅夫之散文詩，雖似一餐野莧羹飯，但味若橄欖。

　　他寫一隻母白頭翁鳥帶著新雛習飛遭遇困難的情景（〈九月十五日〉），「母鳥一直在樹枝上喊叫，小鳥在草中哭泣，看也看不見。」「先是急得喈喈，後來竟發生受傷的慘烈聲，裝著跛腳跛翅的樣子，從我的面前半飛半跌，跌到另一方的地面上去，」母鳥為救雛子時所表現的母愛，必定是有愛心者才能了解得透徹，才能看出「牠們和人類同靈性，一樣是靈性的生

物」。作者於敘述外，又加議論，並非「續貂」，為的是更進一步說明「靈魂的存在」和「物類與人類靈魂是同一的」。今天能在「物類」中見靈性者，恐怕不多了吧。

作者對「山水之戀」也是極深的，而且能體驗自然界的宏偉，不但生敬畏之心，益增其對自然之留連，這留連也是溶入。試看他寫太母山，「看著太母兩千六百公尺的斷崖峭壁，只有滿心的讚歎，真美！世界任何險山奇峰無不被登山家征服過，即連聖母峰也早就失去了她的權威，但登山家還無人敢於動征服太母西側的念頭，兩千六百公尺全線近乎垂直的高度，遠非人類的體力精神力所能到。幾處山褶，清晰的可看到幾乎是垂直的澗水，整條都是白的，與瀑布無異……」作者先聲奪人地說「登山家還無人敢於征服」這太母山，因為人類的「體力精神力」都無法達到，抽象地敘述這山高於世界任何山峰，再簡描幾筆，太母山的「擎天筆直於海平面，照臨千里」就把你懾住了。面對著它，還會讓你的心存卑念嚜？

《田園之秋》裡能激起讀者興趣的還有對野生鳥類，野生植物的精密觀察和生動記錄，作者雖非博物學者，在這方面卻做得那麼認真而嚴肅。他也寫人，但不是做為自然主宰的十分驕橫的人，像前面提到的那個捕雀者，是個殺手，令人生厭，畢竟是少數中的少數。另一方面，作者筆下未受挫折的孩子們，活裡活現，天真可愛，如〈九月四日〉所記揀拾遺落的番薯的孩子們，「一臉泥土，個個成了京戲裡的腳色，大花臉、小花臉。臉譜之奇特，真匪夷所思，可謂創未曾有之奇」，他們吵吵鬧鬧，跑來跳去，一派天真。讀罷使人覺得並非天下兒童皆為考試競爭所毀，乃幸事！

寫這類文章，作者慣於發揮一些一己的哲學思想，在這方面，《田園之秋》的作者著墨不多，不過從他的敘述與描寫中，知道這位書生農夫對現在工業文明的抗拒，人欲求幸福，必重返自然。自然中才有「天國」，才有和諧。這不是新思想。歐洲浪漫時期詩人，尤其是華斯華滋，已發揮得淋漓盡致。我國自然派詩人，對自然的精神了解之深邃，更令人欽敬。筆者很久不讀這一類散文了，「四季隨筆」也封在書架之「冬」中，突得《田園

之秋》，讀之似曾舊識，促膝相談，真的，「給人無限寧謐的柔和感」。

附記

　　文中引文所註頁碼，係前衛出版社印行《田園之秋》者，書於民國 72
年 2 月出版。

──選自何欣《當代臺灣作家論》

臺北：東大圖書公司，1983 年 12 月

陳冠學的《田園之秋》

◎吳念真*

　　《田園之秋》最晚面世的「晚秋篇」出版到現在都快兩年了，但是連同在它前面出版的「初秋篇」及「仲秋篇」卻都一直是我案頭枕側三本永遠讀不完的書。

　　其實，我並非把它當成書看，反而把它當成一個私人的心理治療師，或是蕪雜的思緒裡一處可供徜徉、休息的清麗天地。

　　我也只是一個時常茫然的現代人，常有無法排遣的心理困境，知道自己的心理困境通常來自生活的挫折，知道這種挫折完全來自慾望的無法滿足，但卻無心也無法克制慾望的萌生。

　　為了消除這種自覺的心理危機，自己也曾一度學習打坐參禪，企圖使自己的心境能有空、淨的時刻，以為這樣就可以解除無時不在的焦慮憂怒，直到接觸《田園之秋》的第一卷時，才知道這樣的行為在心理學的觀點其實是極不健康的，因為真正的心理困境並未解除，只是如同其他茫然的現代人訴諸紫微斗數、密宗、風水理論等等的指引，得到的只是一時的、麻醉似的安穩而已，而陳冠學先生所提供給我的指引卻是──心靈的空淨來自生活的態度。

　　《田園之秋》所提供的是一個能把慾望降到最低的人的生活境界。

　　由於寡慾，作者的心便真能達到「虛室生白」的清靜深闊，用這樣的心去生活，便能覺得日日豐饒，處處美景，不勞參禪打坐，便能時時空淨

*本名吳文欽，發表文章時為中央電影公司企劃、編劇，現為吳念真影像文化公司及大象影片製作公司董事長、綠光劇團藝術監督及編劇。

喜悅。

　　作者所處的田園並非地狹人稠的臺灣大多數人所能冀求的，書裡透過作者細膩的觀察與描述的田園景物人情也不是大多數人所能觸及的，我想作者也無意使自己或說服其他人成為遁世的隱士。重要的是，透過他的描述，使我們看到一個人以最基本的生活方式在一個最簡單的生活環境裡，而卻能以感恩的心情讚頌著一切時，那種令人艷羨的快樂──來自內心的真正的快樂。

　　而這樣的快樂，我們是不是已經失去很久了？

　　為了重新找到這種快樂，因此我常常透過「田園之秋」學習生活態度的改變。

──選自《中國時報》，1986 年 2 月 15 日，8 版

評《田園之秋》全卷

◎亮軒[*]

　　塵世中想交一、兩位知心的朋友，說易不易，說難不難。不易處在於生計奔勞中無法澄淨許多情緒愛憎功名利害的渣滓，不必說友直友諒友多聞如此高遠之境界，只求一個可以抵掌共話不知東方之既白者，也是可遇而不可求，這倒不一定真的是濁流滾滾中唯我獨清，而是人人都無法在現實中除卻所有的裝束與面具，這也可以看作是塵世共有的宿命吧？好在我們尚不致於再無出路，感謝現代的文明可以使我們識字讀書，能讀到一本適得我心的好書，又能暗合自己多年來輾轉錘煉而成許多思想意念，又能不時的引導我們步步登高一新耳目，甚至於令人在快竟篇時居然不捨得讀得太快，彷彿知心老友多年不見，剪燭共話晤言一室之內，恐怕雄雞報曉老友又要揮別趕路，寧願讓時光的腳踪格外慢些。好書的魅力可以如此神奇，而累積了無數世代自然有無數等待著我們去親近去探索去好受他們智慧引導的好書，固然不能說唾手可得，肯用一點精神探尋，還是有機會的，依此而觀，誰又能說知己難求呢？一個能讀書的人的知己，是從上下古今裡選擇的，不必限定在身邊親友長官部屬之中，嗜讀書者之幸福，應該就是這個意思。不過讀書還真跟交朋友差不多，刻意尋求的知心固然可喜，偶然相遇，竟然登時的相互接納，無一語不貼心，無一事不動人，在飽漲的幸福感之外，還難以抑制一突兒一突兒的興奮。在讀陳冠學一套三冊《田園之秋》的時候，正是浸淫在這般滋味之中。

　　陳冠學，一如「五柳先生」，不知道他是誰，也搞不清楚他現在在何

---

[*]本名馬國光，發表文章時為世新大學口語傳播系副教授，現專事寫作。

處。依照葉石濤之代序，能夠掌握的個人資料也極其有限，提到他是師大國文系畢業的，「據說」曾經受教於牟宗三，曾經有過幾種學術性的著作，寫得出這種隨筆的人，學問功夫不會差，但至今無緣一讀，復不清楚在那一處出版？生於 1934 年，今年應該 59 歲，而這一套書是民國 72 年至 74 年每年一冊出齊的，為什麼花了三年的時間才出齊了三個月的日記？不得而知，只能推斷日記是完成在 48 歲之前，大概 47 歲時吧？這部書的目次沒什麼可看，日記而已，只有第一冊初秋篇有目次，因為有葉先生的序，而在書後附錄了作者自譯的愛默生與歌德分別論「自然」的隨筆及何欣先生的一篇評析，仲秋篇及晚秋篇倒也乾淨省事，從初一寫到三十就好了。無疑的根據是農曆，因為陳冠學已經是一位徹頭徹尾歸隱的農人。為何歸隱？沒有特別交代，字裡行間當然看得出他對塵世經過透徹檢討之後的絕望，這應該是個人思想方面必然面對的一個現實，我們當中有類似感受的人也不會太少吧？但是在慨嘆「田園將蕪胡不歸」之後，真能以大決斷的勇氣付諸行動者非常罕有，陳冠學好像是在一次平常的日子裡走過平常走過的道路偶爾瞥見一朵平常的藍色小花朵，頓時作了即刻隱遁返璞歸真的決定。這個情況很容易引人連想到禪悟的許多故事，日日有無數花朵綻放，道路上也有千萬人來往，然而能從此騰化而去還我清淨者，萬不得一。非關知識，也許與智慧亦無確切關係，而是只有極少數人具備面對生命本質的勇氣，文明的歷史已經為我們營造了無數可以掩護躲藏的窩巢，輕易的就可以從真實面前閃避，戴上虛偽的面具，顛倒混淆的胡亂再活下去，其中自不乏洋洋得意之輩。

　　每讀陶淵明，都不敢沒頭沒腦的羨慕。陶淵明歸隱之後，生活非常辛苦，時常三餐不繼，而依他好酒成習看來，他早就生成了一副富貴腸胃，若非對純淨生命境界不可動搖的執著，也就不可能成為無數後代心目中的一片清涼了。陳冠學隱居耕讀之處是亞熱帶的南臺灣，生存條件要比陶淵明的環境好得多，否則讀書時間至少也會受到影響。雖然如此，有資格羨慕的也只有如陶淵明者的人而已，我們這些凡夫俗子，依然不太能夠死心

塌地的接受點油燈、飲山泉、自舂米、自犁田的生活。其實他已不是一位普遍的農人，而是位「見山不是山，見水不是水」之後的「見山仍是山，見水仍是水」的農人，自茲以後飲下的每一口水，嚥下的每一口飯，才分外的甘美。陳冠學是一位「每事問」的農人，分不清是學者的習性還是天生的好奇過人，在這三冊書中顯示他的博學與精細，孔子曰學詩可以多識草木鳥獸之名，這個「名」字也許可以作兩種詮釋，一是名稱，二是道理，兩個條件作者也都具備了，他不是常常以己意揣度便當作是什麼天地宇宙大道理的人，他毋寧是服膺「現象」而懷疑「本體」，所以認知事物很有科學家的精神，也因其如此，未落入傳統文人科學哲學文學亂成一處難解難分的困境，陳冠學努力的要證實人本自大地大化而生，也能融匯在天地大化中俯仰自如。因此他真正以天地為屋宇，以萬物為一應飲食器物的人。這三冊書若要回答到底寫的是什麼？只有兩個字：自然。他的「一家六口」，是指牛、狗、貓、公雞、母雞跟他自己，一點也不矯情的自然自在。飛鳥、田鼠、青山、白雲，到一切屋宇田園千百種的鳴蟲花草樹木，都是他的鄰居，我們這些被文明的制度與科技禁錮了太久的人，讀他的日記時，才發現自然的變化詭奇壯麗遠遠超過人世，但是比人世親切誠懇，更具有任人取捨的胸襟。也許梭羅的《湖濱散記》打動過無數人內心深處的樸質，於中國人而言，特別是於在臺灣生活的中國人而言，陳冠學以其自己的勇氣、經驗與智慧，為我們提供了生命中早已忘卻的一種可能，更為彌足珍貴。

要知道，這個「可能」是不得了的貢獻，一如李遠哲對科學界提供了一個有朝一日實現古代至今點金術夢想的「可能」一樣，足以讓世人以最高的榮耀對他表示感謝，陳冠學以絲毫不做作、裡外澄澈透明若清泉若皓月一般的情意，形諸文辭，告訴了我們，人世還可以有另外一種活法，不見得比我們在滾滾濁世中的掙扎搶奪更辛苦，而且，沾染了泥汙的面孔與雙手，也不可能比名利場上許多光鮮挺刮的模樣更難看。他甚至於證實了一個純淨樸質的生命即使活得略短，也比紅著雙眼殺伐詭詐百年更有價

值。這些道理我們不是不知道，但是陳冠學提供了一個活生生的例子，激勵而出的反省，並非一套抽象的理論可比。

不讀陳冠學的《田園之秋》又會怎麼樣？老實說，看不出有何必然之影響。一部書再好也無法說是非讀不可，一部好書真正的影響是讓讀過的人感覺到：「如果此生沒有讀過這部書，該是多麼大的遺憾！」《田園之秋》便是這樣的書，雖然我們還可以更保留的說，讀出多少品味與境界，也是要看緣分與福分的。

——原載《中央日報》副刊，1993 年 4 月 5 日

——選自陳冠學《田園之秋》
臺北：草根出版公司，1994 年 11 月

《田園之秋》的辭與物

◎劉正忠*

一

　　草根版《田園之秋》後記，論書中特殊用字云：「『安祥』一般寫做『安詳』，『詳』字是『審慎』的意思，不合我的文意。『匪伊所思』，《易經》渙卦原寫做『匪夷所思』，我不喜歡『夷』字，我採取了《詩經》小雅〈都人士〉篇『匪伊垂之』『匪伊卷之』的句式，『伊』字多美啊，不像『夷』字殺氣騰騰。」這種用字遣辭的方式，充分顯見作者不肯輕易從俗順眾的傾向。他引經據典，推理闡論，似能自圓其說，但讀書用書的方法往往令人想起宋儒「疑經改經」乃至「六經皆我注腳」的路數。

　　作者追求的毋寧是心目中更接近古人原意的真相，並不斤斤於方法之客觀嚴謹。他那些有關考史講字的著作，放在子部的脈絡裡觀察可能更爲適當。考據如此，看似抒情言志的辭章，亦不妨如是觀之。一個作家的語言觀與他的世界觀密不可分，除上引後記外，本書在每篇之後常附有「音注」，如九月二十四日注「草鵖鴒」云：「鳥書叫鵖鶯。日本沒有鶯（黃鶯），以報春鳥爲鶯，剖葦科叫鶯科。臺灣學界援用日名，造出不倫不類的鵖鶯一辭。」這種正名的習慣，源自於對名實相符的追求，以及對俗誤的不耐。則本書之大量採用方言語彙，文學效果之外，還可作另一方向的理解。惟所謂臺音本字的講求，往往難於客觀，如「牛滌」之滌字，另有牢、稠、圂等可能，最後往往歸於作者主觀的選擇。正因如此，此類辭彙

---

*發表文章時爲臺灣大學中國文學系博士候選人，現爲清華大學中國文學系副教授。

未必精確無疑，但往往構成一種富於個人色彩的言語。

正名的傾向不僅在使語言回復原貌，擴而論之，更表現爲以文字糾正世界，使物類回歸本質的企圖。以此觀之，則《田園之秋》的作意當然不在於客觀地記錄或反映什麼，而在於理念的「張陳」。日記十一月七日至十日，一改初仲秋寫實的筆調，虛設人物，肆衍對話，所謂正義伸張的「張」，自我敷陳的「陳」當然都是觀念的化身。章法與漢賦頗爲神似，而精神意旨毋寧更近於先秦的諸子寓言。偏偏作者採用一種看似質樸自然的日記體，又有躬耕實作的經驗，有意無意使讀者形成「誤會」。其實體裁與內容兩方面的特質，與前述引經推論的行文習慣一樣，都有利於塑造一種客觀的氛圍，與張陳理念的主觀意圖形成頗具張力的結構關係。

然而細讀之下，所謂日記體的寫實特質卻又顯得十分脆弱。九月十日記霧中信步南走，涉流跋原，經歷高聳深邃的芒花原，來到一座名叫糞箕湖的山村，裡頭住著四、五十戶的平埔族居民，見了作者無不熱情款待，相談甚歡，最後作者說：「這些馬來族，純樸善良，最大的好處，是不動腦筋。據我所知，他們不爭不鬥，連吵架都不會有，真可稱得是葛天、無懷之民。人類的好處在有智慧，壞處也在有智慧，兩相權衡，不如去智取愚。智慧是罪惡的根源，也是痛苦的根源。愚戇既不知有罪惡，也不知有痛苦。」誰都很容易聯想到〈桃花源記〉，章法主旨不必言，連象徵系統的推展，乃至描述的用語都十分神似。有溪有霧，有代替桃花的芒花，又有由窄而寬的天地。寫村人的熱情云：「於是附近幾家男人都集攏了來……各邀我到他們家吃飯」差不多就是〈桃花源記〉的白話本了。

這種寓言的手法其實遍見於全書，只是或明或晦，容易爲讀者所忽略。何況他對於細節的刻劃是如此深刻真切，對於田園的情感又是如此誠摯動人，更重要的是，他真的下田耕種且販售農產以維生計，並非壟上無關痛癢的旁觀者。然而我們一旦回歸到文本上考察，則所謂躬耕的經驗其實仍屬於敘述策略的一環。其效果在於爲他張陳的理念提供有力的支點，形成某種權威，以強化其論述效果。

二

　　詩可以糾正人生，寓言經常針砭現實。面對《田園之秋》這樣一部文學作品，我們大可不必步步質問它是否合於客觀世界的實況。但它主觀的寓意是否深刻動人，表現的形式是否完整可觀，這便屬於文學的範疇了。

　　「初秋篇」末尾，作者說：「一個人活著，若不能將自己當一包強烈的炸藥，把世途的轗軻炸平，好讓千千萬萬的人們有坦蕩蕩的道路行走，則套在人群中的一切行爲都是出賣自我、遺失自我的勾當。」古今自有一種志士，懷抱著強烈的淑世情懷，不得志則退而獨善其身，仍未忘情於本心夙志，遂透過對理想世界的謳歌頌贊來針砭俗世。朱子既已言之：「隱者多是帶氣負性之人爲之。」昔人讀陶詩，每每在堅實節制的文學形式裡，發現一股刻意收攝的猛志。

　　相較之下，陳冠學的「炸藥」意識在字裡行間攪動如漿，時欲噴薄而出，落實爲父，終於虛構了「伸張正義」的張氏。按張之初入陳家莊，駭然問曰：「此地是仙境或是人間？」陳答曰：「此地是舊時代，並非仙境。閣下誤入時間隧道，回頭走了幾十年罷了！」此世界非今世界，事甚昭然，從風物與世況來考索，果然退後了幾十年或百年之多；若再就其理念來分析，則似乎又在千年以外。蓋主人陳氏全然不容許政治經濟社會一類書籍入室，對於近代文明的否定，甚爲猛切。而主客對談又獨多玄想，直欲取消一切人爲的設施。通全書而觀之，城鄉衝突的場面並不多見，而今古對照的意義卻是步步朗現。戀土其表，戀古其裡，兩種情結交揉互用，成爲炸藥意識的內在根源。

　　整個田園看似無限開闊，卻像反鎖的房間，作者安坐其間，耽思傍訊，以文字構築一個理念世界，有自然而無社會。惟其如此，當他縱論本體，每多高遠懇切之論；一旦落實爲具體主張，輒覺迂闊難守。

　　全書最重要的課題厥在如何保存「自我」。此「自我」主要是指具有觀賞能力的情意主體，故作者盛讚楊朱「貴己」、「爲我」之說爲曠古絕學。

「初秋篇」九月一日：「人間也只有像我這樣置身在這晶瑩的晨野裡的人，纔配稱爲詩人。」能夠發現自我，即能與天地相感應，即可稱爲詩人。若再將感應所得化成文字，即能表現自我或擴大自我，則爲詩人更高之境界。28 日借友人之口云：「這本日記看來就等於一部連篇詩卷。」

　　讀此詩卷，我們很容易發覺涉及鳥類的描寫連篇累牘，蔚爲其中最重要的意象。按鳥類實爲田園物類的精髓，靈氣獨鍾，儼然作者心靈的一部分。田園因爲有鳥的存在，而顯得靈活、繽紛、熱鬧，十月九日：「田園裡一片的靜，這些聲音成了靜中的紋理，像湖面上的漣漪。」鳥飛魚躍，悠哉游哉，自來就被詩人視爲心靈自由的象徵；加以鳥鳴宛轉靈巧，幻化無窮，又被視爲天地最純淨的聲音。於是鳥在陳冠學的田園裡再度成爲有力的符徵，形音具足，用表洋洋得意的自我境界。他通過近似博物誌的紀實筆法，達成抒情言志的目的。

　　對於自我的關注，使他時時思索個體的存在情境。九月六日云：「只覺滿身乾燥，粉粉的，臉上、手上、腳上，盡被塵封。人在活動中居然還被塵封，難怪靜物無抵抗，會怎樣被埋沒了。」這是說人若未能善保天性，俟時而動，則將步步淪喪自我，成爲物件。下文又云：「若單就本地域而言，一平方公里密度大約有 80 人。依照理想標準，還嫌太擁擠。最好是一平方公里五人至十人，不能超過十人。只有在這個限度下，人纔有真正的自由之可言，纔有真正的尊嚴之可言，一旦超出這個限度，人的自由尊嚴都受到了折扣。」這種自由深爲環境所限，是爲有待，註定只存在書裡，再三勾勒，徒增悲慨而已。

三

　　《田園之秋》乃是對臺灣舊日田園之美的追憶，虛實掩映，遠於「史」而近於「詩」。在「美」的定見下，自動篩選經驗，並附麗以層層的想像與願望。作者以當下實存的景致爲粗胚，經之營之，用意扣求詩的真實。筆下看似率爾，胸中自有丘壑。無論描摹敘述如何逼真，始終不脫

「寫意」的性質。在這裡，田園成爲一種理念，他鉤勒的是「應然」，未必爲實然。

陶詩有云：「黃唐莫逮，慨獨在予。」遠古時代的淳樸世界，原是古今田園詩人共同的鄉愁。當作者緬懷台灣舊日田園時，這所謂「舊日」其實可以無限上溯，超越有形的地理。因此，儘管書中充斥著大量的方言土語，作者亦不吝於表白對斯土的熱愛，全書的精神意趣仍與狹義的鄉土文學迥異。蓋作者有意避開現時社會存在的種種問題，將關懷的幅度指向更普遍的存在處境。他採取的視角是哲學的，而非政治或社會。他雖用富於本土色彩的景物與語匯，卻構築出一幅理想的「上古圖像」。

在這裡，人民不識不知，順天安命，遠離文明禮法的拘束。他心目中的農人，乃是「野地生物的生物」，十月二十九日：「他們將一生奉獻在生命的鎖鏈上，只做個單純的鏈目而已。然而只要這條生命的鎖鏈不斷絕，或十代之下，或百代之下，總有一天，這鎖鏈上若冒出具有嚴肅意義的一目，整條鎖鏈的意義就全都朗化了。」作者認爲，就個體而言，農人勞碌終身，似無意義；但就群體而言，則有生命傳承的功能。與外界相比，其生活樣式仍然較符合理想，他說：「農人的生活實在是足可欣羨的，他們和大自然和一切存有打成一片，不孤立，不對立，就連魑魅魍魎也會偶爾跟他們作作譴。」這種所謂快樂與其它的野地生物十分相似，都是作者主觀想法的投射。農人的心裡果真「絕少憂煩」嗎？田園的大敵又豈是「碩鼠」而已。

農人的田園以生產爲至德，時時以耕稼爲念。隱士的田園則以生活本身爲目的，故能脫離利害，多了一份觀照鑑賞的心境。《田園之秋》著重於心靈的追求，勞動經驗常被率爾帶過，不免有些可惜。陶詩有云：「衣食當須紀，力耕不吾欺。」形上的追求若不能與形下的承擔相互結合，即難以落實，名爲田園，效果卻與遊仙無異。陶公於勞作間獨多體悟，所以爲後人所不及。若不能深入體現農人生活的悲歡愛恨，則所謳歌亦將缺乏感染力，即使擺在封閉的寓言體系中當成一個概念來觀察，也將難以自足。

　　舉例言之，「田園」與「農人」兩個概念在這個體系裡便不容易調和。按全書所勾勒的田園，是最宜於「人類生活」的樂土，最能保存自我的地方。而農人則「自己可以說是沒有生活的」。如此則田園對他們的意義其實與其它生物無異。這個田園很容易變成單人伊甸園，只對像作者這樣的知識人有意義，沒有擴展延伸的能力。總之，對「自我」以外的世界沒有清楚的安排，將會成為沒有「社會」的烏托邦。

　　作者說：「人類，一個真正的人類，除了綿延種族之外，應該還有個體生存的意義。」農民比受污染的文明人高貴，可惜缺乏自我發現的能力。這世上還須有哲人志士的存在。十一月二日，一年的莊稼收完畢。十一月三日，孩子說：「我有了筆，我要學寫字。」於焉展開村里教學。四、五、六日詳記教學情況。七日伸張來訪，八日並曾客座講課，十日離開。至了三十日全書收束處，重新談到上課情形，略謂：「孩子們已經變得有些微文氣了。」

　　這樣的情節結構當然出自「安排」，託賦深意，可以視為整個寓言體系演繹的結論。按敘述者在《田園》中的生活，一言以蔽之曰「晝耕夜讀」。「耕」使他融入農民之中，初步找到合理的生存形式；「讀」則使他翻躍出來，進一步扣求生命意義。在這裡，語辭實已超越番薯、番麥，而成為田園裡最大宗的作物，不能裹腹，卻能擴大「自我」的版圖。而教孩子們識字乃是為了改變農民的下一代，使他們有發現自我的可能，可以視為栽種語辭的行為。

四

　　求自然而不排斥文化，肯定情意但不否定認知。《田園之秋》其實包含了兩個田園：一個是文字的田園，以堯天舜土為原鄉，而以先秦諸子為思想範式。另一個是草木的田園，生機朗暢，鳥獸各適其天。兩個田園交疊互見，精妙處又似彼此貫串，融合如一。作者向以詩人或詩農自許，詩農者，既能投入自然復能體驗文化，將感應所得表現為文字者也。

　　老莊視文字爲糟粕，以耽書爲殘生害性之事。作者於此，毋寧是取儒而棄道，故以讀書爲田園理想生活的必要條件，並將識字視爲啓發農民子弟的起點。日記中幾乎無日無書，篇幅大約與鳥相埒。十月二十三日：「二十餘年來，我一直在齟剝存有與空無的問題，此時的生活也許是將來著手著述的一段正式的準備。想到這，就愈覺得應加倍珍視現時的讀書生涯，因此我耽讀耽得很深。」原來他始終懷抱著強烈的著述意圖，閱讀有如一種耕種活動，意在栽培出一畝一畝思想的作物。構思中的大書能否落實尚未可知，無論如何，他半生學思所得早已充盈於《田園之秋》。他用三年的時間寫成這三個月的日記，其間的觀念、經驗、體悟更是積累了三十年以上。所謂「諸子之意寓於史裁」，看似實錄的田園日記，其實步步安排，蘊含著極爲可觀的思想能量。

　　而所謂文字或文化上的田園，內在於心，未必是客觀的歷史事實。通過閱讀，田園無限延展，漸次將古今偉大的心靈迎奉進來，使自我不斷擴充，擴充至極，遂欲以此爲準，修改外面的現實世界。九月逢孔子誕辰，焚香拜讀論語，乃有三十一日的日記：「孔子既經推定出生於九月，九月就非大月不可，這是本日記有九月三十一日的緣由。我想世界通曆今後九月應加一天，以顯示這個月份人類出過怎樣的大人物！」天下本來少有完全紀實的日記，更遑論日記體之文學作品。然而像這樣平白生出子虛烏有的一日來，絕不多見。事實上，作者從不在乎物理上的時間，只是此處更加突顯而已。寫田園日記而布此極虛之一筆，理由又在有形的田園之外。故知書之爲一種符碼，在文本脈絡中，地位更在鳥獸草木之上。

　　然而草木與文字之間仍時有互動，十月九日：「有時竟只爲聞到空氣中一絲薄得幾乎難於覺察的氣味，或竟只爲鼻子裡浮出了過往老遠日子裡的某一氣味，那氣味可能是孩童時的，也可能是什麼時候經歷的，就把手裡拿著的書，一下子褪落得全無彩色，非要拿起 G. Gissing 的《四季隨筆》來讀，心裡就覺得難過。」此段文字描寫渴讀的情狀甚爲逼真。外在聲音的細微變化，引發對於特定書籍的渴讀，這是物與辭要求相互結合的引

力，近似創作的慾望。

十月二十五日記午夜摩挲一本書，未開書頁，把雙手放在書上，閉目品味。「窗外一隻小鈴蟲正幽泉般連續細鳴著。我的思緒也涓涓的汨汨而出。近日以來，我一直沈浸在形而上的玄境中，此時思緒為小鈴蟲幽泉般的細鳴聲誘發，頃刻間如風起潮湧，急忙攤開紙，振筆疾書，待潮落筆頹，已是二遍雞啼，那一本書終於沒有翻過來看過。」自我與田園相互感應之下，不僅引發源源不絕的哲思，更留下一段純粹而神祕的美感經驗，這是田園，一座文學的田園最最珍貴的物事。

十月二十三日：「故園裡有一樣東西叫不出名來，我總覺得難過，彷彿自己是外人。」通過名的呼喊，詩人得以暫時進入物的內部。整部《田園之秋》正是作者為田園所起的新名。命名既成，草木一一與語辭結合，作者也成為田園的一部分。正義既難伸張，自我聊可敷陳。而書寫正是保存田園，保存古代，保存自我的重要手段。

——選自《台灣文學經典研討會論文集》
臺北：行政院文建會、聯經出版公司，1999 年 6 月

陳冠學《田園之秋》中的
自然觀察與書寫

◎張達雅[*]

　　臺灣自從 1980 年代以來，對於自然生態環境保護意識的逐漸覺醒，激起了社會大眾關心生態環境、關懷鄉土的熱情，並因而帶動了以發現自然、記錄自然，體驗自然並從而建構人與自然的倫理關係爲主題的「自然寫作」風潮，這不但爲臺灣文學發展出了一種新的文類，也讓臺灣在世界性的自然生態保育思潮中，表達了屬於我們自己對環境的愛與承擔，更重要的是：這一類根植於本土的作品，一方面帶著護衛自然環境的呼聲與傳播觀念的熱忱，一方面也呈現出了臺灣自然環境中的豐富與充實的美感，從而引發人們對人與自然的重新思考，淨化那股想從自然榨取利益的野心，領悟自然對人的意義和人對自然的責任，進而深化此地人民心靈追求的內涵與層次。而正是因爲這類作品對我們的時代與社會能興起這種作用，所以，才能超越政治、超越經濟地以最內在、最和緩的方式，讓自然對人心的焦躁與不安進行平撫，讓人在生存的狂熱競逐中，能在自然的懷抱裡冷卻與復甦，並在其啓示下找到最好的方向，滿足人們深刻的心理需求。

　　陳冠學和他的《田園之秋》（以下簡稱《田》書）與其他許多「自然寫作」者一樣，正是以這裡爲起點而貢獻給臺灣的歷史和社會的。

　　在陳冠學創作《田》書的 1980 年代初期，臺灣社會正處於猛烈擴張經濟且無視於已對自然生態環境造成迫切危害的關鍵時期，資本家和一般民

---

[*]發表文章時爲修平技術學院共同科講師，現爲修平科技大學應用中文系副教授。

眾對自然生態普遍缺乏倫理觀念，在發展經濟的考量下，臺灣的自然環境遭到一次比一次更重大的創傷。有感於此，陳冠學基於對往日田園的緬懷，憂心日漸變色的美麗田園繼續遭到破壞，在濃烈的鄉土愛和使命感的驅使下，一本在他心中醞釀已久，卻始終等待動筆的田園日記終於湧出了心口，以文字的形式誕生了[1]。他不用猛烈的批判和憤怒的語言，也不用激昂的吶喊，他選擇了以最溫柔、最優美、幾近於沉默的憤怒與悲傷、但卻極其有力的方式，帶領讀者在他用文字所呈現的臺灣南部田野中，通過他的眼睛與心靈，體驗數不盡的恬靜、優美與滿溢的喜悅，向臺灣社會展現這個早已存在卻日漸被淡忘的老田園的深度與美感，使讀者們從內心裡發出珍惜自然田園、重視環境保護的呼聲，從而深刻思考臺灣的人與自然的合理關係。他這種以自然的觀察和體驗為主題的寫作路線和關注議題，以時間順序而言，稱得上是臺灣「自然寫作」的先驅者之一，對其後的「自然寫作」者有一定的啟發作用[2]。

　　《田》書自從 1982 年 5 月在《文學界》雜誌第 2 期發表〈早秋篇〉以來，在臺灣文壇受到相當的矚目，一再得到社會上文學獎助單位的肯定（詳後）。儘管如此，在全卷的《田》書發表以後的 1983 年到今天，文壇對作者陳冠學和這本風格特殊、內質精美的散文佳構所付諸的討論似乎仍嫌不足。截至目前為止，有關的研究仍只有陳氏的友生鄭穗影的〈《田園之秋》的政治傾向初探〉、邱麗香的〈從《田園之秋》看陳冠學的自然關懷與人文心靈〉、唐捐的〈田園之秋的辭與物──論陳冠學《田園之秋》〉等少數幾篇，評論則除附在《田園之秋》一起發行的幾篇和董榮斌的〈讀陳冠學《田園之秋》有感〉外亦不多見。

---

[1] 見陳列〈一切都是為著美──二訪陳冠學先生〉，《中國時報》，1987 年 1 月 11 日，8 版。
[2] 在陳冠學的〈給小女兒的頭一封信〉，《訪草》（臺北：三民書局，1994 年），頁 142。《藍色的斷想》留有與徐仁修互動的紀錄（臺北：三民書局，1994 年）；劉克襄在王家祥〈雲雀的鳴啼（代序）──小記王家祥兼談「自然寫作」二三事〉，《自然禱告者》（臺中：晨星出版社，1992 年），頁 11～12，說：「早年初學創作，拜讀文壇前輩陳冠學先生小隱於鄉的梭羅式散文……除了心生欽羨與感佩外，心裡總還有一股聲音。」

　　本文將先對陳冠學那帶有若干神祕色彩的生平稍作介紹，進而對他在《田》書中觀察與書寫的方式進行論述，以標誌他有別於其他「自然寫作」者之所在，文末再與大衛‧亨利‧梭羅的《湖濱散記》和喬治‧吉辛的《四季隨筆》進行比較，嘗試尋找此二者對陳冠學創作《田》書的影響。

一、關於陳冠學

　　許多讀過《田》書且深受它的藝術性與思想性所感動的人，常會回過頭來追問：陳冠學是誰？怎麼能寫出這種作品？何欣和亮軒兩先生，就有過「不知先生為何許人也？」的感嘆[3]。這就使得讀者在作品的特殊性與作者之間，進行一種特別的聯結，形成了近似美國 19 世紀超越主義的自然文學家愛默森、梭羅等人所散發出來的那一股神祕氣氛一樣，陳冠學也成為遺世獨立、不食人間煙火的高蹈隱者了。事實上，陳冠學是當代人，有關他的思想生平，想一聽夫子自道並不難，但做為文人，或許更願意世人通過他的作品來了解他，畢竟經由內心所整理琢磨過的世界必定更能夠代表他自己。在他已出版的作品中，具有傳記意味的有《田》書、《訪草》、《父女對話》；代表他人生思想的有《藍色的斷想──孤獨者隨想錄》；具有鮮明的本土關懷的有《老臺灣》、《臺語的古老與古典》；其他諸作也都可以一窺作者各個不同的學識、思想面相。此外，他的友生鄭穗影發表的〈吾友陳冠學先生──夜讀《田園之秋》後鉤起的回憶〉、〈《田園之秋》的政治傾向初探〉和作家陳列採訪的〈一切都是為著美──二訪陳冠學先生〉等三篇資料對於了解陳冠學是最佳的參考。

　　以上述資料為基礎，加上其他有關訊息，可對陳冠學的生平整理出一個輪廓。陳冠學，本名陳英俊，1934 年生，臺灣屏東縣新埤鄉人，1952 年畢業於國立臺灣師範大學國文系，曾受教於牟宗三、蘇雪林、高鴻縉等前

---

[3]見陳冠學，《田園之秋》（臺北：草根出版公司，1999 年），頁 7、20；又見阿盛，〈對土地的摯愛──陳冠學〉，《自由時報》，1999 年 2 月 5 日，41 版。

輩學者，學成後曾經短暫經營過印刷廠、擔任過高雄三信高商附設之三信出版社總編輯，並先後在十餘所中等及以上學校任過教職[4]，1982 年 3 月從屏東縣新埤國中離職以後，迄今大多以研究和寫作爲主，已出版的各類作品有二十餘種[5]，範圍包括文學、哲學、史學、語言學、自然科學等領域，除部分爲譯作外，大率爲陳氏個人的研究和創作所得，且有許多各類單篇尚未結集出版，是文壇、學界創作不息的前輩。

　　1980 年以前，著重在哲學研究且成績斐然的陳冠學和許多鑽研在學術領域的學者一樣，並未引起世人廣大的注意。1981 年他避居高雄縣鳥松鄉的大貝湖（即今之澄清湖）邊，埋頭寫成了極具尋根意義的《老臺灣》、《臺語的古老與古典》二本重要著作，將先民開拓臺灣的精神和歷史以及臺灣話的溯源研究推到另一個境界，這是他以一個讀書人表達關愛臺灣的方式；同年 11 月，眼見臺灣美麗環境傷痕日深，在強烈的使命感驅使之下，他以無黨籍人士的身分，懷抱著即使在 20 年後的今天看來依然擲地有聲的先進政見[6]，參加臺灣省省議員選舉，結果以懸殊票數落選以後，12 月，他平靜但卻極具精神地回到湖邊賃居的住所動筆創作《田》書的「初秋篇」[7]。這是由 31 篇日記體的散文所組成的作品，1982 年的春天，先是連載於《民眾日報》「副刊」，稍後則於《文學界》雜誌第 2 期一次登完，並隨即引起極大的注意，佳評如潮；1983 年，中國時報所主辦的第 6 屆「時報文學獎」的散文類推薦獎即因這一系列作品而以他爲得主。此時他後續的「仲秋篇」、「晚秋篇」也告完稿出版；1985 年 11 月份，擁有廣大讀者的中文版《讀者文摘》曾經摘錄爲當期書摘；1986 年，第 9 屆「吳三連先生文藝獎」的散文獎，全卷的《田》書再度成爲得獎作品；1999 年 3 月，由行政院文建會委託、聯合報承辦的「臺灣文學經典研討會」選出二

---

[4]見陳冠學，〈憶恩師〉，《聯合報》，1995 年 6 月 3 日，37 版。
[5]見附錄。
[6]見 1981 年屏東縣選舉委員會「第九屆臺灣省議員選舉公報」。
[7]見鄭穗影，〈吾友陳冠學先生──夜讀田園之秋後鉤起的回憶〉，《文學界》第 2 期（1983 年 8 月），頁 115～116。

次大戰後有代表性的臺灣文學經典 30 部，《田》書也名列其中。這將近二十年的期間，以 48 歲的年紀才開始見知於臺灣文壇，並且也以一本單一作品而受到如此非比尋常的肯定，這除非作品本身所具有的充足理由外，難有其他解釋。雖然獎項和頭銜並不能為作品本身帶來更高的價值與內涵，但從本作品問世以來的近 20 年間，仍然能不中斷地受到文壇的推崇，就已經證明它可以跨越某種時間的限制而逐步邁向永恆了。現階段，文學的陳冠學比起其他身分的陳冠學，似乎更能被臺灣的社會所熟知。

前面曾經提到，陳冠學於 1952 年大學畢業後直到 1981 年離開新埤國中的教職的這 30 年間，換了十幾次的工作，他自己形容為「浪跡江湖，顛沛流離，居止幾無定所。」[8]這主要是因為他心中有不得不完成的寫作計畫時時在內裡催逼著[9]，逼著他不得不順從這項意志而辭去工作，專心思考、研究、寫作，等到生活實在過不下去了，又不得已回去工作，此一伴隨著他全部青、壯年時期的衝突的存在與消解，相當程度地顯示出陳冠學對於學術與創作虔誠的堅持與不向現實妥協的態度；他的堅持原則，還表現在對女兒教育的安排上，由於對 1980 年代的國內教育體制不信任，所以他的女兒 15 歲以前沒有受過學校教育（以後則尚無資料），初、中等教育，大體由他自己來實施，包括國語文、數理、藝能、外文等都在政府的體制外進行，雖然遭來外界許多質疑和壓力，但他仍然堅持立場[10]，這種對子女表達父愛的方式，當今社會已不多見，從他的《父女對話》一書中，他跟愛女的共同成長經驗及心靈點滴，對教育及親職方面很能提供給社會更多思考方向，這也是他在極大的壓力下所堅持下來的。1982 年 5 月，他離開大貝湖邊的住所，回到新埤萬隆的老家，迄今大體過著研究與著述的生活，筆耕所得，均將留存於文壇，吾人大可拭目以待。

---

[8]同註 4。
[9]同註 1，前揭文。
[10]見《訪草》〈給小女兒的頭一封信〉、〈寫在小女兒《梭羅傳》譯文之前〉。

二、《田園之秋》的自然觀察之道——孤獨者的心靈之眼

　　陳冠學在《田》書中，對於「我」的身分有數種不同的表述，分別是：「獨居的人」（〈九月一日〉）、「農人」（〈九月二日〉〈十月五日〉）、「農夫」（〈九月四日〉）、「詩農」、「詩人」（〈九月二十八〉〈十月六日〉）、「一個獨居的漢子」（〈十月十八日〉）、「隱士」（〈十一月七日〉）、「天地的旁觀者」（〈十一月二十五日〉）等等，也曾扮演博物學家（〈九月十五日〉），他更是具有深厚的人文素養和自然知識並且熱切關心整體環境的南臺灣人，這些身分決定了他對田園的觀察方式，且各種身分之間的主從地位，也影響到由此而建構起來的田園世界的風貌。

　　作者賦予作品中的「我」的角色是現役農人，過著躬耕自持的生活，所以書中對於「我」所置身的田園景物與農家生活描寫最多，「我」的農人身分似是理所當然。但是，倘若順著這位農人的目光所建構起來的田園，回溯到「我」的主體心靈時，便會發現，那田園景物、那農家生活，那麼多的感受與玄思，並不純然是屬於農人的，它僅能用以說明作品中的「我」是置身於自然田園的事實。書中的「我」，雖然擁有最足以證明其農人身分的兩甲旱地和一頭「赤牛哥」、若干農具，也從事種植番麥和番薯的農業勞動，並且一再宣稱自己是農人，但是這個「我」的農人身分在作品中卻一直很不確定。一方面是他的族親總在關鍵的時刻以專業農人的身分前來協助農作[11]，在真正農忙的時刻，他總因為是讀書人的身分而被另眼看待的，似乎總被排除在真正農人的行列之外，如〈十月七日〉：「這一問題商議的結果，是南邊所有族親合力同工。我被除外，他們敬重我，說不差我一個人，他們那邊儘夠了。〈十月八日〉記著：「我要下去幫忙，族親們就是不肯，他們奉我若神明。臺諺云：掠秀才擔擔。意思是教讀書人做粗活，那是對知識的大不敬。」這表示他在農村社會擁有另一種身分，被視

---

[11]見《田》書（下引皆僅標篇名）〈十月七日〉、〈十月八日〉、〈十月二十一日〉、〈十月二十四日〉、〈十月二十七日〉之相關敘述。

為比農人身分更值得尊敬的另一種人——讀書人，族親們這樣看他，他也這樣看自己，在農事上，他只是個旁觀者，他說：「族親既然不肯讓我下田幫忙，我只有旁觀的份兒了。」[12]此外，「我」雖然屢屢自稱農人，但作品中的生活卻一再反映出他不是農人，耕作勞動對於他是生活的調劑與怡情養性的輔助，絕對不是重心。〈九月六日〉寫著：

在工作了一整天之後，在被塵封乾粉了一天之後，跳進小溪裡，在大自然的遼曠中，在無邊夜色的黑幕下，脫光了衣服，袒裸裸地，無一絲牽掛地，躺在從山中林間來的清泓裡，洗除外在的一切，還出原本的自我，是何等的享受，何等的痛快！

——頁30～31

〈九月二十一日〉記著：

近午出去割草，見到一處野地，生滿了刺莧與鳥莧，忽強烈地渴想吃一盤野莧羹，於是效婦孺蹲下去採，比割草還費時費工夫。摘了一片芋婆葉包了，擔起草總，掛在笞擔前端，意興勃勃地回家來。

——頁78

〈十月十日〉記載著他為母雞搭建雞滌的心情：

費了一個下午將雞滌造好了……。搭造中曾經一段時間，心裡覺得極端矛盾，只怕將來成了天雞之鄉，怎麼辦？可是一想起到處是紅紅的雞冠，耀人的羽色，雄壯的啼聲，以及雌雞溫馴的形體與色澤，就教我快樂起來。

---

[12]見〈十月二十一日〉，頁194。

——頁 152

　　具有如此深刻的美的感受力與詩一般的心情，這與書中所描寫的農人性格有著根本的差異。〈十一月二十五日〉曾以相當的篇幅討論農人的性格：

　　因此對於農人和窮人，人生就是今日的麵包和明日的麵包。我生於農家，身為農人，對農人觀念的極端狹窄感到驚訝。農人腦子裡只有食糧，他時時刻刻恐慌地想起他的胃，這就是他全部的觀念。不論天色多美，他都看不見；滿天星光，閃不入他的眼中；大地再怎樣的綠，花再怎樣的紅，他都看不見；……他只看見稻穗、豆莢、瓜實，若他的莊稼的果實是結在地下的，如土豆、番薯，他憑地面上的莖葉可看見地下的糧。農人是胃主宰了他。這就是農人……農人和其他 wildlife 一樣，過的是本體的活動，而不能感印現象，故他沒有美感。

——頁 327

　　前四段引文，充份表現他的審美意趣和善感的心靈，與最後一段他對農人性格的描述——沒有美感、不能感印的——成了極大的對比。是以，《田》書中的「我」，絕非他自己觀念中的農人。因此，他理當不全然是以農人的眼睛在觀察照見他的田園。那麼，巡視著他的田園的，究竟是一雙什麼樣的眼睛呢？〈九月一日〉寫著：

　　其實，人間也只有像我這樣置身在這晶瑩的晨野裡的人，纔配稱為詩人，你說是不是？總之，那催我出去的感應力，果然發於這一片靈秀，轉了這麼一圈，我的生命更加晶瑩了。

——頁 6

〈九月三日〉：

這秋來的第三天，我還沒有意思想著下田做活，很想到田間徜徉個一天
半天；前兩日的優遊不惟興未盡，反惹起興致更旺。但是我沒有真的出
去。我留在家裡，想查察秋到家來。秋是到家了，家裡頭顯得澄澄的
靜，再沒有夏日蒸蒸的翕了。南國的田野裡雖是看不到，在家裡卻隱隱
的有落葉之感了。

——頁 11

　　不難看出，其中的意趣和感發，純然是美的，心靈的，詩人的，《田》
書中所呈現的世界，是逡巡於老田園的詩人之眼所看到的世界，南臺灣的
尋常田園，經過陳冠學的詩人之眼和純美心靈的回想，外化為文字，成了
一幅「連篇詩卷」[13]，把許多人無比嚮往的心靈田園給具像化了，滿足了無
數人對美好田園的嚮往和渴望。

　　至於他所自稱「詩農」的身分，旨在宣示其既有著美的感受力與表現
力，同時又兼具能投身農事勞動的特質，勞動與詩情交相為用，這就能把
田園、勞動和美感統一起來，既美化了田園與勞動，又實化了美感的內
涵。

　　此外，還有一種身分值得注意，就是他那離群索居的，單身的，孤獨
者的身分，這是書中一直在提示讀者的身分，這對於他的觀察所及——田
園的風貌，產生相當的影響。作者曾在另著的《藍色的斷想——孤獨者隨
想錄》一書中，表達對宇宙人生的深刻思考，這是他自視為孤獨者的另一
宣示，在現實人生中，陳冠學雖然不是單身，也未必離群索居，但從書中
所述，他在心態上誠然是孤獨的，而且他也甘心選擇孤獨。對於孤獨，他
的思考是：「你孤獨，這表示你不屈。」、「因為屢次講實話而丟盡了原可以

---

[13]見〈九月二十八日〉，頁 96。

成為朋友的許多人，終於落得孤獨，孤獨是這樣來的。」、「你孤獨，這表示你不是俗眾。」、「不知把握自己主體性的人，就不會渴望孤獨，不知孤獨之可貴。孤獨是自我之究竟。」[14]孤獨者具有不肯混光同塵、不肯媚俗從眾的反叛性格，也具有堅持自我的強健意志，這種孤獨情懷使他既要求超越，又難掩憤激；或者說，這種既要求超越，又難掩憤激的心態，使他具有孤獨情懷。超越，使他必須不停地尋索田園世界的美感意境，不停地在田園世界中推求更深邃的玄理哲思，加深地透視與思考的程度；憤激，使他可以對時局世道保持在冷眼旁觀不融入的位子，以進行冷峻的批判。然而在孤獨者的另一心理層面，則是必須將自己投入那永不拒絕他的自然的懷抱，必須敞開心胸，呼喚那田園世界的景物一一進入，以消解孤獨，讓自我有所歸屬。而自然田園之是否值得寄託，景物之是否值得延入，則與作者如何觀察與詮釋這個田園世界有關。田園世界越是優美深刻，就越值得棲身其間，而召喚的引力也就越大。是以，當作者所刻畫的田園越是美好時，也就反映出其對美的需求越加迫切，而這份迫切的需求，正好折射出其孤獨的深度。這孤獨者的目光，使那深美的田園不得不染上一層憂傷的淡彩。

　　而他又不僅僅只是一個孤獨的詩人，他還擁有一雙博物學家犀利的眼睛，能詳細地辨認田園週遭的植物、動物、昆蟲和天體天象，能一一叫出它們的名稱，讓讀者可以在這雙博物學家之眼的帶領之下，開始認識它們，認知到這些客觀景物的存在，同時也因此而彷彿目睹許多鳥類和昆蟲自然活動的實況，豐富且實化了田園的生活空間與實體感受。更重要的，這又是一雙充滿感情的大地之子的眼睛，他對山懷著敬意[15]，對南、北太母更是充滿無比崇敬孺慕之情[16]，他時時對田園的一切美充滿感激、充滿熱愛，所以，當他無意間發現溪裡的那一塊「臺灣石」的時候，興奮得捧著

---

[14]依次見《藍色的斷想——孤獨者隨想錄》，b24、b25、c101、a46 等條。
[15]見〈十月二日〉。
[16]見〈九月三日〉、〈九月二十三日〉等。

直跳，從沒有過的熱血沸騰，發起了「莫辜負先人流的血汗」的惕勵[17]，這種熱切的鄉土之愛，如一道伏流貫穿全篇，大大地加深了田園世界情感內涵的濃度，也加重了作品的質量。

　　總之，一個懷抱著熱烈鄉土之愛的孤獨詩人，置身於自己生長、熟悉的田園世界，以他的愛和憂傷、緬懷與眷戀的眼神，逡巡遊目，築成了這個奠基在虛實有無之間的美麗田園。這種觀察，雖然與使用望遠鏡或定點長時間守候的方式有所不同，但是，他所呈現的，不只是資料或者知識，也不只是自然面貌的再現，他更不是用來告知或呼籲，而是以書中的「我」引領著讀者去融入、去鑑賞、去體驗、去愛自然田園，進而也能夠以同等的目光，去搜尋、去鑑賞於自己的自然田園，並且愛自己的田園。

　　陳冠學運轉他的詩人心眼以觀察他的老田園，大底有如下特徵：

（一）自我與田園的交融

　　《田》書中的「我」，雖然只是一個天地的旁觀者，但是他卻常有使自己融入自然田園的企圖與想像，也經常讓自然田園進入他的心中，使作品呈現出物我一體的交融境界，作者是以自然之心觀察自然，而非以文明之心觀察自然，因而《田》書給予讀者較多的是體驗，是一種美感的發現，不是給予知識。書中寫著：「在自然裡，在田園裡，人和物畢竟是一氣共流轉，顯現著和諧的步調，這和諧的步調不就叫自然嗎？」[18]這是作者對於人、物與自然之間關係的體認；所以當「我」要向自然田園的召喚回應時，他的生命內裡就不由產生一股力量，把他推出去，「像一尾魚游入一泓清泉，我得游進這空氣中」[19]。他又以自然之子、田園主人的身分，萬分誠懇地迎接各種候鳥的到來，像老友般地讚美，欣賞他們的鳴唱與舞姿，與牠們共享那美麗的家園。為了泯除物我的界線，以便讓我與自然融為一體，他說：「太上無名，何用名為？我是森林中的一株樹，小溪中的一滴

---

[17]見〈九月二十九日〉。
[18]見〈九月一日〉，頁4。
[19]同註18，頁5。

水，原野中的一棵草，田園中的一根苗，天地間的一個生物，我融溶在整體中，安用名號分別為？」[20]「想成為一隻野兔、一隻野雉、一隻野鳥，恢復原始的自然生命。」[21]作者追求與自然相融的用意遍及全書，這是莊子自然思想的體現，也是作者觀察老田園的特徵所在。

（二）視田園為一群集之整體

作者筆下的田園，並非僅由農家作物和農耕生活所組成，而是由農家週遭一切有生無生、有形無形的世界，加上風土、民情、時空和作者的情感概念所組成。以作者自己為中心，以平屋為基地，而及於他的家園、族人、村落、景觀、環境、生活、思考等層面，使田園呈現出寬廣的、深厚的、鮮活的真實感。他平等地看待所有的生命與田園裡的一切景物，不僅是「兩甲旱地，一楹瓦屋，一頭牛，一條狗，一隻貓，一對雞。輪作旱稻、番薯、土豆、芝麻、番麥……」[22]而已，還有那滿院的青草，無邊的藍天，沉沉的荒地，變幻的雲影，盈耳的鳥蟲鳴唱，即便是那只能偷偷澆水的菜畦野草，那在夜裡主家的老鼠，那時時窺視雞雛的鴟鵂和紅隼，還有那與他生活相關的族親、太平、澎湖、郵差、土龜等人，都是那樣和諧地相融成一體，成了那有天有地，有情感有性靈的完整田園。

（三）不獨以目視，更以耳聽、以心感、以理推所建構而成的田園

作者對田園面貌的捕捉，是多元的，有有形的有無形的，有可感有不可感的，虛實掩映，形神交織，構成一個厚實深邃的田園世界，也折射出田園不只可供生活棲息，亦是一個可居可遊，可怡情養性，可供思索人生、探索奧秘的場所。其中的世界，有以目視之者，例如：

> 地面上幾甲地的作物連綿著，有番麥、有番薯。番麥翠、番薯青；番麥花黃，番麥綏紅。沒有耕作的野地則遍生原蒿、野塘蒿、蕭、樸骨蕭等

---

[20] 見〈九月二十一日〉，頁78。
[21] 見〈九月二十四日〉，頁88。
[22] 見〈九月二日〉，頁9。

草，高與人齊，呈現著褐、綠的混合色。

——〈九月十五日〉，頁 59

　　這一類的觀察遍於全書，透過目視，景物的色澤、姿態、動作、秩序交呈於前，也由此建構了老田園的空間場景。這是有形的、實體的世界。

　　有以耳聽者，如：

　　比方今天上午，臨窗讀書，公雞帶了母雞來到窗下喔喔地啼，只隔著一扇窗，啼聲金聲玉振，響過行雲。或如下午，他帶了母雞在空田中啼，啼聲悠然邈遠，不由闔書諦聽，心為之傾，神為之引。

——〈九月十八日〉，頁 68

　　聲音，可視為是聽覺觀察的方式，作品中，對聲音的捕捉，蔚為大宗，對於雞聲，貓聲，尤其是蟲和鳥的鳴唱，更使他的田園時時刻刻都有如沉浸在柔美的音樂世界當中，土蟈、公雞、灶雞、雲雀、鵪鶉、青苔、麻雀等數十種美妙的啼唱，是作品中最突出的部分。

　　有以心感者，如：

　　向晚的西北風迎面拂來，一天的日光熱次第消退，清涼透骨。偶一抬頭，只見滿天披著一層灰雲，勻勻的、薄薄的、靜定的，像一匹久蒙塵埃的絹繒，給人無限寧謐的柔和感。

——〈九月四日〉，頁 19

　　一路經過田野，經過荒原，那遼闊的黑暗之中的孤單落寞感，此時漸漸地被燈光與市聲所融解，像是從一場昏睡中醒了過來一般。

——〈九月四日〉，頁 20

　　這是從具體景物提煉而出的田園的無形面貌，是另種觀察與體會，將田園從具體推向抽象，而當作者寫到：「我和麻雀自小就有特殊的感情：那晨昏大片的吱喳，滿樹的跳躍，那半個小時才飛得盡的大景觀，那是我小心靈的一大部分。」[23]這座田園已經不再只是眼前可看可聽的田園而已了，它已經延伸到記憶的深處，成為心靈的田園了。另還有以理推之者，如：

> 若說那裡有天國，這裡應該是天國。論理，天國應該是永恆的，但是那永恆應該是寓於片刻之中的。明淨的天，明淨的地，明淨的陽光，明淨的芒花，明淨的空氣，明淨的一身，明淨的心；這徹上徹下、徹裡徹外的明淨，不是天國是什麼？這片刻不是永恆是什麼？
>
> ──〈九月十日〉，頁 45

　　這又不僅是記憶裡的田園，它是被提升到精神的、生命的層次了。這種多元的觀察方式，表現出了老田園豐腴的質感，豐富了田園世界的內容。

（四）個人情感撒遍田園

　　作者本著對老田園的緬懷，對自然固有的尊重與珍惜，對文化、歷史、社會的關心與熱愛，還有那廣博的學識與孤高的精神品格，流灌所及，使《田》書中的「我」始終晃動著作者的身影，這也是何以本書常被視為具有濃厚自傳色彩的主因，作者自己曾說「我寫作（指《田》書）當時的生活和書中的情景講起來也是很接近的」[24]，是以作者的主體心靈與作品中的「我」確然存在著一定的契合。因此我們在作品中一再地感受到「我」的這雙詩人之眼所夾帶的濃烈的情感色調。這是一股從「我」的心靈深處所散發的傷感，是對那不可追回的美好田園世界深切懷想所漫溢出的感傷，是那遍尋不著棲息之所的孤獨者的生命感觸，凝聚眉宇，投向整

---

[23]見〈九月二十日〉，頁 76。
[24]同註 1。

個田園，使花草蟲鳥田園景觀的內裡蒙上一層時隱時現的悲意。因而，當他看到春末夏雲的蹤影，就會因著那南國美麗春日的已然過去而感到絕望；當他聽到土蜢微弱的吟聲，就會忍不住既愛且憐地向它深情作別，並引發對那永逝不返的童年的想念；當他對如同白駒過隙的人生興起了傷逝的念頭，就會使他的心頭瀰漫著一股悲秋落寞的無奈之情[25]，老田園始終籠罩在他那孤獨、敏銳、善感的憂傷眼神之下，恬靜諧美的田園裡有一顆幽獨的心靈時時在向八荒求索，作者透過「我」將個人情感撒遍整個田園，從而深化了田園景物的感性世界。

　　這種從詩人的，哲人的，農人的，博物學家的眼睛所進行的觀察之道，是屬於陳冠學所特有的，他個人深厚的學識功底，造就他那不平凡的眼光，他的目光所及，使老田園處處閃耀著深美的瀲艷之光，他證實了原來美是存在於心靈之中的。

三、《田園之秋》的書寫特色

　　《田》書能將老田園的美作出如此清晰動人的呈現，與作者的書寫之道息息相關，大體而言，在於以下幾個方面：

（一）文體的運用

　　本書採用日記體的書寫形式，預告了作者企圖以真誠與內在做為作品的主要屬性。書中一再以不同的方式強化此一書寫形式之訊息。以「初秋篇」為例：如〈九月一日〉、〈九月九日〉、〈九月二十八日〉、〈九月三十一日〉等為直接表示；〈九月五日〉、〈九月八日〉、〈九月十二日〉、〈九月十七日〉等處則是間接表示，作者意欲讀者牢記作品特性的用心十分明顯。他在〈十月十一日〉說：「這本日記寫的是我自己的生活，十分單純。」〈十一月十四日〉在討論完日子對生活的意義之後，他這樣表白：「我的這本日記，日日都記下不少的字，這些字在身外記事簿上是看不到的空白，我記

---

[25]見〈九月二十五日〉。

的是日子在內心的實況啊！」正因爲日記體的敘述方式是如實地對自己說話，是自己內心的告白，所以，一切的技巧機心都可以歇除，一切的文飾都可以剝落，回歸到最素樸、最真實的面目，作者因而能透過這種由日記體所制約的真誠、內在的書寫特性，不停地感染著讀者，帶領著讀者在作品中真實忘機的田園世界裡遨遊，進行著由作者所發動的內在的體驗與沉思，使讀者隨著作品的旋律而敞開心門，讓潛抑的真我逐漸浮現，在作品的催化下，找回了自我，淨化了自我，並從中得到感動與滿足。

日記體提供作者最大的選材自由。可抒情，可議論，可記實，可玄想，篇與篇之間，可獨立，可連貫，任作者心之所之，自由揮灑。例如作品中對於每天天氣的處理，就不落俗套。一般而言，日記體常會同時載明當天天氣，而《田》書並未如此刻意，但他記載天氣時，總更能使作品清新跌宕，起了很好的點染作用。像「午後陰，向晚至黃昏小雨」、「黃昏時滴了幾滴雨」、「下午下了大約兩個鐘頭的細雨」、「今日依然是晴日，只是向晚前雲靄起，微陰。」[26]這些地方，都是出於作者的刻意，作用在強化其日記體特性之仍然存在，在文意的關聯上，本屬可有可無，但在作者的運用上，卻有如天空中的微雲，湖面上的漣漪，憑添許多美感，例如〈十一月八日〉在激昂地與伸張大肆將「政府」批判一番之後，跳開去寫無意間受到驚嚇的鵪鶉和山腳下那片無垢的田園，文中因爲有著對於「政府」的尖銳觀點，又有伸張那顆擾亂自然恬靜的天外之石，在人禍與天命之中帶出了若有似無的傷感氣息，並附以對「我」所寄身的田園的讚嘆，使全文充滿憤激的伏流所造成的張力，作者最後以「晚上……我回臥房寫今天的日記，窗外居然下了幾滴雨。」做爲結束，留下不盡的餘味。這是作者的高明處，這樣的刻意點綴，使實錄與創作的界線顯得模糊，在虛實難分之下，田園遂爲蒙上霧紗的祕境。

---

[26]分別見〈九月十七日〉、〈九月十八日〉、〈十月十一日〉、〈十月二十五日〉等處，餘不列舉。

（二）古樸風格的塑造

　　《田》書的書寫，簡淡古樸應為其主要特徵之所在。作者為了塑造他心中那座無垢的自然田園及清楚呈現那詩一般的田園生活，在策略上，他極力排除了人為的機心與文明的干擾，是以不許政治、法律、經濟一類的書上「我」的書架[27]，「我」過著舂米而食、臨溪而飲、自耕自種的儉樸體養生活，置身田園之中，每日耳目所接，就是真實之自然世界，每日之所踐履，就是自然之真實生活，一切生活與思考力求回復於物之初態，而真、樸、簡、古、淡在追求自我、回復自然的這個意義上是相通的。因著這個追求，是以必須排除人為機心與文明，故能避免繁縟濃豔的裝飾而趨於簡淡，所以能回歸古意樸拙。而在此基礎上，更通過對自然的審美與鑑賞，通過無日無之的閱讀，不停與書中高尚的心靈碰觸滌蕩，使「我」更能保持在純一超越的狀態，形諸文字，成就其恬靜深美而又簡淡古樸的書寫風格。《田》書的成功，與此關係密切，影響所及，也反映在作品中的用字遣詞。

　　本作品雖是以白話文書寫，但在詞語與句式的選用上有其特別之處。詞語方面，作者使用為數不少的臺灣語字，為作品加深了極濃的本土色彩，例如他用「菩」做為稱謂竹叢的量詞，代替漢文裡常用的「叢」，並在文末音注：菩，國音ㄅㄨˋ，臺音抱（語音）；又如「烏嘴潷」的「潷」，音注：潷，國音ㄅㄧˋ，臺音必；「潘水」的「潘」，音注：潘，國音ㄆㄢ，臺音ㄆㄨㄣ；「土蜢」的「蜢」，音注：土蜢，臺音肚ㄇㄝˋ，或變音肚ㄅㄝˋ[28]。它如：9 月 3、4、5、8、9、10、11、16、21、22、23、27、28、30 日、10 月 1、4、7、8、10、15、16、21、22、23、28 日，11 月 4、7、8、10、14、23、26 日等 32 篇總數約有 70 條各以拼音、注音、直音、仿音等不同方式標記臺音，並釋其義，若加上未音注的方音用語和文

[27]見〈十月十五日〉。
[28]以上見〈九月一日〉。

中的行間夾注，則爲數更近百條。作者顯然有以臺灣話的語詞爲媒介而呼喚出與自然田園更相契合的情感的用意，雖然並未成爲全書書寫的主體，但作品卻因此而瀰漫著濃厚的臺灣鄉土氣息。

這些臺音字及其義涵的運用，又不只是在於製造鄉土氣息之單一的目的而已，就這部分在作品中所起的作用來看，往往能夠傳達作者溯求本源的企圖。例如：以莖代叢、以翕代悶、以襇裙代褶裙、厲鷂代老鷹、牛滌代牛棚、刵番薯代撿番薯、薅土豆代拔花生、一縣代一串、一總草代一綑草、守賊守臺ㄐㄧㄨㄟ……等等，均能表出臺語音、字間的關係，用其本意，以文學之實踐直接顯示臺語的古老與古典，一掃過去一般人認爲臺語鄙陋俚俗之錯誤印象，此爲對臺語缺乏研究與了解的俗手所難以企及。而作者這種以臺音字做爲溯求本義的創作理想的書寫方式，一方面是對作品追求自然真實的貫徹和伴隨母語而共生的鄉土情懷的引動，一方面也成爲本作品極爲獨特的書寫風格。

（三）母語的呼喚

作者在臺音語詞的運用，還具有使臺語由邊緣移往中心的作用，以臺語思考、感受，回歸到母語這個最原始的感知方式，輔助其對古樸的追求，這一方面是創作上的需要，是表達的一種策略，另一方面，也可視爲是對臺語母語者的一種邀請。臺音字在本作品中，既具有追求創作理想的工具性功能，當然也就彰顯出其在書寫自然田園和表達鄉土情感上的優越性和價值性了。例如：烏嘴蹕音注：鳥書叫尖尾文鳥、蹕撅鳥行注藍磯鶇、長眉鳥行注：鳥叫小彎嘴畫眉、細眉鳥行注：極北柳鶯、青苔行注鳥：綠繡眼、灶雞音注促織……等；或者龍葵行注烏甜仔、溝蕨行注溝貓、苦蘵行注泡子草……等，不難看出，作者在以「吊在不朽的高度來寫的」[29]本作品中，一再運用這種表述方式，卻絲毫不考慮對於文氣割裂的影響，在本地土名與學名之間不斷進行溝通，使得土名與學名在感覺層面與

---

[29]同註 1。

認知層面在實質上趨於一致。土名既可通於學名，學名復可喚出土名，則土便不再只是土，而是有了可行於四方的洪名可與之相對應，其地位便不再是邊緣，而是自成一中心，與原有之中心共構成一多元的相互關係，這種由語詞所生發的作用因與作者的創作意圖一致，應視爲是刻意的作爲。當臺音字的表意份量加重了，功能豐富了，則以臺語感知的慣性便會逐漸甦醒，因而便可以以最本然、最直接、最切近的方式去感知作者所呈現的田園世界，並意會到作品的終極義涵。

作者一次次地邀請讀者在國語文思考、感知的模式之外，盡可能地回歸到自己母語的思考和感知模式，使作品與讀者所熟悉的母語結合，一方面進一步豐富了讀者閱讀時內言的聲音，更重要的則是這種書寫方式，讓慣用臺語的讀者能以最素樸的感知方式來解讀他的作品，這也是作者爲引領讀者回歸自然、找尋自我所搭建而成的一條無形的通道吧！而作者也並未忘記不熟悉或逐漸淡忘臺語的讀者，他一一都在文末加以音注，清楚明白，不致產生閱讀純然是臺灣話文時的隔閡與困難。在國語白話散文的書寫之中，能達到如此自然且完美的融合，作者應屬第一人。

（四）典雅的追求

與此相對立的，則是作者另一種極端文飾典雅的書寫方式，〈九月十九日〉有一段文字在描寫住家山腳下的竹樹林：

> 或兩岸古木對抱，女蘿成簾，下拂溪水；或叢薄乍啟，草地臨溪，月光旖旎，自爲洞天。密菁滅徑，深草蔽蹊，蹊岸容足，則攀條附幹而行；逼仄難通，則涉水泝流而進。蜿蜒迴旋，五步殊境，十步異世，迷而不反，樂而忘歸……總覺幽境天然，偶一涉足，容或可許，若迭至紛擾，無乃罪過。大率春秋各造訪一次，其餘則只在林外眺望瞻仰而已。
>
> ──頁72

又如〈九月五日〉寫著：

待雞啼三遍，我和赤牛哥早已在路：曉風拂拂，晨光熹微，蹄聲得得，
車行間關，我內心裡感到無限的輕快，反而沒半點而睏意。

──頁 25～26

這樣優美的意境，這樣的嫻雅氣息，這樣的敬愛自然的心意，尤其是
這樣的遣用古句，若將之置於唐宋山水、元明小品的眾作之中，恐怕也將
難以辨認。這類的句式在《田》書中不能說是少見，例如〈九月三日〉的
夜探土蜢記、〈十一月七日〉記與伸張初訪時所舖衍的對話等是其顯例，其
餘運用古文句式的單句不勝枚舉。這些都可看到作者刻意運古的痕跡，作
者這種刻意為之的古文句式，表面看來，似乎與上述鄉土母語運用的風格
格格不入，但這類書寫方式所帶出的古典氣息，與作品對古樸的追求息息
相關。作者在這些地方雖然難免有使才之嫌，但因與作品意境的追求一
致，一片古雅之氣撲面而來，反映出作者鎔裁古今的深厚涵養，這恐怕也
是當今自然寫作者很難望其項背的。

除了在詞語運用方面的特色以外，《田》書對於田園生態的描寫也大有
可觀，較為凸出的如〈九月三日〉描寫大武山和對土蜢的回憶，〈九月七
日〉寫西北雨，〈九月十一〉日寫藍磯鶇，〈九月十四日〉寫小彎嘴畫眉和
雨燕，〈九月十五日〉特寫鵪鶉，〈九月二十一日〉寫野茉，〈九月二十四
日〉、〈十月十六日〉寫草鵪鴒，〈九月二十五日〉寫雲，〈十月一日〉、〈十
一月十一日〉寫陶使，〈十月六日〉寫雞屎藤，〈十月十二日〉記雨聲，〈十
月二十日〉寫候鳥過境，〈十月二十二日〉寫子夜的星空，〈十月二十三
日〉寫麻雀沙浴，〈十一月五日〉寫蜂，〈十一月十五日〉、〈十一月二十四
日〉寫紅隼、雞雛、烏鶩的互動，〈十一月十八日〉記鳥音與花色的數量等
等，那細膩的觀察與生動的描寫，將整個田園豐富可感的一面充分呈現，
如在眼前，如此生動鮮活又浩瀚深美的田園，怎能不令人大起愛賞之心，
又怎會令人忍心糟蹋呢？作者以老田園的美來喚醒世人對今後田園珍愛的
用心，是既深且切的，這些優美的觀察與書寫明白揭露了此一訊息。

　　此外，作者也屢屢以直接引述典籍原文或借用典籍特性以烘托氣氛的方式，來強化作品意境的效果。如〈九月五日〉他以讀 J. Renard 的《紅蘿蔔》並引其《博物誌》來烘托本作品的自然性格，〈十月十八日〉引原文以描述雲雀也有相同義涵；〈九月六日〉和〈九月二十八日〉以《論語》、《孟子》為例，暗示作者的特殊品味與高潔的慕道之心；〈十月二日〉所提五個西方鄉土自然作家，也有強化本作品特性的作用；〈十月九日〉以《莊子》、《四季隨筆》和《森林中的小屋》來烘托其浪漫耽思唯美的心境；〈十月十五日〉以 Jules Verne 的《海底二萬里》隱約宣洩其對不義世界之鬱積；〈十一月十一日〉以《莊子》和 Stiner 的《唯一者與所有者》的大量引文強烈暗示其反政府、求自由的激烈意志，這也是本作品創作意圖的甚徹；〈十一月二十八日〉以《易經‧繫辭傳》、《莊子》、《老子》、《大學》、《中庸》來烘托作者對文學的特殊品味及情境的追求。這樣，既可將作品導向更深廣的文學脈絡裡，又可與這些作品所具有的作品生命交融輝映，使本作品充滿厚實的文學內涵與典雅的氣息。

　　從以上特徵看來，《田》書和諸多「自然寫作」的作品存在著明顯的差異。陳冠學在書中，對臺灣野生的鳥類、植物、生態景觀有極為可觀的記錄。所記錄的植物種類超過 80 種，提到的次數近 200 次；鳥類超過 60 種，提到的次數超過 250 次，可以看出這在《田》書所占的重要地位。如此眾多且頻繁的記錄與描寫，對於反應臺灣自然田園的多樣性內容，當然極具意義。但是，這與其他許多「自然寫作」者所描寫的眼前之象是不一樣的。沈振中寫《老鷹的故事》，徐仁修寫《臺灣獼猴》，王家祥寫《自然禱告者》，陳煌寫《啁啾地誌》，劉克襄寫《小綠山之歌》，廖鴻基寫《討海人》……等，書寫材料都來自對自然現象的現場觀察、記錄所得。沈振中等「自然寫作」作家，因為有一個眼前之象須要呈現，重點往往要求如實傳真，材料需建立在實際的觀察上面，因此其描寫方式著重在「記」，使用的語言詞彙受到一定的限制，有時難免會有質勝於文的現象。《田》書則是以心中的老田園為描寫的對象，用類似歌誦、禮讚的方式以澆滅其因失去

田園而由悲哀與懷念所生發的塊壘，描寫方式著重在「寫」，抒情記興，意味深長。個別作家的風格與其寫作目的息息相關，例如：陳玉峰、王家祥、陳健一、陳正一等人的作品著重籲求與教育，直指當道與人心，遣辭激昂峻切，重在說服與批判；劉克襄、吳永華、陳煌、沈振中等人的作品，偏於發現與介紹，遣辭素樸平易，傳真寫實，著重告知與發現。《田》書表現的重點，則在於田園四周景物的美感及作者的感受和體會，其中更揭示一種近乎理想的生活方式和自我的追求，景物的記載是陪襯，理想自我的呈現才是主題，如果說前述「自然寫作」者主要是表現自然、記錄自然，陳冠學則是在體驗自然、鑑賞自然，尤其是通過自然而追尋真我，這是極其不同的書寫方式。

四、圍繞在陳冠學和《田園之秋》的幾個問題

簡義明將《田》書歸入隱逸文學[30]；劉克襄則認為陳冠學「在屏東大武山下長期隱居」、「不具備充分的自然科學常識」，且《田》書讓人聯想到「中國士大夫追求的田園情境；卻難以和近代的生態理念、土地倫理觀做較密切而熱絡的呼應。」[31]此外，《田》書是以日記體第一人稱寫成，書中對於自然環境及地名、景物的描述，細膩傳真，向被視為實錄，反映了作者真實的田園躬耕生活。例如何欣認為他是學者從農[32]，過著真正農夫的田園生活[33]；亮軒說他成了一個徹頭徹尾歸隱的農人[34]，並且以絲毫不做作、裡外澄澈透明若清泉若皓月一般的情意，提供一個活生生的例子，告訴人們，原來人世還可以有另一種活法[35]。其他如董榮斌、李金蓮、王家歆等人

---

[30]見所撰《臺灣「自然寫作」研究──以 1981～1997 為範圍》（臺北：政治大學中文系碩士論文，1998 年）。

[31]見所撰〈臺灣與自然寫作初論〉，《聯合報》副刊，1996 年 1 月 4～5 日。

[32]見何欣〈評析《田園之秋》〉，《田園之秋》，頁 11。

[33]見《田園之秋》，頁 7。

[34]見亮軒〈評《田園之秋》全卷〉，《田園之秋》，頁 20。

[35]同註 33，頁 21。

也都以實錄看待[36]。此外，本書在獲得時報文學獎的散文推薦獎時，評審委員方瑜說他以素樸、內斂的情感和未經雕琢的文字處理每日接觸的大自然景觀與生命；林文月則說：《田園之秋》是知識分子下鄉寫的田園文學，……最可貴的是他躬耕自持的精神[37]。顯然也以實錄視之。唐捐雖則認為書中率皆寓言虛構，然亦認為作者亦實際從事農業勞動。[38]但了解並與陳冠學接近的鄭穗影和葉石濤對於此一問題並未表示看法，唐捐則根本否定它為實錄。雖然冠學對這些問題都已有所澄清，但仍未解釋群疑。

　　這裡出現了如下的幾個問題：1.陳冠學是否為逃避現實、希求遁世的隱者？；2.《田》書能否對生態理念和土地倫理作出密切呼應？；3.《田》書是否為現場目擊之實錄？

　　針對第一個問題，若簡單從本書的內容看去，很容易以為作者是個隱居鄉野、逃避世間的文人。然而，當我們檢視他在 1981 年 4 月到 11 月之間所作的幾件大事，或許會有不同的發現。他在本年 3 月完全辭去教職以後，率先進行的工作就是：埋首寫成《老臺灣》，葉石濤讚賞本書能融會貫通，將臺灣的過去活現於紙上，且能觸及臺灣過去地理的變遷和移民的拓荒實況，更重要的是「他的筆鋒常帶感情，真教人掩卷而久久心情激動，難以平靜下來」[39]。緊接著，立即又極具開拓性地寫成《臺語的古老與古典》，對臺語的語源進行考究，本書所及，一改世人認為臺語鄙俗不雅的錯誤印象，揭示臺語優美典雅、源遠流長的本質。上述二事，可視為文人關愛自己的社會和歷史文化的典範性行為；後者更因文字罕見和標音符號的緣故，印刷排版在當時的技術而言，必須負擔極大成本，再加上偏屬冷門，只好以手寫方式向友人借貸自費出版。據鄭穗影表示，此書曾被臺灣

---

[36]董說見所撰〈讀陳冠學《田園之秋》有感〉，《中華日報》書香文化版，1997 年 11 月 4 日，李說見〈田園將蕪，胡不歸？──別創潮流的臺灣自然文學〉，《中國時報》開卷版，1990 年 2 月 19 日。王說見所撰〈田園真意──讀陳冠學《田園之秋》〉，《書評》第 10 期。

[37]二氏說見 1983 年「第六屆時報文學獎」評審記錄，《中國時報》，1983 年 10 月 6 日，8 版。

[38]見所撰〈《田園之秋》的辭與物──論陳冠學《田園之秋》〉，收於陳義芝主編《臺灣文學經典研討會論文集》（臺北：聯經出版公司，1999 年）。

[39]見所撰〈《田園之秋》（代序）〉，《田園之秋》，頁 3。

大學已退休的吳守禮教授譽爲「傲視學界臺語研究的權威巨著」[40]。陳冠學
在短短的半年多的時間裡面，能夠完成如此質地精密的學術論著，所憑藉
的應該就是那股愛護鄉土的熱烈情懷吧。同年 11 月，他認爲拯救臺灣環境
的需要性萬分地迫切，適逢選舉年，可以從人文的和歷史的角度對民眾和
政府提出呼籲，機不可失，遂決定參加臺灣省議員選舉，雖然他的朋友們
不乏反對他倉促參選的，但他仍然決定從歷史與文化的角度喚醒民眾，在
冷淡的臺灣社會中競選到底，雖然最後以極爲懸殊的票數落選，但是他在
那個人人眼中只有經濟而不顧自然環境的年代裡，提出像「保護臺灣三千
年原始林，反對開發」、「反對裝設核能發電廠」、「主張永久停辦嚴重污染
之工業」、「禁止大量抽取地下水之官營或民營事業」、「提高農產品價格，
由政府全數收購，以保障農民生活」、「全民免費醫療」[41]等先進政見，在
20 年後的今天看來，有許多地方仍然有待政府與全民持續追求，而且多爲
攸關生民之所需與解救民瘼之所在。這些都足以說明陳冠學不但不是社會
的逃避者，反而更是一個了解社會脈動的入世的參與者，他絕不等同於隱
姓埋名、不知所終的人的徹底逃避作風；他比起許許多多默默存在的大眾
入世多了；甚至，他對臺灣社會和文化所採取的實際行動，也未必比自詡
爲社會參與者的人來得少。試想：一個時時刻刻關心臺灣原始森林的維
護，關心此地的自然生態、水土保持，且一聽到有關中央山脈濫墾、濫伐
的消息就會坐立不安，並且因而參與競選活動，藉此而走向群眾，宣揚理
念的人，如何能夠將之視爲隱者呢？因此，他在 1981 年 3 月的離開教育崗
位，絕不能將之視爲是離棄紅塵的隱居，他只是選擇了回歸自己的老家，
專心於自己的著述大業罷了，他的這項行動若將之視爲是一種更爲積極、
更求長遠的參與之道，也許更爲恰當。他在《田》書的〈九月三十一日〉
有一段很能代表的處世態度的話，他說：

---

[40]見〈吾友陳冠學先生——夜讀《田園之秋》後鉤起的回憶〉，《文學界》第 7 期，1983 年 8 月。
[41]同註 6。

一個人活著，若不能將自己當一包強烈的炸藥，把世途的轍軌炸平，好
讓千千萬萬的人們有坦蕩蕩的道路行走，則套在人群中的一切行為都是
出賣自我、遺失自我的勾當。對於此時的我，人生只能有兩種生活，要
不是將自我炸成碎片，便是保有全部的完整自我，教我將自我零售，或
委屈自我，降為世上的一件工具，我再也不能忍受，因為自我永遠是主
體啊！

──頁 104～105

　　這段話相當程度地說明了他的性格，絕非遁世逃避的那一類型，陳冠
學自己曾經為此做過一個註腳：有很多人以為我不關心現實，其實是不了
解我的觀點[42]。這句話有力地標記了他自己的性格，也澄清了他是否為近世
的隱者的問題。

　　第二個問題，《田》書能否對生態理念和土地倫理作密切呼應？生態理
念指的是人對於生物與自然環境間的互動所具有的認知與概念；土地倫理
在最寬廣的定義上，應該可以理解為：人與土地間的合理關係。關於生態
理念的部分，可從下列引文得到解答：

近來在田園裡生活著，越發的拆撤了物我之間形骸之隔的藩籬，若不是
理智上受了儒家親親、仁民、愛物的差等愛之教，以及我自己對於造物
用意的領會，除了水和空氣，凡一切有生之類幾乎無法兒送入口。

──〈十一月六日〉，頁 248

　　這是作者視物如己，體天地生生之至德的表示，這雖是由人際倫理擴
大而來，文化的意義較為濃厚，但所表現出來的，是對「一切有生之類」
的一份尊敬，這是不能說其中欠缺生態理念的。

---

[42]同註 1。

這裡荒地多於耕地，蟲害自然的少。有朝一日，荒地盡闢成耕地之時，蟲害就不可屏當了。

——〈九月十七日〉，頁 66

你不斷絕自然，自然就不斷絕你。

——〈十月二十七日〉，頁 213

雲雀越唱越起勁兒，方纔分明是唱的大地之歌，把大地的歌聲輻散上天庭；此時牠唱的該是長天之曲，將上蒼的祝福播落人間。在那樣高的地方不斷有美音播落，聽著聽著不由感激起來。

——〈十一月二日〉，頁 232

我實在不喜歡拔草。我尚且想給草沃沃水，我看草就像自己的莊稼。菜畦上的草，只要他不伸出菜畦的頭頂，我就一視同仁，讓它當我的菜，均分我施的肥，我沃的水。可是草畦上的雜草，為了維持選種的純粹，我就不得不抱著很深的歉意與惻隱悉數拔除。除草，在我是種心靈負擔。

——〈十一月十三日〉，頁 286

　　像這些明顯表達作者鮮明的自然生態觀念和土地倫理的文字，在本作品中可謂俯拾皆是，其中包含對自然的感激，對人與自然關係的反思和領悟，這些是當今生態倫理的第一線概念。《環境倫理學——對自然界的義務與自然界的價值》一書對環境倫理曾經作過一個總結：「這是纏結在生命群落裡的追求，它分兩方面，一是有關對生命的愛，一是有關個體在其環境裡漸增的自由。」[43]《田》書所要表達的正是這種概念，作者只是沒有以口

---

[43]見 Holmes Rolston, 111 著；王瑞香譯《環境倫理學》(臺北：國立編譯館，1998 年)，頁 453。

號而是以純文學的方式提出罷了。

　　第三個問題，關於本作品是否為現場目擊的實錄，其實作者在接受陳列的訪談中，對此已有交代。陳列問：「那麼，《田園之秋》中那些日記裡所寫的，純是對過去的某部分的回憶，而不是真實生活的紀錄，是嗎？」他回答說：「我寫作當時的生活和書中的情景講起來也是很接近的，但主要是要讓人知道臺灣老田園的風貌。就寫作來講，當然是當作文學作品來寫，而不是當作生活的紀錄。」[44]推其語意，陳冠學並未完全回答問題，僅說明其寫作的目的在於文學而非在於紀錄。由於作者採用質樸自然的日記體書寫，且書中情節，虛實掩映，信幻相參，易使讀者形成「誤會」。但是，他自己在其他地方卻有所交代，且看他在〈出園今昔〉一文中所說：

> 一九五二年秋，為了求一點兒智識，睽違了老田園。誰料這一睽違竟就是二十年，待一九七二年春回來，老田園早已過去了。到處看，到處喚，到處聽，為失去的老田園，一直想嚎啕大哭。只為歲數大了，不便如兒時任性盡情，於是十年來，悲哀與懷念竟在內心裡積成了壘塊。[45]

　　從時間上面推算（見前述本書的寫作時間），這個由悲哀與懷念所積成的壘塊，應該就是作者創作《田》書的內在動因，他決心以文字留住老田園的自然深邃之美。由此看來，《田》書所呈現的，至少是 1952 年以前的南臺灣田園風貌，是作者經過近 30 年的時間沉澱過的、儲存在心底且經藝術手法處理過的田園，並非現場目擊之實貌。

五、《田園之秋》、《湖濱散記》與《四季隨筆》

　　陳冠學在《田》書裡面曾經兩次分別提到《湖濱散記》與《四季隨筆》：

---

[44]同註 1。
[45]見註 10 所揭書，頁 11～12。

日記評定過後，大家天南地北的闊談起來……也談論到較小作家寶石般
可貴的作品，這一部分是我所格外喜愛的，如法國的 Emile Souvestre，美
國的 Sarah Orne Jewett，英國的 George Robert Gissing，他們一向都被看
成第二流的作家，其實他們是真正第一流的作家，從前 Henry David
Thoreau 也被看成二流的作家，現在他時來運轉，以駸駸凌駕第一流的 R.
W. Emerson。

——〈十月二日〉，頁 118～119

有時竟只為聞到空氣中一絲薄得幾乎難於覺察的氣味，或竟只為鼻子裡
浮出了過往老遠日子裡的某一氣味，那氣味可能是孩童時的，也可能是
什麼時候經歷的，就把手裡拿著的書，一下子褪落得全無彩色，非要拿
起 G. Gissing 的《四季隨筆》來讀，心裡就覺得難過。(〈十月九日〉，頁
147) 自 20 世紀後半期以後，人類再沒有這些可貴的內涵。梭羅（H.
Thoreau）早說過：我們有許多哲學教授，卻沒有哲學家。

——〈十月十七日〉，頁 176

　　陳冠學並且在他的女兒 15 歲的時候（1992 年），指導她翻譯了《梭羅
傳》，他則寫了〈寫在小女兒《梭羅傳》譯文之前〉，對《湖濱散記》的各
種中譯本有所介紹，在他的另一本著作《藍色的斷想》一書中，也對梭羅
的言論有所共鳴。這些地方可以看出陳冠學的心靈中，存在過《湖濱散
記》和《四季隨筆》對他的激盪。評論家何欣曾拿《田》書與《四季隨
筆》相提並論[46]，亮軒則將《田》書與《湖濱散記》作類比。我們對此二者
與《田》書之間，可從以下列數端看出其似曾相似之處：

（一）文體的近似

　　三本著作名目上雖然有別，但「散記」與「隨筆」均是譯者所選用，

---

[46] 見所撰〈評析《田園之秋》〈初秋篇〉〉，《田園之秋》，頁 8。

本質上皆屬雜記生活中對大自然及人生所發出的所感所思，使用第一人稱，文體上與《田園之秋》的日記體無別。李霽野在〈喬治‧吉辛和他的作品〉一文中說：「吉辛的《四季隨筆》（*The Private Papers of Henry Ryecroft*）是一些短篇的隨筆結集，他說是編輯亡友亨利‧賴柯拉夫特的日記成書的，實際上這本書的主要素材來自吉辛自己的『雜記本』。」[47]陳長房在〈孤標傲世偕誰隱〉中說：「梭羅寫日記的習慣，正是為他的演講稿和書籍醞釀栽育思想『苗床』，《華爾騰》、《一週遊》以及其他許多文章，均從這些日記中擷取資料。」[48]而《田》書形式上是以 91 篇日記體散文寫成。這種文體可讓作者擁有最大的自由，題材上毫無限制，可隨心之所知，無礙地揮灑，且極端個人化、內在化，最能表現作者個人風格。

（二）作品的架構相同

　　《湖濱散記》是將 2 年 2 個月的時間濃縮為 1 年，記錄了梭羅在「華爾騰」湖畔四季的生活觀察與體驗。單德興在〈梭羅導讀〉中說：「梭羅再度將時間的週期做為全書的架構，把兩年兩個月又兩天的湖畔時光濃縮為一年，以四季的遞嬗暗示心靈的轉化與成長——由三月的春寒料峭，經夏天的生機盎然，秋天的成熟飽滿，冬天的沉寂蘊藉，到來春的萬物復甦，成一循環。」[49]；《四季隨筆》顧名思義，可知是以春、夏、秋、冬為時間架構；《田》書則專寫三秋之田園佳興與思索，時間弧度雖小，本質無異，三者均是以時間為全書的主要架構。

（三）作品的主體思想相似

　　《湖濱散記》是梭羅獨居「華爾騰」湖畔兩年餘，以最儉樸的方式，體驗自然、追尋自我、探討生命真諦的生活筆記，其中相當程度地反映出作者在自省中深刻地反政府、反物質文明、反都市文化而追求自我超越的性靈之美的生活的思想。《四季隨筆》則是在高度的道德理念下、靜默的思

---

[47]吉辛著；李霽野譯，《四季隨筆》（臺北：志文出版社，1991 年），頁 26。
[48]陳長房，《梭羅與中國》（臺北：三民書局，1991 年），頁 235。
[49]梭羅原著；孟祥森譯；單德興導讀，《湖濱散記》（臺北：書華出版社，1994 年），頁 XIII。

考中，領悟出安然順命、卻除野心的單純快樂，以個人的冥想默思與自然的無邊啓示相交通，在對自然的禮讚與頌歌之中，在無限的寧謐和柔和之中，將人性提到最高、最美的境界。《田》書則是「他願意了解自然，也能夠了解自然。自然對於作者，不只是欣賞鄉野中的景象，或單純的享受自然，甚至體驗老農的生活。他有意在田園的日常生活中，以微小事務來表現他的感受和思想。」[50]書中充滿作者對自然田園中的美感的體驗與捕捉，並且寄托他不俗的生活理想，書中洋溢的鄉土愛與吉辛對英格蘭的熱愛相當；而對政府、政治、物質文明和對庸俗文化的不耐與痛恨，視之於《湖濱散記》則如出一轍。

（四）對閱讀、散步、沉思有同等的耽溺

三部作品都不約而同地熱愛閱讀、散步與沉思。閱讀，使他們得以通向另一個心靈世界，與之銜接，使他們的自我得到擴充，驅除內在的孤獨，並且經由所閱讀的典籍呈現出作者當下的心境，有加強其體驗的作用。吉辛說：

你為自己的快樂，為自己的安慰和增加力量而讀書。[51]

梭羅說：

而我們，必須用我們的智慧、活力與慷慨之去努力測度每一行每一字的意思，因為那意義比文字通常的用法涵蓋得更廣。[52]

陳冠學說：

---

[50]第九屆「吳三連先生文藝獎」評定書。
[51]見註 47 所揭書，頁 87。
[52]見註 49 所揭書，頁 100～101。

讀書是心靈世界的旅行，而且也是一種印證一種交通，不讀書，自我心
靈既無法得到印證，又無法與別的心靈交通——不論那心靈是存在於二
千五百年前也罷，存在於當世也罷，結果便成了自我心靈的幽閉，那是
很可怕的。有時與人交談也可多少得到讀書效果，畢竟效果甚微，因為
那些人的心靈未必是打開的，而且即使打開來了，也未必值得一睹。只
有偉大心靈的景觀，纔能給人光明開闊的境域，而這樣的心靈只存在於
偉大的著作之中。[53]

　　他們的共同偏好是哲學的、文學的、歷史的，且都有好古的傾向。散
步，幾乎是他們每日都要進行的活動，不管是散步於華爾騰湖畔或週邊森
林的梭羅、英格蘭鄉間田野的吉辛或是南臺灣田園草徑的陳冠學，都在散
步中與自然界的風景草木相交接，一方面可遊賞耳目，一方面又可在漫不
經心、自在閒適當中享受心無罣礙的樂趣，是體現人與自然融合的絕佳方
式，致令他們幾乎無日無之，樂此不疲。《田》書這樣寫：

於是我挑了平時最常走的路徑，著著實實地轉了一圈。一路上相照面的
一切，包括有生命的和無生命的，就像遇見了好友一樣，和牠們打招
呼。雖然旁人也許不能理解，但是我自己卻是那麼親切地感到這一切有
著人格的真實。

——〈九月一日〉，頁5

我出去，是一種生命內裡的渴求，想拿腳底去親親田園的膚表，接觸接
觸泥土、砂礫、草葉，充一充生生不息的地氣；想隨著無邊的藍天舒展
開我的眼眸，莫要像石塊下的草芽，令眸眸鬱而不伸；想承受一點而陽
光，見見四野的風，好打開全身的毛孔，任光熱氣流通暢地左右穿透；

---

[53]見〈十月二十三日〉，頁200～201。

想成為一隻野兔、一隻野鴝、一隻野鳥，恢復原始的自然生命；是田園呼喚我，也是我自發的回向自然。

——〈九月二十四日〉，頁88

吉辛這樣說：

我無論漫遊多久，都沒有關係。沒有工作使我回去；我留連到無論怎樣遲，也沒有人煩惱和不安。春天在這些小徑和草場上閃耀，我覺得彷彿眼前每一條蜿蜒的小路我都得走。春天將久以忘懷的青春的力為我恢復了一些；我走路並不疲倦；我像孩子一樣向自己唱歌，所唱的歌便是我幼年所學的。[54]

梭羅這樣寫他的散步：

有時，我漫步到松林……或者，我漫步到雪松林中……我也漫步到沼澤區……有一次，正巧我站在一道彩虹的腳邊；那虹將空氣下層充滿，給週遭的草與葉渲染上顏色，使我眩惑，就像從彩色的晶體看出去一樣。那是彩虹的湖，在其中，那一瞬間，我活得像海豚一般。如果它持久些，必將渲染了我的生活與生命。[55]

　　他們在自然的懷抱中，自在地伸展、遊走，每一次都是與大自然的心領神會，每一次都是與大自然再次的融合。沉思，是集中心志以入物、理之幾微的內在活動，個體經此而進入幽深玄遠的思維世界，以擺脫庸俗淺汎，達到超越的境界，從沉思中所整理領悟出來的道理往往是最具個人特色，也是最能發人深省、引人入勝的地方。陳冠學有一段描述：

---

[54]見註 47 所揭書，頁 49。
[55]見註 49 所揭書，頁 193～194。

我把雙手放在書上，閉起了眼睛。窗外一隻小鈴蟲正幽泉般連續細鳴
著。我的思緒也涓涓的汨汨而出。近日以來，我一直沉浸於形而上的玄
境中，此時思緒為小鈴蟲幽泉般的細鳴聲誘發，頃刻間如風起潮湧，急
忙攤開紙，振筆疾書，待潮落筆頹，已是二遍雞啼，那一本書終於沒有
翻過來看過。[56]

這是他由閱讀引發沉思並進入創作的神祕經驗。有時散步亦引發沉
思。

在田園間走著，見著各種鳥飛過，各種草弄花，想像著不幸的日子來
臨，我不為自己的僵死難過，也不為族親的滅族感傷，我只為這樣美好
的自然，原是到處含著乳汁的田園之消逝悲痛。[57]

最具代表性的，應是對落日引發的瀚漫沉思，他寫著：

待我醒轉來，西天早已全暗，大概至少已過了三、四個鐘頭，身上不免
覺得夜氣微寒。[58]

足見作者耽思之深了。本文是文藝與哲理交會融通的絕佳散文。《四季
隨筆》、《湖濱散記》也不乏靜默、觀察中的沉思。

此外，《田》書在主角第一身的形象塑造上，其身影近於梭羅，如中年
未婚、獨居、自力耕生、儉樸、愛自然、友善、寫日記、博學、能勞動、
多識草木鳥獸之名、信奉孔子與老莊思想……等等，幾乎讓人以為是臺灣
版的亨利・梭羅，但陳冠學筆下的主角，具有比梭羅更強的美的鑑賞力，
比梭羅更高雅的詩人情懷，更深刻的思想能力，這是《湖濱散記》所望塵

---

[56] 見〈十月二十五日〉，頁 207～208。
[57] 見〈十一月十九日〉，頁 310。
[58] 見〈十月十九日〉，頁 189。

莫及的。而且《湖濱散記》充滿梭羅個人對世界所發出的批判，影響全書閒散的氣氛，而《田》書雖則對世界的批判有時更加猛烈，但在作者的刻意下做了很大的處理，例如：〈十月五日〉批評政府對農人的課稅，先從大野鼠齧損番麥，寫到花貓的畏懼枉顧，進而為大野鼠開脫，終於落實到政府對農民課稅的貪暴；〈十一月八日〉對政府的批判，則是透過「伸張」之口，側寫出作者對政府壓榨人民的那股咬牙切齒的痛恨；〈十一月十五日〉更藉由紅隼襲掠雞雛的事件對軍閥、財閥和不法權力者進行猛烈的批判；〈十一月十九日〉以「萬一田園或因久旱，或因其他因由，遭遇不可抗拒的災害」的隱晦方式對同胞不能珍惜自然田園而深感悲痛……等處，都以高度的文學技巧包裹著猛烈的憤怒，使書中的閒雅意境非但不為所害，反有後設意味地起了暮鼓晨鐘之效。這是《湖濱散記》所無法做到的。

　　至於《田》書在以心靈感受為主的書寫方式，及所呈現的閒適氣氛方面，視之《四季隨筆》是更為接近的，甚至可以看出兩者相彷彿的痕跡，例如：

> 我無論漫遊多久，都沒有關係。沒有工作使我回去；我留連到無論怎樣遲，也沒有人煩惱或不安。春天在這些小徑和草場上閃耀，我覺得彷彿眼前每一條蜿蜒的小路我都得走。[59]於是，我出去了，轉了一大圈，把這一帶的田園，及田間的大小路，甚至小徑，乃至田埂田壟，當然走不遍，但是卻像非得每一條都去造訪不可。[60]
>
> 春季從樹籬下面隨意採摘半打植物，有多少人能說出它們通俗的名字？對於我，花象徵著一大解放，一大覺醒。我的眼睛突然睜開了；這以前我在暗中行走，可是並不知道。[61]
>
> 回想當年決心回歸田園，只為在路邊看到一朵小小的藍色草花，如今想

---

[59]同註 47 所揭書，頁 49。
[60]〈九月一日〉，頁 5。
[61]同註 47 所揭書，頁 60。

起來大概是鴨舌草的花吧！一朵小小的草花，猛烈地使我覺醒過來自我
遺失之已深，給我那麼大的力量，掙脫羈繫著我那麼長久的桎梏。[62]

上引第 1、3 則是《四季隨筆》的本文，第 2、4 則是《田》書的本
文，稍作對照，不難看出其中相近之處。不過，《田》書要比《四季隨筆》
更具哲理性，更有深度，並且也更加飽含著人倫之間的溫厚情感，更有著
滌蕩人心的效果。總的來說：《湖濱散記》偏於自然生活的示範與體驗，是
以素樸而翔實；《四季隨筆》耽於思考與感受，洋溢深遠的美感與文趣；
《田》書吸取《湖濱散記》自然生活體驗及作者的現實人格較多，對《四
季隨筆》則較接近其筆意與感性的情懷。然而陳冠學又能與自己的思想理
念輔以深厚的人文涵養而往更高的詩境和理境推進，這則是他的單獨所造
了。

六、小結

陳冠學在本作品中，表現了他對故鄉田園的懷念和美的體驗，他觀察
田園的目光，飽含著孤獨者的冷峻，詩人的善感，博物學家的細膩，農人
的質樸和對往日田園的深愛，他運轉著具有無比穿透力的心靈之眼，以高
超的文藝之筆，在我國孔孟老莊和西方自然主義超越論者一路的精深思想
上，賦予南臺灣的自然田園一種可居可遊的充實與宏富，田園原來可以避
世、可以療傷、可以靜心、可以提神，飽涵安適、諧順與質樸剛健的自然
之道。

雖然本作品並非現場目擊的實錄，但作者憑著對老田園深深的愛與回
憶，經由日記體真誠、內在的特性，在清新流暢的白話文之中，融合了母
語及古文典雅的句式，成就了作品古樸簡淡的書寫風格與一片寧靜純美的
境界，活化了整個田園，讓那裡的土味、草香、蟲鳴、鳥啼等千百樣不同

---

[62] 〈九月三十一日〉，頁 104。

的生命悠姿一一呈現，作者大量投入自己的情感，使田園世界中一切景物
與生命的美姿，都成了作者自我的鋪陳，並將他的自我導向一個更真實、
更完整的境界，成了作者孤獨憂傷心靈的最佳撫慰。美麗田園對人的意
義，在他清妙的手法下，一一展現其間的作用和歷程，使讀者獲得多元而
深刻的省思與感發，這種表現方式雖然欠缺社會運動的性格，與呼籲、提
倡、教育或控訴等的語調大異其趣，但這正是作者針對自然田園的珍惜而
向社會提出的最溫和的方式，他不是用撞擊與告知，而只是在和另一顆追
求純真、追求自我的心靈分享，而其中所隱含對整體社會與環境的關懷，
對自然生態倫理的尊重，加上他所曾經經歷過的現實人生，只能說他選擇
了孤獨，卻不能說他是個脫逃遁世的隱者。陳冠學即以這樣一顆質樸自然
而又獨特的心靈，以他那飽含詩情與哲思的書寫，構成了他最特別的所
在。

　　從與《湖濱散記》、《四季隨筆》的比較中，可以清楚看出本作品受其
影響的痕跡，一方面顯示出本作品在世界性的自然文學脈絡中的承續，一
方面也顯示出本作品的地域性特殊色彩，是上述二者的深化與融合。

——選自《臺灣自然生態文學研討會論文集》

臺北：文津出版社，2002 年 1 月

美麗舊世界：陳冠學作品的特質

以《田園之秋》為論述中心

◎吳明益[*]

　　陳長房曾引芮基納・庫克（Reginald Lansing Cook）的研究說，梭羅作品具有三種文學基型：分別是《魯賓遜漂流記》（*Adventures of Robinson Crusoe*）、《格列佛遊記》（*Gulliver's Travles*）、《天路歷程》（*Pilgrim's Progress*）。渥特・哈定（Walter Harding）則再加入一部《賽恩伯理的自然史》（*The Natural History of Selbourne*）。《魯》代表人類面對脫離社會時，自給自足的生活挑戰，《格》書中蘊有對帝國主義、現代文明不公義控訴的象徵[1]，《天》是回歸心靈的歷程，而《賽》則是揉合博物學的田園札記。（陳長房，1991：242-243）

　　事實上，這四個基型移諸《田》書也適當燙貼，或者應該這樣說，《田》書創作的基型就是《湖濱散記》，所以當然具有該書的特質。但平實來說，《田》的文筆遜於《湖濱散記》，缺乏梭羅那般多樣性而富幽默的筆法，所建構的理想世界則令人充滿疑慮，也不像梭羅具有博物學者的能力。

　　陳冠學的作品中往往透露出對「老田園」生活方式的孺慕，以及對「新田園」及「都市」的厭煩與不耐。對陳冠學來說，舊世界最美麗的（故《訪草》有篇名曰〈美麗舊世界〉），是可歌頌的，而新世界則是腐敗的、缺乏美感的。

---

[*]發表文章時為東華大學華文文學系副教授，現為東華大學華文文學系教授。

[1]綏夫特（Jonathan Swift, 1667～1745）的《格列佛遊記》中描述格列佛回家鄉（英國）時，英國要求他必須向政府報告一切「發現」。但格列佛拒絕，原因是不希望帝國勢力再擴張。此書被認為是一部反帝國主義的諷刺寓言作品。

　　《田》是一部「將回憶重構爲日記體的作品」，而非於作者隱居時間內確實撰述的日記體。作者將其回歸大武山下新埤農耕生活的回憶以日記體重寫（發表時分爲「初秋」、「仲秋」、「晚秋」篇）。唐捐曾舉九月十日類〈桃花源記〉的行文模式、十一月七至十日出現的青年「伸張」頗似諸子寓言，以及九月三十一日出現「多餘的一日」，從而判定本書應非實錄，並說該書「虛實掩映，遠於史而近於詩」。（唐捐，1999：389-393）唐捐以書中的「日記」內容來質疑其「日記」的體裁，一針見血。其實比較直接的證據是陳冠學受陳列訪問的自剖，其中可說明《田》屬回憶錄而非生活日記的證據有以下數端：1.陳冠學自述「我寫作當時的生活和書中的情景講起來也是很接近的，但主要是讓人知道臺灣老田園風貌。就寫作來講，當然是當作文學作品來寫，而不是當作生活的記錄。」2.陳冠學自述「十月十九日那一篇，我早就有很強的意念要表達，但就是無法通過，幾天都寫不出來……然後吃下半隻（按：鴨子）。那個下午，就寫出來了。」3.陳冠學自述「有時寫得很艱苦，一再修改……。」4.陳冠學自述「十月六日那一篇的結尾部分，我改過很多次，但是直到現在，我還是不滿意」。（陳列訪問，1987 年）其中三、四兩項並非直接證據，但一、二項非常清楚說明了日記中的時空都並非朝實錄的方向進行，至少當日的日記需要「幾天來寫」，甚至等到吃了鴨子才寫出來，其記實性確實可堪懷疑。

　　由此看《田》書在九月三十一日的記載中，「書中作者」自述：「平生沒寫過日記，這次興來開筆，居然寫滿了一個月。今天從頭讀起，發現總算將田園的生涯寫出了一點兒。」（陳冠學，1994a：104）乍看之下頗爲真切，但對照唐捐與我上述的證據，該部「日記」「今天寫滿了一個月」未必爲現實上之真，僅可視爲文本內所進行的時空之真。

　　閱讀《田》書時，在「日記」遞衍的過程中，作者訴諸讀者的意圖愈見顯明。尤其是「仲秋」（十月）與「晚秋篇」（十一月），常整篇鋪陳自己的某些理念，這些理念卻可能並非當日所構思，反而多半是早已醞釀許久

的思考[2]，甚至篇與篇間存在著呼應。於是我們可說，作者藉一公開的「回憶日記」以表露心跡、陳述某種思想議題的企圖實是《田》書的主調。

這樣的一部作品應否視其為強調「非虛構」的自然寫作呢？首先，如「以書寫解放自然」系列 BOOK 1 所言，自然書寫的非虛構著重的層面在真實體驗。陳冠學確然曾居住於新埤，且確然經歷過農耕生活，因此在此層次上可視為「實」。其次，在西方的自然書寫史中，梭羅的《湖濱散記》將兩年濃縮為一年表現，算是一種藝術手法的處理，《湖》也經過多次修改。不過梭羅未像陳冠學還標示出確切日期（甚至晨、午、黃昏），因此給讀者「刻意造真」的感覺並沒那麼明顯。

由於過去論者多視《田》為自然書寫中此類型書寫影響深遠的作品，至於這部書是否為陳的生活實錄則少有討論。本文的立場是先以此書中所述為分析文本，最後再以自然書寫的角度評定其在整個臺灣現代自然書寫史中的價值與意義。

以下除了嘗試將陳冠學作品中所欲陳述的思想議題作一析分之外，亦嘗試藉由某些文字上的技巧，及部分對之前論者評價的重審來說明《田》在這一個系統作品中的價值與地位。

一、一部「非農民」的田園憶述：農夫、詩人與詩農

《田》雖則寫的是作者返鄉農耕的生活記實，事實上，作者始終不是一個純粹的農人。從被他寫入日記的生活素材來看，時時可以發現作者是以一個知識分子的角度去對田園進行書寫。雖然作者自稱想「守著過去的老傳統」做一個神農時代的農民，但至少有兩點可以讓我們看出陳冠學依舊只是一個在農村田園生活的知識分子，而非真正的農人。

首先，作者為自己的閱讀訂了一個「功課表」。（陳冠學，1994a：147）閱讀範圍從《論語》、《老子》、《莊子》、陶淵明到 J. Renard、G.

---

[2]如十月十九日藉落日寫到作者對生死、宗教、自由意志、靈魂的看法，鋪陳近三千字。十一月六日，則通篇旨在闡發人性、吃素等議題。此類例子非常多。

Gissing、Laura Ingalls Wilder、Emile Souvestre、Sarah Orne Jewett，無論在農忙農暇，他始終沉浸在一般農人無法理解的閱讀興味裡。第二，作者曾說自己除了兩畦菜蔬之外，還種了兩畦野草，「只要我覺得可愛的草，我就採了種子回來種，漸漸的草畦比菜畦還更長了。」（同前書，頁 67）這頗似陶潛「草盛豆苗稀」的散文版。但不同的是，陶潛是任其生長，陳冠學卻是刻意栽植。他花在「美」的小草身上，比花在「實用」農作物身上的精神還多。因此當一回作者的族兄問爲什麼種這兩畦草時，作者反而感到不好意思。[3]

此外，作者說「我被目爲詩人，也自許爲詩人」（同前書，頁 134），這個詩人想成爲農人，不但自己在習氣上無法改變（好讀書，重視美的野草勝過莊稼），連周遭的親族也不認可。陳冠學曾寫過多次想幫忙親族的農事，但親族認爲只要有人，就沒有理由讓他下田[4]，就沒有理由「掠秀才擔擔」。真正的農人們認爲讓讀書人做粗活是對知識的大不敬，他們奉曾受過大學教育的陳冠學「如神明」。（同前書，頁 145）因此，《田》書與其說是一部農人的田園記事，不如說是一部詩人的田園記事。

接著，我們再來看陳冠學看待農夫的態度。

陳冠學認爲「農人是野地生物之一」，農人與一切生命一樣，只爲了生存，綿延子孫，因此這樣的生活「沒有意義」，只是生命鎖鏈上的單純鏈目而已。他說農人「過的是本體的活動，而不能感印現象，故他沒有美感；但他吃飽了，也會唱唱歌，地糧以各種方式向他顯示時，他更會開心地唱，像隻不會飛的鳴禽。」這樣的農民「即使有翅膀也不敢飛」，「永遠釘死在土地上，永遠只想著土地上的麵包」，「用他的汗珠播出穀粒的土地」。同前書，頁 327）不過農夫傳了數十代之後，一旦有一天這個鏈目，若冒

---

[3]陳冠學一直保存著這種「不除草」的態度，在另一本《父女對話》中，寫到他務農的母親一來就將他庭院的草拔掉，陳冠學對女兒說「農家跟草結了深仇」，而這是源於「人類太貪心了，跟什麼都成仇，甚至人跟人都成仇。」（陳冠學，1994b：107）可以看出他不同於一般農民的生活態度。
[4]十月二十一日至十月二十九日間，作者曾多次提及想下田而不得的窘境。（陳冠學，1994：194、220）

出具有嚴肅意義的一目，整條鎖鏈的意義就全都朗化了。（同前書，頁 218
～219）陳冠學認為農人就是因為具備這樣的 wildife 的特質，因此是沒有
進化的人類，但人類進化了，卻忙著吃飽了又劫奪同類、排斥鄰居，「生存
的本能轉變成貪婪」。因此，所謂「進化」是一種「生存本能癌質化」，將
導致萬物絕滅、地球毀亡。（同前書，頁 328）所以我們回過頭看，陳冠學
似將農夫視為愚昧的描述，其實是褒揚。（因為一旦變聰明了，就會變成癌
細胞）。

　　陳冠學由農民生活推出他無政府、小國寡民的理念。他推崇「不識不
知，順帝之則」的農民，是一種純粹的善良人，和志士、詩人、哲人一
樣，是老天創造人類唯一成功之處。（同前書，頁 329）因此，一個詩人和
一個農人具有同樣善良的秉質（不貪婪、純真），不過詩人卻顯然還比農人
多了一些特質。

　　首先，詩人比農人更重視閒暇。陳冠學說：「閒暇，在道德人格的成就
上，可以供人明德省過，不斷的培養一個人充實其克勝邪惡的力量，為人
世做出幾番積極的事業；在客觀世界的理解上，可以供人一往的去鉤玄索
隱，疊建科學、哲學的鴻績；在生命自身為主體上，則可以令生命放出他
自己的無盡風采，且一無所遺的來觀照存有萬象，成為造物這位居停所開
設的逆旅的過客，而為其知己。」（同前書，頁 162）因此，他同情，但並
不認可農人過分的勤奮與勞碌，他以為臺灣南部農地的三期作，「雖然天時
地利允許這麼做，總非長久之計。看著一個人勞碌終年，沒有休息的日
子，旁人都會難過，何況土地之於農人，在休眠中鞭策它，於心何忍？」
（同前書，頁 92）因為土地需要休息以復地力，人則需要閒暇以思考、鉤
玄索隱。

　　再者，詩人重視美感，農人則視而不見。陳冠學「有時竟只為聞到空
氣中一絲薄得幾乎難以覺察的氣味」，於是「非要拿起 G. Gissing 的《四季
隨筆》來讀」；有時「偶然抬頭看到窗外的樹、田裡的草，就渴望即刻拿起
Laura Ingalls Wilder 的《森林中的小屋》或《草原上的小屋》」（同前書，頁

147～148）。這種敏銳的、善感的詩人特質，使得他注意到了「農家沒興趣的」，「最美麗的各種蘭科花卉、山蘇、海金沙」，因此他認為「這些無上的造化，是專屬讀書人的。」（同前書，頁 72）他注意到了鳴聲也很美的白頭翁，注意到了「特色在起落迴旋飛掠之美」的藍鵲。（同前書，頁 69）他具有自己定義下的詩人特質，而非僅僅是一位純樸、善良，但對美的展現卻「接近全盲」的農人。（同前書，頁 134）這點與陳列〈地上歲月〉中所說的，農民種植梔子花不是因為梔子花美，而是「期望花謝之後能有繁碩的果實」，因此「花開花謝已經不是引人遐思的意象了」的態度大有不同。（陳列，1995：25）

　　《田》其實既非一位農人的生活記事，也不單純是一個詩人的生活記事，而是一位返鄉為農的詩人的生活記事。陳即詩農，在他的烏托邦裡，詩農是既純真，又有智慧的完美象徵。由此，我們回過頭去，發現陳冠學似乎就是他自己所說的，農夫那條鎖鏈上，「具有嚴肅意義的一目」，能讓「整條鎖鏈的意義全都朗化」的一目。

　　緣於此，《田》不應只是一本過著「真正農夫田園生活」的生活記實，這本日記的重點也不在單單表述出那種與自然合而為一、召喚都市人回歸的「諧順」（何欣，1994：7），而是部具有陳述自身「理想世」意圖的作品。

二、結合多重感官的書寫特質

　　《田》並非只是一本流水帳式的記事，而是刻意經營的書寫。陳冠學在行文中，往往能夠尋繹到獨特的觀照角度，並以一種經過修飾的緩慢細膩的描寫，配合視覺、嗅覺、聽覺的感受多向呈現出來。

　　九月四日的日記中，我們透過文字和作者同看一次當日黃昏景致的重演：「再沒有比傍晚天色變得更快的了，天空中似乎下著一種灰黑色的雲末，直把空氣的分間空隙塞滿，遠處漸漸的看不清了，近處越來越恍惚了，地面更是積落得厚；尤其夾在兩邊高過人頭的蔗田間的牛車路，暗得

更快。」（陳冠學，1994a：19）下著灰黑色雲末的描寫，確實使讀者能喚起那種視線漸被遮翳的時間流動感。

　　陳冠學善長以色澤、味覺、音響來共營田園風貌：「將朝陽背在背後，放輪向西滑下去，空氣剛孵出葉脈，還帶著葉液未乾的味兒，散發著蔗葉香、薯葉香、番麥葉香，甜甜的，迎面撲鼻而來，而蔗葉綠、薯葉青、番麥葉翠，田園的主色配著難以計數的微妙間色，好像一闋小提琴曲，在主題貫串之中悠揚著不盡的變奏。」（同前書，頁 84）十月二十六日，他寫出了一片澄亮的景致：「不論看那一邊，都是一色澄藍的大展開著，真有這樣不可思議的天色、陽光、大地？除非是一種特殊的水晶或什麼寶玉，怎可能鑄造成這樣晶瑩發亮的奇境？連空氣都是一種輕質的水晶做的。這裡的任一樣東西，只要輕微的敲擊一下，就會發出清脆的琤琮聲，無怪凹處是雲雀佩玉般的歌音。」（同前書，頁 210）以一種聽覺的想像來描繪視覺風景，文字乾淨，不多虛飾，陳冠學確實成功地營構了一幅靜美的田園風景。

　　此外，《田》也常用寫景的短句作一篇文章的結尾，使得讀者在閱讀時，往往在腦海中停留了一個絕美的意象，才漸漸淡去。這手法頗似中國古典詩中的神韻詩：

　　老楊桃樹上，一天裡有好幾種鳥來去，青苔、細眉之外，白頭翁是常客，鳴聲也很美，只是到了多雨的秋季很少歌唱。藍鵲是秋後的漂鳥，特色在起落迴旋飛掠之美，而不在鳴聲。
　　西窗秋晝耳狩目獵，所獲大略如許。
　　黃昏時滴了幾滴雨。

　　　　　　　　　　　　　　　　　　　　　　　　　——同前書，頁 69

　　然而這樣的景致卻不是一般農人可以「看到」的，或說是發現的。一般農人必須積極營生，多數人對於「不關生存的事物，往往視而不見，聽

而不聞。」因此，陳冠學所看見的世界，對大多數的農人、到田野間去渡假、或駕車經過的都市人來說，是「不存在」的。那麼，必須具備什麼樣特質的人才能發現這天地之美，並加以記錄下來呢：

> 只有一些能保持原始人態或超越原始人態的人，纔有擺脫生存事態的時候，纔能自由轉動他的目珠，見所即見，聞所即聞，覺所即覺。這樣的人，通常被稱為詩人；詩人是個總名，分別說，包括藝術家、音樂家。這些人是天地間的真有睛者，其餘絕大部分的人，幾乎是接近全盲的。整個天地萬有待這些人而後有光有聲有形有質；換言之，整個形色繽紛的世界是因有這些人而後纔存在的。
>
> ——同前書，頁 133～134

這也再次印證了我們之前談到的，陳冠學過的並非是傳統農人的生活，而是以詩人、知識分子身分，模擬農人的生活。

《田》的文字，雖然較少使用隱喻、刻意的結構鋪排，但作者信手拈來的譬喻、聯想，常可見巧思。在簡樸文學一系的作品中，陳冠學的《田園之秋》在文學上的成就確實遠超過孟東籬、粟耘等人。

三、非博物學式的「觀察」，但具有鄉土知識的趣味

葉石濤在為「初秋篇」寫的序言裡說《田園之秋》：「同時也是一本難得一見的博物誌；如同法布爾（Jean Henri Fabre）的十卷《昆蟲記》，以銳利的觀察力和富有創意的方法研究了昆蟲的生態一樣。陳冠學的《田園之秋》也鉅細靡遺地記錄了臺灣野生鳥類、野生植物、生態景觀的諸面貌的四季變遷，筆鋒帶有摯愛這塊土地的一股熱情。這是臺灣三十多年來注意風花雪月未見靈魂悸動的散文史中，獨樹一幟的極本土化的散文佳作。」（葉石濤，1994：3-4）何欣則在後記裡這麼說：「《田園之秋》裡能激起讀者興趣的還有對野生鳥類、野生植物的精密觀察和生動記錄，作者雖非博

物學者，在這方面卻做得那麼認真而嚴肅。」（同前書，頁 14）

　　然而，《田園之秋》真可算是「如同法布爾的銳利觀察力和富有創意的方法研究」？真的嘗試對野生鳥類、植物進行了一種「認真而嚴肅」的記錄嗎？

　　《田園之秋》確實展露了作者豐富的鄉土生態知識，並能參照現代的自然科學知識，揉合於文字表現之中。但這可能是作者本身多向的閱讀，以及刻意的表現所獲致的結果，不代表《田園之秋》具有彷彿法布爾那般「博物學家的觀察方法與觀察意圖」，或「認真嚴肅」的記錄。

　　首先，在方法上，陳冠學所有生物的相關記述都純粹只是「記述」，既未如法布爾所進行的某些設定議題後設計觀察方法的實驗性觀察，亦未如動物行為學嘗試從動物學的角度去解讀觀察記錄所顯現出來的意義。反而，陳冠學的觀察結果常引向某種主觀的思維。舉例來說，十月四日的日記，陳冠學記載了土蜢的鳴聲，他認為這是「老友最後的道別」，之後拿書出來看，「有種悲愁落寞無奈之情瀰漫在心頭」。（陳冠學，1994a：129）於是，這個紀錄引出來的其實是「為一往不復的歲月咨嗟一聲」，既無繼續對土蜢的習性進行鋪陳或嘗試理解，也非一種「認真嚴肅」的生態紀錄。再者，陳冠學雖然具有「萬物各適其性」的情懷，但卻仍然沒有其它生命具有本存價值的堅定信仰，有時仍透露出萬物為人而生的見解。如十一月十一日的日記中他寫道：「花兒不是為人開，蝶兒不是為人舞，鳥兒不是為人唱，還為誰呢？老天把各種珍羞擺設在世界的任一角落，隨時等著人去品嚐，惟恐人飢乏失味。」（同前書，頁 281）再者，文中其餘描寫動植物的段落，多只限於「記述性質」，即使偶爾為某些生態行為進行「發問」，也感覺不出作者有嘗試以實驗或設定觀察方式解題，或查閱相關書籍獲得解答的意圖。

　　是故，《田園之秋》對禽鳥、植物的描述，不應視為與法布爾與其他博物學者以自然為研究對象、探討對象結合某種文學性表達而進行的寫作形式。那麼，究竟為何這些禽鳥蟲獸會成為《田園之秋》經常性記錄的一部

分呢？作者曾在十月十一日的日記中說「今天要寫的竟全是鳥類」，但又坦言寫這些禽鳥多於寫人事，是因為日記所描寫的，「正是田園生活啊」（同前書，頁 155）。也就是說，作者旨在呈現、憶及田園生活，因此鳥類、植物、昆蟲本為田園生活的一部分，或其回憶的對象，是非常自然的事。這種記述是作者行筆所之的自然抒寫，用數百字記述看到樹鵲、黃鶯以及烏鶖（大卷尾）攻擊厲鷂（老鷹）的情景，實際並非是一種「方法研究」，也不「嚴密仔細」[5]，只是緣於這些生物、環境本為作者的田園生活元素之一。葉石濤先生與何欣先生將其引到博物學家的路上，我以為一方面恐怕違了作者之意，從讀者的角度看，也成了無的之謬讚（因為根本找不出符合這種特質的段落），對《田園之秋》的價值評述反而失了焦。《田園之秋》在自然描寫的特色與優點，其實是運用鄉土知識與現代生物學對照之後，呈現出來的一種先民智慧的趣味上。

比如說，九月二十一日的日記，作者記述了某種大型鼠，想起「母親一向有專名，叫大山豪。北方人『豪』字訛成『耗』，老鼠一概叫『耗子』，真是大岔！」（同前書，頁 79）比如前文已援引過陳冠學對通稱的「鶺鴒」的名字有意見，反主張以鄉野俗名「草鶺鴒」來稱呼。作者在文中不時以自身童年的鄉土經驗，與後來吸收到的自然知識作為對照，反而成就本書在描寫自然生態時的豐富語彙，與獨特的文字風味（同前書，頁89）[6]，像九月三日鬥土蜢的描寫便相當生動成功。

本節之初曾提及這部日記含有「虛構性」，至少是屬於回憶的重構。除非陳冠學在田園生活的時段裡曾有記錄鳥類習性的筆記，否則其中某種謹細的記錄不無令人質疑之處。十月二十一日見到 50 隻的灰山椒鳥，難得違反一般習性地「停在灌叢上」（同前書，頁 193），倘若這又是一次「虛實相掩」的描寫，那麼，做為一個讀者，就難以從「生態知識」來解讀，反

---

[5] 嚴格來說，作者只在十一月十八日這一天「特地作了記錄」（陳冠學，1994：302）。
[6] 正如唐捐所言，陳冠學使用的字辭與其說是一種客觀研究後而採用，不如說是主觀的選擇，因此辭彙未必精確，但卻構成一種富於個人色彩的言語。（唐捐，1999：390）

而要去思考其文學上的「象徵意義」了。

四、否定演化論，設定一全能的造物主

上段所說的陳冠學其實未實行博物學者的觀察模式，這是因爲他的觀察不在體認「自然科學的奧祕」，而是「造物主智慧的神奇」。

達爾文與其他提出「自然選擇說」學者在當時受到教會的攻擊，原因在於演化的說法趨向於否定「造物主」的存在，或者說是人在造物主所創世界中的特殊地位。因爲如果人是像其他動物一樣從單細胞動物經過漫長演化而來的，那麼我們不過是比較幸運的演化者而已。即使達爾文的學說後來頗受挑戰，但基本上科學家都傾向接受自然界確有演化的模式，只不過這模式不一定如達爾文所說的那般進行。但在概念上已先認定造物主存在的陳冠學，明顯地不認同自然科學界的這種解釋路向。

比方說他觀察到鳥類爲保護幼雛而裝跛。他認爲這證明鳥類和人類同靈性，「老天創造了物質，又創造了靈魂……爲了照顧下一代而有母愛，母愛中自然的就具備了這些裝跛的智識。……這不止證明了靈魂的存在，也證明了物類與人類靈魂是同一的，靈魂或許真的是輪流轉著的。」（陳冠學，1994a：61）此一說法透露了陳冠學的兩點先驗意識：一是造物主存在，動物的一切行爲皆由造物主創造出的靈魂所運作。二，可能接受輪迴說。這樣的概念在《田》書中偶爾出現，到了 1999 年作者出版了一本《進化神話第一部：駁達爾文「物種起源」》，陳冠學就顯然想爲《田》書中的一些說法建立理論性。

不過，由於造物主在陳冠學的概念中已先驗地存在，所以任何解釋其實不需找到自然科學上的理由，一律歸因於造物主即可。如在他反駁達爾文所寫的一部《進化神話》裡說，藍天綠地是造物主爲人類的視覺功能而造，企鵝北極熊是造來點綴單調的冰天雪地（陳冠學，1999：15），蝴蝶、花朵，甚至連麋鹿角都是爲人類而美麗，恐龍滅絕是因爲造物主不滿意這些成品，而澳洲的有袋類動物則是因爲造得失敗而被造物主拋棄在澳洲大

陸上。(同前書,頁 144～145、155～156、167、253～254、264)相比之下,也肯定某種神祕力量的先驗論者梭羅,則將信仰與自然科學研究各安其位,當能尋得自然科學解釋時,他便試圖以科學性來解釋種子的散布與森林的演化,當難以尋得科學解釋時,也有一個上帝可供依託、讚美。(梭羅臨終時說:「我與祂從未吵過架」)但陳冠學則是近乎拋棄所有自然科學性的解釋,一切歸諸造物主。

陳冠學的先驗思考,使得他的說詞無法以經驗世界的研究來「證明爲假」,故無所謂「正不正確」、「合不合理」的問題。畢竟自然科學所知有限,而在陳冠學的思考體系中,當無法解釋圓滿時,只要一句「這顯然是造物主安排」即可以帶過。

不過,我們仍可以一般概念與邏輯來檢驗陳冠學概念中的一些問題點。陳冠學在《田》書中說:「人是種霸道的生物,像這隻雌雞,若我吃了牠的蛋,說什麼理由,我都是霸道的。」(陳冠學,1994a:123)所以,人不霸道的作法只有吃素。人類是雜食性,可選擇素食,但按陳的說法,吃雌雞的動物是霸道,而人與蛇的靈魂會輪迴(按陳的輪迴說),那麼蛇在此定義下也是霸道的,世間的肉食性動物恐皆將是霸道的。撇開人不談,肉食性動物捕食草食性動物,不只是生理需要,而且對整個生物圈而言是一種制衡力量。若完全都是草食性動物,則無毒植物終將被消滅,肉食性動物也將無所依附。在生態學的金字塔裡,土壤是最基礎的,上頭便是綠色植物,肉食性動物的存在,對植物屬於絕對的必要。也就是說,霸道生物的存在,其實具有維繫生態圈的力量,這點不宜用人類道德的上「霸不霸道」來指責。當然我這樣說不是鼓勵肉食,而是在不過分取用自然資源的狀況下,肉食可以用宗教性的理由來譴責,但卻無法用生態圈的概念來譴責。只不過,做爲一個絕對的先驗論者,這困難恐怕也是不存在的。因爲這一切都可歸諸於「上帝的安排」。

五、關於人性與政治體制的思索：無政府主義者之理想世的困難

《田》由一個詩人的自由目珠，配合其返回農村的生活經驗，陳冠學在這個秋天的筆記裡，潛藏了自身的人性觀與政治理想。（陳冠學曾參選議員）

陳冠學肯定人與其他生命皆具有「靈魂」（但僅限於動物，植物沒有），他認為「靈魂」基本面貌即是帶領肉體完成「生存與種族繁殖之要求」。但其實靈魂也「具備現象世界之一切知識及人類所稱道德的、審美的、認知的本性」，只是唯有在附於「最優異的生理體即人類方纔見出」，於是，靈魂若往慾望處演化，終成「人類罪惡之源泉」，但若能展現出人類特別優異的生理體，就能具有道德的、審美的、認知的能力。（同前書，頁257～260）

此一論點意味著，人與狗、鳥其他動物的靈魂並無區別，而詩人、哲人如前所述，是最能讓靈魂發揮道德、審美、認知本性的軀體。這樣的想法構成了陳冠學提出農人和其他生命並無不同的觀點（同是美好的，無惡的）。但人類並非全是純真的農人，很有可能因慾望而脫離這種純真生命，朝向成為一種癌細胞式的演化。

為避免走向這種癌細胞式的演化，人們應該尋回這種天真的本性，或者就應該像詩人、哲人或志士一樣，展現道德、審美、認知的能力。而事實是，詩人、哲人與志士，終究是少數人。但這少數人卻能理會到，「即使一粒種子，也內含著一個活生生的胚芽在，教人如何送得進口？」相對照之下，往惡的方向演化的人類會排斥異己，相互殘殺而亡，解決的方法是「去智取愚」，因為「智慧是罪惡的根源，也是痛苦的根源。愚憨既不知有罪惡，也不知有痛苦。」（同前書，頁48）

但若往善的方向演化，人類又會因為不忍傷害其他生命的覺知，走向絕滅一途：

因為按照自然的設計，人類在整條生物界的食物鏈上，乃是處於最末位
的鏈尾，人類是注定要以動植物為維生之品的，也即是說，是注定要用
別的生命來維持其自身的生命的。故孔子只做到「弋不射宿」，這是秉自
自然的分寸；而釋迦便教人連弋射都廢除。將來有聖人再出，恐怕會教
人更進一步廢除採收，到那時人類的演化可以說已達於完成，人類也就
可以絕滅了。

——同前書，頁 249

　　這便是陳冠學人性論，或說陳冠學式的演化觀基本面貌。

　　雖則陳冠學似乎認為人的最佳演化方向是趨向滅絕，但他仍有一個人
類生存美好世界的藍圖。這近似《老子》小國寡民的政治概念，按此，他
進一步將《莊子》解讀為無政府的先知者：「看出人世的不幸歸根究底在文
明與政治，故他否定了二者，他主張質樸無文的自然生活，主張無政府。」
（同前書，頁 276）

　　從十一月八日的日記起，陳冠學記載了數日他與一位稱為「伸張」的
年輕人[7]的對談，提及伸張問其心目中理想人世是什麼樣的？陳冠學回答說
「無政府」。（同前書，頁 264）在無政府的理想世裡，人們應該有自行製
造必需品的能力。當然，最基本的便是農耕，且是傳統式的農耕，最好是
放棄都市文明，放棄使用電力。因為「電力碾米必要有電，若一旦失電，
豈不挨餓？一國農耕若捨棄了牛馬，這一國就陷在危機中了。若一國的糧
食仰給外國，則情形更糟。都市的自然水，問題最大，一旦失電，頃刻乏
絕。現代國民，自飲食熱力，全在政府操縱控制之下，尤其大都會數百萬
乃至千萬以上的人口，連出入通道都受著管制，這確是專制政治、軍閥政
治、財閥政治的絕好溫床，人民個個成了工蟻，從空中俯瞰，可見到滿窩
裡黑壓壓地爬著。這是我拒絕現代文明的理由，我不願意受到政治的壓

---

[7]這位突然的訪客其實姓張，由於兩人打招呼時，該位張先生自稱其姓為「正義伸張」的張，於是
　陳冠學便稱他為「伸張」。（陳冠學，1994：252）

榨、經濟的壓榨。」（同前書，頁216～217）

　　再者，這個無政府的烏托邦裡，人口不能多。以陳冠學所居之處來看「一平方公里密度大約有八十人。依照理想標準，還嫌太擁擠。」而理想標準是「一平方公里五人至十人，不能超過十人。」為什麼只能有這麼少的人呢？陳冠學說「只有在這個限度下，人纔有真正的自由之可言，纔有真正的尊嚴之可言，一旦超出這個限度，人的自由尊嚴都受了折扣。聽說一些所謂文明的國家，實際密度達到一千五百人以上，那簡直成了豬圈裡的豬，廁所裡的蛆，算不得是人了，真不知道那是文明呢？野蠻呢？實際上每個城鎮，密度都超過此數，那是自我作踐（按：賤）。故神農氏定日中為市，那是對的。城鎮平時是一個廢墟般的市地，無人居住，每月定出兩、二大趕集，通有易無。過後又是個廢墟，這纔是健康的人世。……老子主張小國寡民，那是透徹的智慧。」（同前書，頁31）

　　陳冠學這段話其實並沒有說明何以人口超過這個標準，就不可有「真正的自由」、「真正的尊嚴」，亦沒有說明這個標準是怎麼訂定出來的。由此我們只能判斷，陳冠學的理想世界是屬於小國寡民的型態。至於如何實踐小國寡民的理想？陳冠學認為大國不可能自動瓦解，因此只有「大國在核子戰爭中崩解」一途。（同前書，頁265）

　　從靈魂演化說到無政府烏托邦，在陳冠學自己思考的體系裡隱涵著三層難以解決的謎因。謎因之一：「必死的聖人」。在靈魂演化的方面，他忽略了人既是一種生命，生命倚靠其他生命生存，本是自然界運行的基本法則。且人的靈魂既與其他動物相同，就勢必有同樣的生存需要，這樣的需要其實不惡不善，只是活下來的條件。因此，具有道德、認知能力的個體，也必然具有這樣的基本需要，否則根本不可能產生。因為不可能有一位詩人或哲人的肉體，能在不吃食任何其他生命的狀況下長大，而竟能成為一個詩人或哲人。那個具有「連採收都廢除」概念的聖人大概沒有機會長大，或長大有思考能力後不食而死（因為他必須實踐自己的道德觀），這種向善演化以致人類除掉自己的可能性極低。謎因之二：「絕對存在的癌細

胞」。在無政府的思考上面，有一個前提是，人類不是走向陳冠學所謂「癌細胞式」的演化方向。一旦仍有一群人類是往這方向演化，就不可能不需要一個組織來節制慾望（或擴張個人的權力慾望）。只有人類都是從善的方向演化，都像「陳家莊」那般相愛互助（同前書，頁 264），才有可能。因此，即使大國在核子戰爭中崩解，只要有一小群人的演化仍朝向「癌細胞式」，那麼陳冠學的烏托邦其實是永無實現的可能的。謎因之三：「誰能不干預自然」？再者，陳冠學雖然主張一切自由演化，無強大的勢力（如政府）干預，但事實上無人可以「不干預」自然，或說「不參與」自然，就連陳冠學也是。若是爲了務農而除草除麗金龜算是爲生存不得不的「干預」，那麼陳冠學何以在紅隼獵食時「監視著這掠奪者不使牠得逞」？（同前書，頁 295）正如我所言，每個人都必會參與自然，這個謎因其實不成其爲謎因，唯有當時人用自己的理論縛住自己手腳時，才會自困。

自我消滅、朝向一個似乎永難到達的理想世，《田》展現的或許不能是令人稱美的洞察、諧順、美麗田園，而是作繭自縛、難以實現的想像域。也許正是了解難以要求他人做到，於是陳冠學便只好回到陳家莊去「盡其在我」。（同前書，頁 265）

陳冠學的回到農耕生活，其實不只是一種嚮往式的追求，而是一種理念的展演。而《田》，正是這種展演的紀錄，縱使這理論恐怕永遠只有展演，沒有實踐的可能。

備註

以《田園之秋》爲論述中心的原因是本書獲得臺灣文壇的許多肯定，包括了時報文學獎、吳三連文藝獎、《聯合報》在 1999 年舉辦的「臺灣文學經典」的 30 部之一。另一個理由是，陳冠學的其它著作（請參見參考書目）相似的篇章，均不出此書的範圍。

──選自吳明益《臺灣現代自然書寫的作家論 1980～2002：以書寫解放自然 BOOK2》
臺北：夏日出版社，2012 年 1 月

詩性的田園居所
論《田園之秋》的書寫美感與倫理關懷

◎曾昭榕*

一、前言

　　近代臺灣文壇之中，自然書寫以其獨特的樣貌，集合文學筆法與科學記錄，成為一特殊的文類體系，在臺灣文學的發展之中，蔚為人觀，探尋此一文類的發展，可從 1970 年代至 1990 年代，由於商業經濟的發展，所帶動的傳統產經結構轉變，商業利益開發所帶來的環境破壞，加以國際局勢的轉變，帶領一波波新思潮。這些書寫中，除了有著環境意識的崛起、對臺灣土地的認同、以及生態污染與環境破壞等……議題出現，而隨著作者個人與關注面向的不同，更是拓展了自然書寫的內涵。

　　「自然書寫」[1]主要是以一種嶄新的視角，面對人們生存的「自然環境」，然而，在中國傳統文學中，以描繪自然為主軸的文學作品，很早便已出現。[2]不少學者在論述「自然書寫」時，刻意將其與傳統山水文學，尤其是對於傷春、悲秋的自我投射情感，有清楚的分界，自然書寫者強調「自

---

*發表文章時為成功大學中國文學研究所碩士生，現為員林高中國文科教師。

[1]見吳明益，《以書寫解放自然——臺灣現代自然書寫的探索》（臺北：大安出版社，2004 年），頁19～25。關於自然書寫的定義如下：1.以「自然」與人互動為描寫的主軸——並非所有涵有「自然」元素的作品皆可稱為自然書寫；2.注視、觀察、探究與發現等「非虛構」的經驗——實際的田野體驗是作者創作過程中的必要歷程；3.自然知識符碼的運用，與客觀上的知性理解成為行文的肌理；4.是一種以個人敘述（personal narrative）為主的書寫；5.已逐漸發展成以揉合史學、生物科學、生態學、倫理學、民族學、民俗學的獨特文類。覺醒與尊重——呈現不同時期人類對待環境的意識。

[2]關於山水詩的出現，曹操的〈觀滄海〉一詩，可視為山水作品的最早之作，山水成為獨立的主軸，不同於之前的背景呈現，在文學中被獨立出來歌詠，到了六朝，在陶、謝等文學聖手上，對於自然景物的描寫，不論在技巧或是內涵上，都有進一步的深化。

然」現場的親身體驗，自然知識符碼的運用，以及自然生態關懷的態度，使自然書寫形成一種結合了多學科所形成的一種越界文類。[3]

從生態學角度上，自然包含了自由（而生）、自在（而活）、自形（而貌）等三種現象，[4]此外，透過對中國傳統文獻的凝視，也可以發現自然除了描寫外在的環境，也包含了人類內在的「自性」。

在當代散文作家中，陳冠學以其詩性的筆觸、結合知性的思考，時而夾雜寓言、以及議論的方式，[5]為 1980 年代的自然書寫，開出一條道路，其散文古雅優美，字句中又帶有中國古典山水詩中那抹神韻的情調，在他筆下田園呈現寧靜而豐饒的景象，如同美好的桃源世界，吸引許多居住都市，遠離鄉野生活裡人們的追慕與想望。

正如吳明益對於自然書寫作家的區分，[6]文學性的自然書寫不外來自兩類作家，一是具有詩人心靈的科學家，二是具有科學意識的文學家……（後者）這些作者在書寫時，較常以自身的感情與描寫的事物相聯繫，而使得他們的描寫更具與「對象」互感的靈動，也更能關照到人與自然的聯繫，進而透露出某種環境倫理上的洞察。就此分類而言，陳冠學屬於後者，雖未受過嚴謹的科學訓練，卻能夠以廣博的知識，他筆下的自然，不僅僅是人生活、耕作的場域，其中，更充滿著人與其他生物寧靜、安詳的對話。

---

[3]關於傳統山水文學與自然書寫的不同，在吳明益的論述中，有著『涇渭分明』的界線，傳統山水文學的定義是以「模山範水」為主要呈現，山水不作為人物的背景，而作為描繪的主體，而在山水文學中，那些被歌詠的山水，或具有其象徵的義涵，被賦予獨特的意義，然而，在當代自然書寫中，則刻意排除這個人類中心主義的介入。

[4]見汪靜明，〈新自然哲學的生態保育思潮〉：「通常自然，可以泛指自然界（自然環境）、自然萬物（自然資源）、天然（自然現象）、或人生態度等意義。在科學的界定上，凡出於天然，而不假人工造作者，可謂之自然。換言之，自然即天然也，是指一種沒有人為的天然狀況……在中國，道家用自然來表示原始本來的狀態……道家認為世界萬物都有其自然狀態，因而主張人要符合自發狀態，和自然保持一致……而中國文化中的天地或大地，常泛指的就是自然界。在西方，自然英文的 nature……代表生命體與生俱有或成長中所出現的特徵。在物理學與生物學的領域上，自然（the Nature）是指物質資源、動物、植物的總稱。」摘自《跨世界臺灣環境生態教育論文選集》（臺北：國立臺灣師範大學環境教育中心，1999 年 8 月），頁 154～155。

[5]在《田園之秋·晚秋篇·十一月七日至十日》中，藉由一位張姓青年，以『伸張正義』與『自我敷陳』作為對話開展，頗有《莊子》寓言的味道，但因其和自然書寫無關，故不討論。

[6]見吳明益，《以書寫解放自然——臺灣現代自然書寫的探索》。

在目前關於陳冠學的研究中，大多屬於單篇的論述，主要的論文有吳明益的《以書寫解放自然——臺灣現代自然書寫的探索》：在此書中，將陳冠學、與栗耘、孟東籬歸為簡樸文學一類，對於其承繼自中國田園文學中對自然美的歌頌與寫景抒志的部分，特別是思想上的自適、自由精神的承繼；[7]另外，在李炫蒼《現當代臺灣「自然寫作」研究》[8]：點出其以融合文學、生命境界與自然生界的創作方式，向內書寫自己日常私密生活的紀錄和想像，意圖展現自己的生命情調和生活哲學理念，並昇華至天地間的生活本質，此外，尚有單篇論文散見各處。[9]在上面的研究中，我們可以發現到諸位研究者已經注意到《田》一書中，對於中國傳統田園山水文學，有深厚的承襲，在吳明益文章中，雖然對其所使用的文學手法與山水詩的關聯，做了一個聯繫，卻將其歸為「簡樸文學」一系，並且以為此時的作品在缺乏基礎與實用知識的狀況下，給予成就不高的評價。[10]

此外，在李炫蒼的文章中，以廣義的自然書寫定義之，對於《田》書所描繪的自然生活，不啻是現代忙碌生活的一人心靈慰藉，點出《田》書在文學與審美上，占有相當大的比重，然而，對其內在文學技巧的脈絡，卻較少分析、耙梳。

閱讀《田園之秋》，不由得使人感受陳冠學筆下，那種屬於鄉野田園寧、自然的情調，其文章內容許多是來自於對傳統文學孺慕，內化而成自身生命的情調。在當代的自然書寫作家中，無疑的，陳冠學與中國傳統文學，顯然有更為濃密的血緣，在文學技巧的運用上，運用多種的文學技

---

[7]同前註，頁 336。
[8]見李炫蒼，《現當代臺灣自然寫作研究》（臺北：臺灣師範大學國文研究所碩士論文，1998 年）。
[9]見邱珮萱，《戰後臺灣散文的原鄉書寫》（臺北：臺灣師範大學國文研究所博士論文，2003 年）；倪金華，〈濃郁的田園風味、高潔的志趣操守——陳冠學散文集《田園之秋》品評〉，《世界華文文學論壇》（2002 年 4 月）；和邱麗香，〈從《田園之秋》看陳冠學的自然關懷與人文心靈〉，《國立臺灣師範學院學生學刊》第 19 期（1998 年），頁 175～185；張達雅，〈陳冠學《田園之秋》中的自然觀察與書寫〉，《臺灣自然生態文學論文集》（臺北：文津出版社，2002 年 1 月 1 刷），頁 263～297；鄭明娳，〈受傷的戀土情結——評陳冠學《訪草》〉，《聯合文學》（1989 年 3 月），頁 201～202。
[10]同註 6，頁 380。

巧,將田園生活賦予詩性的光彩,描繪的雖是日常生活的簡單事物,卻盈漾著一種生機與靈性,這是《田園之秋》(以下簡稱《田》書)的文學價值所在,另外,文中亦運用不少生態知識符碼,可見陳冠學對於生活周遭自然生態的理解,也可看出其對於土地、生命的愛惜與尊重。

陳冠學在《田》書的書寫,可視爲對於過往田園的美好與追尋,桃源是中國文人所描寫的樂園,是以人類生存的田園環境爲原型,所構築的想像世界,有鑑於現代工業的發展,城市的發展快速,因此,陳冠學以美好的過往田園爲思考,試圖以隱喻式的思維模式,藉由描述過往田園的美好,使人們回歸過往的生活。另外,陳冠學本身也藉由實際的躬耕生活,在田園中和動植物密切的觀察與相處,在生活敘述中,可以看見開顯出一種生態倫理,具有一種由內而發仁者胸懷特色。這些書寫特點,都將在下面的內容一一論述。

二、以美為重心──詩性的田園開啟

在對陳冠學的人格與作品進行歸類中,簡義明將其歸入隱逸文學,而吳明益歸入簡樸文學,不論是何種論述,透過陳冠學筆下對於自我的描寫,可以看出其對自我身分的認定。

> 我要下去幫忙,族親們就是不肯,他們奉我若神明,臺諺云:掠秀才擔擔。意思是叫讀書人做粗活,那是對知識的大不敬。
>
> ──〈仲秋・十月八日〉,頁 145[11]

在這段描述著麥田採收的文字中,陳冠學提到只要他要下田幫忙,族親們便都以爲萬萬不可,因爲,在他們的眼中,陳冠學是屬於受過知識教育的「讀書人」,有別於一般農人。

---

[11]本篇《田園之秋》的引文,引自《田園之秋》(臺北:草根出版社,1994 年 11 月),之後只標頁數,不另加註。

　　陳冠學屬於新型農人，除了其學者從農的身分背景外，其在躬耕之餘往往不忘讀書著述，便可清楚，[12]而從《田》書中，透過族親的眼中，也可知道他仍是屬於知識分子的。

　　那麼，作者對於自己身分價值的認定呢？

> 說來慚愧，我被目為詩人，也自許為詩人，卻有許多事物，視而不見，聽而不聞。比如我時常在小溪中提水，小溪邊的叢藪我是全見著的，可以說，那裡的一點一滴，我無不熟睹無疑，可是我卻遺漏了約略已出現了半個月的美麗景色……今早起來放了赤牛哥在牛滌西小溪邊吃草，我心無一事空白的踱到昨日下午剛播種的菜畦那裡去，又信步踱到小溪邊，對岸便是木棉樹，左手是連堵似的灌木叢，外面披滿了雞屎藤，綴滿了千萬朵紫白色的小花，美極了。我突然看見了這景色，彷彿我的眼光照落的同時，一剎那間出現的。隨便在那裡，這世界都展現著他的美，只是人們視而不見罷了。
>
> ——〈仲秋・十月六日〉，頁134

作者對於周遭的生活環境，是以美感的動態去欣賞、品味的，田園是謀生的場域，同時也是審美生活的呈現，[13]千萬朵紫白色的小花是如此的美麗，這種看似與生計無關的自然之美，在詩人筆下，卻有充分的描寫，另外，文末的惋惜許多人對於自然之美視而不見的情形，更是與以田園為生計的

---

[12] 林文月稱其：「《田園之秋》是知識分子下鄉寫的田園文學，文筆自然，沒有造作，最可貴的是他躬耕自持的精神。他不只寫田園之美，也有很多人文思考和高層次的人文觀照。」何欣《評析田園之秋》：「能夠置身於自然，心智得以啟發，胸襟得以開拓，德行得以涵養者，必是有準備有修養的人。陳冠學先生已有這種修養，他是學者從『農』，所以能『吸飽了這田園的喜悅』。」（臺北：草根出版社，1994年11月），頁11。

[13] 見何欣《評析田園之秋》：「田園生活淨化了他（陳冠學），使他於『激盪』後而趨於平靜、沉澱和澄清，而最終得到生命的喜悅。我們不知道他的『激盪』是什麼，當然是屬於心靈或精神方面的，『喜悅』也是心靈方面，這種喜悅不是終生都在田間工作的赤足農夫所能得到的境界，也不是假日背著照相機去接觸一下大自然的人所能理解的；能夠置身於自然，心智得以啟發，胸襟得以開拓，德行得以涵養者，必是有準備有修養的人。」頁11。

農人心態，完全區隔出來。

　　詩人，是天地的感官，以其獨特、細膩的審美感受，將自然之美一一連綴，也因此，呈現在《田》書的文字中，處處蕩漾著一股「簡潔淨好」的美感，自然在其筆下無處不美，從野生的小花、乃至清晨的露珠，只要是屬於自然世界的一部分，都有其生命之美，展現其中。

　　也因此，詩人文中便充滿著優美、詩性的文句，當我們細讀這些文句中，也可以看到其受到《湖濱散記》以及《四季隨筆》的影響，[14]然而，詩人重視美感的經營，大過在自然中的沉思與對語，是其與其他臺灣自然寫作者，不同的特色，也因此其描寫的田園富有一種詩性的美感。

　　另外，《田》書在文學的美感上，也有許多變化，運用不同的文學技巧，[15]文章雖然是以日記的形式，記錄日常生活的農村風景，然而，內容卻不單調，時時機趣橫生，藉由一些微小事物的描寫，和讀者的心靈產生共鳴，雖然並非所有讀者都有農村生活的體驗，然而，透過詩人的描寫，卻可以從自然質樸的文字中，感受鄉村生活，所閃動的靈光，接著，我們便針對詩人使用的技巧加以討論，以了解詩人如何塑造此種美感：

（一）神韻手法的運用

　　在吳明益的《以書寫解放自然——臺灣現代自然書寫的探索》一書中，提到：「《田》也常用寫景的短句做一篇文章的結尾，使得讀者在閱讀時，往往在腦海中停留了一個絕美的意象，才漸漸淡去。這手法頗似中國古典詩中的神韻詩。」[16]

　　神韻詩的手法，堪稱中國山水詩的典範，以看似靜止、停滯的景物，

---

[14]張達雅，〈陳冠學《田園之秋》中的自然觀察與書寫〉，依據文體的近似、作品的架構相同、作品的主題思想相似、和對閱讀、散步、沉思有同等的耽溺四點進行考察。選自《臺灣自然生態文學論文集》（臺北：文津出版社，2002 年 1 月 1 刷），頁 289～296。

[15]見李炫蒼，《現當代臺灣自然寫作研究》：「（陳冠學）總是開放所有的感官，盡情地去感覺天地萬物之情，盡力去滿足『詩人』渴求美的心，也讓讀者油然生起不勝嚮往之情。《田園之秋》企圖提升生命的境界，以及章句和修辭上的成就可以看出作者用心文學的努力。」，頁 104。

[16]同註 6，頁 350。

傳達悠游不盡的美感，[17]然而，詩人將其運用在散文之中，在字裡行間，便也顯現了餘味無窮之感。

> 老楊桃樹上，一天裡有好幾種鳥來去，青苔、細眉之外，白頭翁是常客，鳴聲也很美，只是到了多雨的秋季很少歌唱。藍鵲是秋後的飄鳥，特色在起落迴旋飛掠之美，而不在鳴聲。
> 西窗秋晝耳狩目獵，所獲大略如許。
> 黃昏時滴了幾滴雨。
>
> ——〈初秋・九月十八日〉，頁69

文章先是集中在楊桃樹上的飛鳥，鋪陳詩人對於屏鳥類的知識與愛好，接著，以結尾「黃昏時滴了幾滴雨」作結，焦點集中幾滴雨滴，彷彿聽見滴雨緩緩的滴落，在心底的泛起陣陣漣漪。

> 反正聽見貓頭鷹的鳴聲，照例看書時放下書，洗滌時停了洗滌，躺著之時停了思維，一心只沉迷在牠那聲音所開出的深邃之境
>
> ——〈初秋・九月十三日〉，頁55

這段文字我們可以感受到一種詩意般的美感，蕩漾在文句之中，在文章的中間、或是結尾之處，詩人往往藉由一個具體的物象，不論是聲音、或是影像，透過對其細緻、通透的描寫，使人感受到那抹細緻的情調，雖然無法親耳聽見貓頭鷹的聲響，然而，透過文字，彷彿可以想像在寧靜的田園之中，那股深邃寧靜的鳴叫聲響。

> 熄了燈，滿足了上了床，卻發覺有一隻螢火蟲，幽幽地自在地在室內飛

---

[17] 神韻派的名稱，為清代王漁洋所標榜，以王維山水詩為最高典範，吸取晚唐司空圖《二十四詩品》、宋代嚴羽《滄浪詩話》的理論，追求物外物、景外景的境界。

著。牠腹下的螢光，竟依稀有七、八寸直徑寬的照幅，看他在黑暗中緩
緩地劃著柔和的曲線，這裡早已是黑暗之鄉，誰還分得出是醒著是睡著
呢！

——〈初秋‧九月六日〉，頁33

這段文字描寫於文章的結尾之處，在這裡，我們彷彿看見，一抹淡淡、小
小的螢光，在黑暗之中閃耀，詩人彷彿看著痴了，哪分的出醒著或是睡著
呢！而讀者彷彿也能感受到那種如詩如文的美感，這種透過明確的景物、
聲響，傳達給讀者一個清晰、悠遠的畫面，這種藝術手法的呈現，堪稱是
王維的同調。

（二）通感技巧的使用

人有視、聽、嗅、觸、味五種不同的感官，分別對應自然界不同的層
面事物，一般而言，人們最常依賴的感官便是視覺和聽覺，也因此，此兩
類的感官書寫在文學中也占大部分，然而，人身處田園之中，在一個安靜
的場域，各種感官自然都可無限的開放、延展，在《田》書中除了視覺的
清晰描摹外，也夾雜聽覺、觸覺的描寫，[18]甚至以視覺會通、聽覺、觸覺的
手法，交錯使用，雖然描寫的風景不過是田園的日常景物，不過，即使是
每日習見的景象，在其獨特優美的語句下，也能創造不同的美感。

此處先以天空的描繪為例，舉出其特色：

淺藍的晴天上抹著幾絲薄紗也似的白雲，空氣如此澄澈而清涼。如今回
想起來，早在十多天前無怪早晚已彷彿有了秋意，甚至中午日光遍照之
時，也一樣帶著清泉似的氣息。

——〈初秋‧九月一日〉，頁4

---

[18] 見吳明益的《以書寫解放自然——臺灣現代自然書寫的探索》：「《田》書並非只是一本流水帳式
的記事，而是刻意經營的書寫。陳冠學在行文中，往往能夠尋繹到獨特的觀景角度，並以一種經
過修飾的緩慢細膩的描寫，配合視覺、嗅覺、聽覺的感受多向呈現出來。」，頁349。

向晚的西北風迎面拂來，一天日光熱次第消退，清涼透骨。偶一抬頭，
只見滿天披著一層灰雲，勻勻的、薄薄的、靜定的，像一匹久蒙塵埃的
絹繒，給人無限靜謐的柔和感。

——〈初秋‧九月四日〉，頁 19

同樣是描寫天空的景觀，在不同的晨昏變化中，也充滿不同的色澤與情
調，遙不可及的天空，以薄紗、絹繒等不同的觸感，將視覺轉移到觸覺的
柔和感，然而，晴天的天空又帶著一種清泉似的氣息，物體的薄紗瞬間轉
向液態的清泉，隨著感官的聯想，跳躍，傳達清涼的觸感，彷彿可以沐浴
在清澈的天空底下，除了觸覺外，詩人尚能以聽覺之美，來連結天空之
美：

不論看哪一邊，都是一色澄藍的天展開著，真有這樣不可思議的天色、
陽光、大地？除非是一種特殊的水晶或是什麼寶玉，怎可能鑄造成這樣
晶瑩發亮的奇境？連空氣都是一種輕質的水晶做的，這裡的任一樣東
西，只要輕微的敲擊一下，就會發出清脆的琤琮聲，無怪四處是雲雀佩
玉般的歌音。

——〈仲秋‧十月二十六日〉，頁 210

天空澄澈的藍，顯然和透明的水晶和寶玉有了聯想，然而，詩人更絕妙的
轉折，是由從水晶撞擊的清脆聲，將讀者由視覺的連結到聽覺，接下來的
鳥聲，便出現的極為自然，天空是如此廣袤的舞臺，任何田園的生物都可
以自由的處在其間。另外，在嗅覺上，詩人也靈敏的捕捉：

空氣剛孵出葉脈，散發著蔗葉香、黍麥香、番麥葉香，甜甜的，迎面撲
鼻而來，而蔗葉綠，薯葉青、番麥葉翠，田園的主色調著難以記屬的微
妙間色，好像一闋小提琴曲，在主題貫串之中悠揚著不盡的變奏。

——〈初秋‧九月二十三日〉，頁84

田野氣味的描寫上，直接以空氣裡剛孵出的葉脈，使無形的氣味，以視覺
的方式，在腦海中呈現，甜甜的青草氣息和綠葉的色澤清楚浮現，接著，
詩人筆鋒一轉，將眼前各種不同的翠綠，聯想成一闋小提琴，視覺與嗅覺
瞬間轉爲聽覺，有著悠揚不盡的美感。

　　以往，對於通感手法的使用，大多是在詩的語言當中，然而，詩人卻
能夠自創新意，將視、聽、嗅、觸等不同的感官，豐富的加以涵蓋，以個
人剪裁，表現在散文中，也因此，雖然都是描寫天空、描寫田野，然而，
同樣的鳥鳴、空氣、藍天，卻以不同的感官聯想，豐富其書寫內涵。

（三）駢文式的句法呈現

　　正如張達雅所言：「與此（母語的使用）相對立的，是作者另一種極端
文飾典雅的書寫方式。」[19]在詩人某些字句中，尤其可以看出這種古雅的書
寫，駢文在中國傳統，本就有美文之稱，以其四、四句的呈現，押韻、對
仗的鋪排，形成一種形式典雅的美感，雖然並不完全符合駢文的書寫，然
而在某些詞句中，仍可以看見這種細緻的筆法呈現。

> 小溪流穿其間，是這座森林的腹地勝景。或兩岸古木對抱，女蘿成簾，
> 下拂溪水；或叢薄乍起，草地臨溪，明光旖旎，自為洞天。密菁減徑，
> 深草蔽蹊，溪岸容足，則攀條附幹而行；逼仄難通，則涉水溯流而進。
> 蜿蜒迴旋，五步殊異，十步異世，迷而不返，樂而望歸。是這般迷人的
> 一座森林，一直連到山。平時很少進入總覺得幽境天然，偶一涉足，容
> 或可許，若迭至紛擾，無乃罪過。

——〈初秋‧九月十九日〉，頁72

---

[19]同註6，頁380。

以「或」爲領句字，之後的「兩岸古木對抱，女蘿成簾，下拂溪水」和「叢薄乍起，草地臨溪，明光旖旎，自爲洞天」相對，而大量的四字句、四字句的呈現，更使我們如同閱讀六朝山水小品中，那種典雅優美的意趣。

另外，在「簾」、「水」、「起」、「溪」、「旎」、「天」、「徑」、「蹊」、「行」、「進」、「異」、「世」、「歸」等字中，其元音或是韻尾皆爲〔i〕，閱讀起來更顯音韻盎然，詩人雖是寫散文，然而，透過句法、音節的改變，使得文章充滿變化、閱讀起來更顯疊盪之感。

三、隱喻的桃源追尋──今昔對比的失落

另外，在關於《田》書的寫作上，雖然，詩人刻意選擇日記體的形式，將作品分爲初秋、仲秋、晚秋三個時段，依照順序書寫，然而，若是我們仔細閱讀裡面的內容，會發現其日記體不過是詩人所選擇的一種形式父類，在實際的書寫操作上，詩人並非全部採取此種按日記事的形式，[20]在書寫上，反而流露一種強烈的文學情調，裡頭田園的書寫，具有抒情的隱喻特質。

正如詩人所提的創作動機：「個人對老田園的懷念，以及想要讓以後的人知曉過去的臺灣有多麼的美，進而喚醒少年人愛惜臺灣這塊土地，結合成較大的力量，批評現階段種種破壞這塊土地的行爲。」[21]也因此，在描述上我們可以看見詩人對於過往田園的描述，是充滿著喜愛之情的，相較之下，現代工業的發展則是罪惡、貪婪的淵藪，引發人類走向毀滅的境地，[22]

---

[20]同吳明益的《以書寫解放自然──臺灣現代自然書寫的探索》：「《田》是一部『將回憶重構爲日記體的作品』，而非作者隱居時間內確實撰述的日記體，作者將其回歸大武山下新埤農耕生活的回憶以日記體重寫〈發表時分爲初秋、仲秋、晚秋篇〉唐捐曾舉九月十日類〈桃花源記〉的行文模式、十一月七至十日出現的青年『伸張』頗似諸子寓言，以及九月三十一日出現『多餘的一日』，從而判定本書應非實錄，並說該書『虛實』掩映，遠於史而近於詩。」，頁344。

[21]同註8，頁99。

[22]在《訪草》中在〈田園今昔〉一文中將昔日依賴人力、牛力耕作的田園，和現代依賴農藥、機械化耕作的田園，兩相對照，前者人類的生活是「日出而作，日落而息」，和自然生態處於和諧的狀態，然而，到了現代田園，由於農業和工廠的環境污染，田園無止盡的開發，使得自然生態受

最合適人們生存的環境，便是符合老子那種「小國寡民」、陶淵明那種「桃花源」式的簡樸生活，以降低物欲爲主的生活方式。

爲了保護環境，詩人甚至在 1981 年參選省議員，而《田》一書也是選舉未果後，乃退而著述。正如其在〈仲秋・九月三十一日〉提到：「一個人活著，若不能將自己當成一包強烈的炸藥，把世途的轗軻炸平，好讓千千萬萬的人們有坦蕩蕩的道路行走，則套在人群中的一切行爲都是出賣自我、遺失自我的勾當。」[23]因此，我們考察詩人的寫作動機，可以發現是因爲無力改變外在環境，因此，才採取退而著述的方式，企圖以另一種柔性思考，喚起讀者對於過去田園之美的追慕。

因此，整部《田》書，可以被視爲對過去美好田園的縮影，一個過去式的「桃源」呈現：

> 村莊不大，約有四、五十戶。正是炊煙裊裊的時候，女人們都在廚間忙著，男人們則多在廳間、樹下吸煙，小孩子們在戶外嬉耍。棕黑色的皮膚、深目，是他們的特色，操著是不變調的閩南話，他們的母語早失傳快兩百年了。他們一律姓潘，這一帶自蜈蜞嶺至大武山西麓有幾十個村莊，都同取用潘姓。
>
> ──〈初秋・九月十日〉，頁 47

在這段詩人去探訪馬來族的文章中，充滿著〈桃花源記〉裡頭的那種純樸之感，[24]有著「不知有漢，無論魏晉」的生存方式，最後，詩人並以：「這些馬來族，純樸善良，最大的好處，就是不動腦筋。據我所知，他們不爭

到了影響。在文末，陳冠學並指出：「農村已成了都市的替死鬼，都市以最低微的報酬，令農村呼吸百分之九十九的農藥，自己躲得遠遠的，只吃百分之一的餘毒。農人是鐵打的身體，也會腐蝕剝落而亡。縱然農人果真僥倖逃過滅亡，下一代悉數流向都市，後繼無人，農村依然要亡。」，頁 11～29。

[23]同註 8，頁 129～130。

[24]見倪金華，〈濃郁的田園風味　高潔的志趣操守──陳冠學散文集《田園之秋》品評〉，《世界華文文學論壇》（2002 年 4 月）。

不鬧，連吵架都不會有，真可稱得是葛天無懷之民。人類最大的好處在有智慧，壞處也在有智慧，兩相權衡，不如去智取愚。智慧是罪惡的根源，也是痛苦的根源。愚憨既不知有罪惡，也不知有痛苦。」作結，點出思想。

　　作者的寫作動機在於喚起人們對於過去田園的美好，相對於工商業發展中，逐漸縮減的田園，即使碩果僅存的農地，也被機械化所取代，那麼，詩人自抒其回歸田園，與自身環境互動的文章中，便顯得更有意義了。

> 在工作中一整天之後，在被塵封乾粉了一天之後，跳進小溪裡，在大自然的遼闊中，在無邊夜色的黑幕下，脫光了衣服，坦裸裸地，無一絲牽掛地，躺在從山中林間來的清泓裡，洗除外在的一切，還出原本的自我。
>
> ——〈初秋·九月六日〉，頁 30～31

> 我得出去，像一尾魚游入一泓清泉，我得游進這空氣中。我又覺得，強烈的覺得，非得去點檢一下，那初到的鳥，初開的秋的野花，好像那是我的莊稼似的。
>
> ——〈初秋·九月一日〉，頁 5

在這兩段文字中，都可以看出詩人在田野間的生活，自己亦是田園的一部分，田園一方面還原人的自性，人本就是自然的一部分，然而都市生活卻會使人迷失自我，因此，只有當返回自然環境之中，心靈才會回到原本的澄澈明淨，藉由和自然和諧的相處中，感受寧靜的本質。

　　另外，文中亦充滿著他人的互動，在書中提到土鱉、烏短腳、族親、以及小孩子的互動，乃至與家中的花狗、花貓、赤牛哥，無一不可見詩人親切之情。每人雖是知識分子，但是，與其周遭人物、動物相處中，卻都

帶著自然而然的親近之情，欣賞其純樸的一面。

　　閱讀《田》書，在比較之後的作品《訪草》，便可明顯的看出對於今昔田園的對比以及失落，[25]而詩人更是有意的塑造一個過往、美好、純樸的田園，來引發人們對於自然環境的重視。

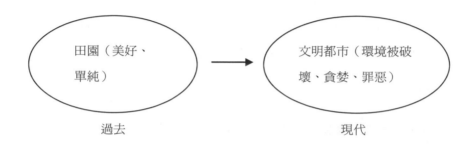

過去　　　　　　　　　　　　　　　　　　　　現代

　　不過，閱讀下來，我們必須仔細的思考，田園事實上是人化的自然環境，有相當的馴化色彩，和自然書寫者所進入的深林、荒野是不同的環境場域，事實上，當人真的處在自然，毫無防備的狀況底下，感受到的往往是直接的恐懼。自然並非完全的美好，所有的一草一木也並非都是爲人類而生，而可和人類無害的相處，在詩人的另一部作品《訪草》中，對於蛇類的描寫，便可以清楚得知。[26]田園雖是馴化的自然環境，然而，仍會有一些野生危險的動物，潛入居所之中，那麼當人類完全的暴露在自然環境底下，絕對不是書中敘述，是一個如此舒服、安適、也安全無慮的環境，然而，在這方面內容詩人卻刻意的去除，不免是可惜之處。

　　另外，在自然之中人往往會感受到的是由崇高所引發的恐懼、敬畏之情，不過，在詩人的作品中，往往刻意避開了自然對人類生存所潛藏的危險，在其作品中，荒野給予人雄渾、卻不恐怖的感覺，代表人類的原鄉，

---

[25]見鄭明娳，〈受傷的戀土情結——評陳冠學《訪草》〉：「可是『昔日田園』早已被『今日田園』取代，『今日田園』慢慢成爲都會系統延伸的單元。作者堅持的理想國，其經濟型態與上層建築卻早已破碎，無法圓夢，因此在《訪草》中他反對今日田園，更反對都市文明。」，頁204～202。

[26]見《訪草》第一卷的〈蛇〉一文中，對於居住附近的毒蛇，有相當的描寫。（臺北：三民書局，民國83年10月），頁265～276。

人是屬於自然的一部分。

> 起初一味沉迷著只顧傾聽天語，將煙雨迷濛的山只當天壁，帶一股強盛
> 的山氣磅礴逼至，這纔覺察。仰頭看著雨滴從絕壁的喬木間勻勻地落下
> 來，拿掌心去貼著絕壁，啊，那無可言喻的感覺，雄大的山氣直灌滿了
> 我的全身……可是我在家，山氣就直接從東面直透而來，覆蓋過整個住
> 屋、庭面、田園。大晴日山氣最盛，細雨中次之。在滿天風雨中全見不
> 到山時，山氣仍在。
>
> ——〈仲秋‧十月十二日〉，頁 159

　　這關於太母山的描寫堪稱精采，詩人前面提及細雨紛至，不免使人有
著想在細雨中漫步的感覺，因此，便披簑帶笠的走出戶外，一路聆聽細
雨，不知不覺，才發現已到太母山的山腳，整段敘述描寫了太母山的雄偉
與磅礴，卻不見恐懼之情，反而是一種「諧順」的感受，即使不依靠感
官，仍可感受到雄渾無比的山氣。
　　另外，文中有對暴雨的描寫，十分精采，充滿生動與緊張之情，比擬
生動：

> 霎時間，天昏地暗，抬頭一看，黑壓壓的，滿天烏雲，盤旋著，自上而
> 下，直要捲到地面，這種情況，在荒野中遇到幾回。只覺滿天無數黑
> 怪，張牙舞爪，盡向地面攫來。四顧無人，又全無遮蔽，大野中，孤伶
> 伶的一個人，不免膽破魂奪。大自然有時很像戲劇，像今天這種大西北
> 雨的序幕前奏，可比為惡魔與妖巫的出世。
>
> ——〈初秋‧九月七日〉，頁 34

上面生動描寫對於自然的恐懼，運用比擬的方式，將雨勢的猛烈淋漓盡
至，然而，自然的恐懼與崇高畢竟不是詩人所要表達的本質，因此，暴雨

結束，詩人文筆一轉，結尾道：

> 終於雷聲越來越遠，電光只在遙遙的天邊橫掃。太陽又出來了，一片清
> 晰的空氣、鮮潔的色彩，彷彿聽見了貝多芬田園交響曲第四樂章牧羊人
> 之歌。

兩相對照，之前塑造的恐怖感頓然消失無蹤，只剩下甜美、平靜、愉悅的田園，在眼前展現，這才是詩人所表達的重心所在，暴雨畢竟只是短暫的過程，詩人所著重的是雨後的自然，著重於田園充滿生機蓬勃且富美麗、生命力的一面。

《田》所描寫的田園，畢竟只是一個馴化的自然環境，缺少了原始荒野中具有的野性與危險，而詩人最初的創作旨趣便是塑造一個美好、過往的桃源象徵，因此對於自然中所隱藏的危機便略而不提，這也是《田》書雖以其文學技巧受到臺灣散文界的重視，其將生態知識結合文學、個人生命境界，在文中展現獨特的生活方式和理念，感染了許多讀者的心靈，但是，在自然書寫的文類中，卻往往只能以廣泛的自然書寫涵跨之，[27]當然，作者的創作態度與其內在的倫理思維，又有不可分割的關係，因此，在下面我們考察詩人內在的倫理思考，以深入了解詩人創作的目的和思考。

四、倫理思維的開展

在詩人的筆下，無論動物、植物，都帶有一種親切之情，而這種親切之情，是由詩人內心而發，推展開來，也因此，在閱讀詩人的文句中，更能感受到一股「感同身受」之感。

---

[27]見李炫蒼，《現當代臺灣自然寫作研究》：「從文學的，或寬鬆的『自然寫作』範疇來討論這一類型的創作，田園幽隱的書寫類型對一般讀者來說，是愛生護生的鼓吹者，是美感生活的典範，特別對心靈疲憊的都市讀者群來說，更是一股清澈的暖流的，擁有撫慰人心的力量。」，頁112。

在田園裡，人和物畢竟是一氣共流轉，顯現著和諧的步調，這和諧的步調不就叫做自然嗎？這是一件生命的感覺，在自然裡或田園裡待過一段時日以後，這是一種極其親切的感覺，何等的諧順啊！

——〈初秋‧九月一日〉，頁4

在這段文字中，點出詩人與萬物的關係，帶著《莊子》的思維，人和萬物一氣共流轉，都是屬於自然的一部分，人和萬物既是一氣同體，也因此，對於外在鳥獸，便具有深刻的感觸，可以相互感受的：

幾年前觀察過一隻白頭翁鳥，這位母親，帶著新雛習飛時遭遇了困難。一隻小白頭翁落進樹下的茂草中去了，二耳草有一尺來高，小白頭翁一落進去，不可能有機會飛得出來。母鳥一直在樹枝上喊叫，小鳥在草中哭泣，看也看不見。我散步到了那裡，好意想幫幫忙，母鳥誤以為「將不利於孺子」——以為我要捉小鳥，先是急的喈喈囔，後來竟發出受傷的慘烈聲，裝著跛腳跛翅的樣子，從我前面半飛半跌，跌到另一方的地面上去，那裡沒有草，可以清楚的看見牠……鳥類為了保護幼雛裝跛是常有的事，這證明了牠們和人類同靈性，一樣是靈性的生物。

——〈初秋‧九月十五日〉，頁60～61

在這段文字中，詩人先是描寫了一隻母白頭翁鳥，藉由其母愛的表現，深刻的同感到人與動物，都是具有靈性的生物，有相同的情感，既然在自然界都是具備有感情的生物，當然也具有相同靈性，感同身受，詩人更加不忍予以傷害。

除了野外生活的經驗中，另外，透過家中一段是否要飼養雞的心路歷程，更顯示了詩人對萬物的敏感之情：

有生便有死，盡其一份兒活著，盡其天年而死，這是出生且活著的意

義。若活著不能盡其活著的份兒，死時不是盡其天年，則出生變成了殘酷的罪刑，活著便成了囚役，死便成了極刑了……小雞小孩一樣是生命，大雞大人一樣也是生命呀！

──〈仲秋·十月十三日〉，頁 19

詩人這裡著重到生命具有的尊嚴與重量，擔心若是飼養了之後，多半會成了族親的口福，雖是禽獸，卻和人類一樣具有生命，因此，也當予以生命權的尊重，如此一來，當面臨抉擇時，詩人才會感到極度的不忍，不知該如何面對。

另外，即使是無情的草木，在詩人筆下，也有所觸動：

這種大本種含羞草還且沒有天然剋星，現實只有人類能克制它。它現實在自然界裡，勢力實在可怕，不是我容不了他，我身負大自然生態平衡的責任，只好剷除它。可是無論如何，一時很難下手……好了，這兩株含羞草葉子開始閉攏了，我毫不猶豫地，抓著了這個時刻，將鋤頭揮了下去，連揮兩下，兩株含羞草便都齊土斷了，它們的葉子一下子全閉合了。這兩株含羞草一定覺得當著有一陣睡意向它們襲來的同時，它們的全身被路過的動物猛烈震撼一下。

──〈仲秋·十月十四日〉，頁 73

最後，詩人以：「人們只要內心不麻木不仁，不可能不感到一陣戚戚然。」作結。返歸於心的倫理思考，是詩人與周遭自然生命互動的根源。若是我們上溯傳統儒學，顯然充滿著儒家那種「見其生，不忍見其死」的博愛倫理思考。[28]

---

[28] 見《十三經注疏》〈孟子·梁惠王上〉：「臣聞之胡齕曰：『王坐於堂上，有牽牛而過堂下者。王見之曰：『牛何之？』對曰：『將以釁鐘。』王曰：『舍之！吾不忍其觳觫，若無罪而就死地。』對曰：『然則廢釁鐘與？』曰：『何可廢也？以羊易之。』不識有諸？』曰：「有之。」曰：「是心足以王矣。百姓皆以王為愛也；臣固知王之不忍也。」王曰：「然。誠有百姓者，齊國雖褊小，吾

　　詩人長期浸淫在中國古典的思想中，有非常清晰的儒、道色彩，[29]而在書中是以一種由內而外、推己及人的方式，將自然草木山川，納入一己的情感之中，人與萬物同樣具有靈性，具有靈魂，也因此，詩人對於自然世界的倫理關懷，是著眼於一種情感與自我相關聯的層面上。

　　不過，若是我們仔細順著詩人的思考脈絡深究下去，會發現這種倫理思考，顯然仍是建立在一種以人為主的思考方式，重視自我情感與萬物的流通，不同西方以知識層面建構的自然書寫體系，在李奧波（Aldo Leopold）提出土地倫理之中，認為土地是一個群體，一個由不同物種所組成的金字塔，各種生活於土地之中的物種，都是休戚相關的，人類亦不過是自然的一部分，只要在土地上生活的每一項物種，都應有公民的權力，不應予以剝奪，[30]相較之下，在詩人的另一部作品——《訪草》中，我們便可以分析兩者的不同之處：

　　　　近年來頗有抱持生態學觀念的學者或作家，呼籲不要打殺毒蛇，以維持
　　　　物種不絕及生態平衡。我認為這種觀念跟要保留天花病毒品種同樣是走
　　　　火入魔，是無知的天真。[31]

何愛一牛？即不忍其觳觫，若無罪而就死地，故以羊易之也。」曰：「王無異於百姓之以王為愛也。以小易大，彼惡知之？王若隱其無罪就死地，則牛羊何擇焉？」王笑曰：「是誠何心哉？我非愛其財而易之以羊。宜乎百姓之謂我愛也。」曰：「無傷也，是乃仁術也。見牛未見羊也。君子之於禽獸也，見其生，不忍見其死；聞其聲，不忍食其肉。是以『君子遠庖廚』也。」（臺北：新文豐出版，2001年），頁49~50。

[29] 見吳明益，《以書寫解放自然——臺灣現代自然書寫的探索》：「陳冠學的《田園之秋》有非常清晰的儒、道思想色彩，除了《論》、《孟》不離手，以及「拜論語」的外顯行為外，陳冠學棄從政而歸田園的過程，頗能體現兼善天下不得而獨善其身，時時『明德省過』的『君子』室。」，頁93。

[30] 關於李奧波對於土地倫理的論述，可參見其著述《沙郡年紀》中第三卷提出〈土地金字塔〉的概念，以一個多層的金字塔象徵生物群系。金字塔的底層是土壤層，之上依次為植物層、昆蟲層、鳥類和齧齒動物層，再往上經過不同的動物群後，便是由較大的略食動物群所組成的頂層。而各層的物種相似處在於食物，金字塔每一層都從其下一層獲得食物和其他服務，而本身也為上一層提供食物和其他服務。生態金字塔本身可視為一個複雜的食物鏈整個系統的穩定說明了這是一個高度組織化的結構，運作有賴於各部分的合作與競爭。因此，土地是能量的泉源，在土壤、植物和動物之中循環流動。（北京：生活・讀書・新知三聯書店，1999年8月），頁275~276。

[31] 同註26，頁265。

若是我們將此篇文章和《田》書相較，不免會發現詩人對於物種極大態度差別，的確，誠如詩人所說，臺灣身處於亞熱帶，本就有許多毒蛇出沒，而詩人對毒蛇的撲殺，完全是根源於人類的立場（毒蛇的存在有害人類），也因此，這種思考只能算是樸素、初步的環境倫理，雖然其中透顯出某種直觀式的智慧。部分適合對當代的自然生態思考，做「創造性」地取用，[32]但在此文的結尾，更可明顯看出不足之處：

> 田園很美，很可愛，但也有他的險處。草木中也有有毒植物。老天的用意大概是要人知所節制、警惕、畏懼，勿流於放肆無忌憚。人一旦放肆無忌憚，便不是美麗可愛可敬的生命，不只老天失望，萬物也將不知如何跟人類共生共榮了。[33]

結尾的倫理思考明顯的不足，蛇類的演化乃是自然界基於適者生存的機制下，加以發展、演化，彼此之間具有緊密扣合的生態關係，和人類對於自我的節制、警惕毫無關係可言，真正需要思考的是毒蛇與鳥類，同樣都是自然生態的一員，同樣是土地的一分子，不可單純以對人類的有無害處，來看待其是否有生存的價值，畢竟人亦不過是自然生態的一部分，如此思考，可見其的生態倫理思考仍有不足之處。

五、結論

都市的發展，土地的利用與破壞，造成一波波的生態浩劫，土壤的流失以及生態地貌所造成的改變，這一些都使得詩人感到無比的痛心，也是在這樣的強力驅使下，詩人退而著述，寫了《田園之秋》這部作品，用以記錄過往美好的田園生活，藉由文本的耙梳，我們可以歸納出幾點特點：

（一）詩人雖歸耕為農，但對自身的認定仍是詩人，也因此，詩人才

---

[32]同註 6，頁 87。
[33]同註 26，頁 276。

會以審美的方式，面對周遭的田園山水，開啓詩性田園的書寫。其書寫除了受到西方梭羅、吉辛的影響，而採取日記式的體裁之外，對於中國傳統文學，也是有深厚的浸淫，透過外在的書寫技巧，我們可以發現其文筆中帶有中國山水神韻詩的情調，另外，在感官的書寫上，透過不同感官的描繪，使得感官彼此跨越，使視覺跨越到聽覺、味覺、嗅覺與觸覺，豐富了書寫的層次美感，另外，有時詩人還以類似駢文的美文書寫，在優美對稱的文句中，顯出音韻之美，更可窺見詩人書寫的技巧。

（二）除了外在技巧層次的發揮，在作者的內在精神中，可以看出詩人是刻意描寫一個過去、美好的田園景象，整篇《田》書都可以視爲「桃源」的縮影，具有隱喻的特質，詩人表達過去田園之美，不論鳥獸、鄉民皆與之相親相愛，純樸無機心，藉由對田園美景的描述，以另一種柔性關懷，企圖喚起人們對於自然山水美好的重視。

（三）詩人特別強調一種今昔對比，現代爲工業化、資本、環境破壞的物欲橫流環境，而過去爲美好、單純、自然平等的田園社會，這種對比自有值得商榷之處，自然也暗藏危險，也有著對人類生存種種不利的因素，諸如天災、猛獸……田園畢竟是馴化的自然，不同於原始荒野中，而當人真的身處荒野時，感受到的不會只有單純、美好，而也會有恐懼、害怕等複雜的情感，然而，在文章中詩人避免此類情感的描寫，可以看出詩人的書寫是以「美」爲依歸，藉由一個過去生活環境的描寫，描述一個美好、單純、質樸的生活方式和生活環境，具有隱喻的桃源思維。

（四）另外，在詩人文中所展開的倫理思維之中，可以看到受到儒家那種「民胞物與」式的情感，和西方以知識、科學脈絡思考所開出的倫理思維，有不同之處，前者的倫理觀重視的是道德情感在主體與外物之間無滯的流動，可以說仍是以「人」爲基礎的出發點，而後者卻是將人回歸至生態環境的一部分，人類不過是土地上眾多物種的其中之一，相較之下，不同之處相當明顯。而詩人對萬物的倫理關懷，仍會受到對人類是否有益處的觀點思考，這是不足之處，不過，此種倫理思考仍具有創造性的價

值，可爲一些生態學者加以採用。

參考書目

一、引用專書

- 吳明益，《以書寫解放自然──臺灣現代自然書寫的探索》（臺北：大安出版社，2004 年）。

二、引用論文

（一）單篇論文

- 汪靜明，〈新自然哲學的生態保育思潮〉，《跨世界臺灣環境教育論文選集》（臺北：國立師範大學環境教育中心，1999 年 8 月）。
- 倪金華，〈濃郁的田園風味、高潔的志趣操守──陳冠學散文集《田園之秋》品評〉，《世界華文文學論壇》（2002 年 4 月）
- 邱麗香，〈從《田園之秋》看陳冠學的自然關懷與人文心靈〉，《國立臺灣師範學院學生學刊》第 19 期（1998 年）。
- 張達雅，〈陳冠學《田園之秋》中的自然觀察與書寫〉，《臺灣自然生態文學論文集》（臺北：文津出版社，2002 年 1 月）。
- 鄭明娳，〈受傷的戀土情結──評陳冠學《訪草》〉，《聯合文學》（1989 年 3 月）

（二）碩博士論文

- 李炫蒼，《現當代臺灣自然寫作研究》（臺北：國立臺灣師範大學國文研究所碩士論文，1998 年）。
- 邱珮萱，《戰後臺灣散文的原鄉書寫》（臺北：國立臺灣師範大學國文研究所博士論文，2003 年）。

三、引用原文

（一）古籍

- 《十三經注疏》（臺北：新文豐出版，2001 年）。

（二）現代典籍

- 陳冠學，《田園之秋》（臺北：草根出版社，1994 年 11 月）。

‧陳冠學，《訪草》（臺北：三民書局，1994 年 10 月）。

——選自《東方人文學誌》，第 5 卷第 2 期，2006 年 6 月

《田園之秋》賞析

◎蕭蕭[*]

　　將陳冠學的散文拿來跟林良（子敏）相比，一定有人說：他們是不同類型的作家。但是，如果仔細體味他們兩人的作品，不覺得這兩位作家共同創造了散文這種文類最重要的特質嗎？那就是深情與細膩啊！不同的是，林良對人、對親人深情；陳冠學對土、對鄉土深情。就細膩而言，他們都有能耐將一個小時的事情，瑣瑣碎碎，寫成一個小時才能看完的散文，這種細膩，勝過其他真正的「婆婆媽媽」女性作家，這種細膩與親切，奠立兩位散文家的文壇地位：林良確立「沒有人性哪有文學？」的信念；陳冠學則確證並充實「沒有土地哪有文學？」的義涵。

　　陳冠學的〈田園之秋〉以紀實之筆，寫的是田園秋日之事。從九月一日，秋季的第一天開始，日記體的紀錄方式，逼真存檔。這樣逼真的寫作方式，逼使自己據實以前，否則，短短三個月的時間，近距離的紀錄，如何讓近乎相同的田園生活展現為不同的文學篇章？從〈田園之秋〉中，可以看出唯有真實的人生、真實的思想，才會有不同的面貌。唯有豐富的知識、豐富的經驗，才會有不同的面貌。〈田園之秋〉傑異之處在此，令人讚嘆者在此！

　　〈田園之秋〉猶如一部臺灣鄉土博物誌，就如孔子心目中的《詩經》一樣，可以多識草木蟲魚鳥獸之名、之事，而且是精細的知識。〈田園之秋〉更像是符應二十四節氣的農民曆，精準無比，如果不是老於生活者，何能如何是？

[*]本名蕭水順，發表文章時為明道管理學院中國文學系助理教授，現為明道大學中國文學系教授。

　　但是，這部散步有著據實報導之真，也有文學想像之美，既有臺語實錄存真，又有文采豐潤增美。就像這樣的文句：「那催我出去的感應力，果然發於這一片靈秀，轉了這麼一圈，我的生命更加晶瑩了。」這種生命晶瑩之美，使著瑣碎、細膩，有了神采。

──選自蕭蕭主編《攀登生命顛峰》

臺北：聯合文學出版社，2005 年 3 月

象徵與敘事
談《田園之秋》與《家離水邊那麼近》的身體形象、生命書寫及倫理意義

◎唐毓麗*

一、書寫自然及鄉土：兩篇散文佳作

　　人類文明不斷進展，雖締造了許多世界奇蹟。但在奇蹟的背後，衍生了許多難以解決的社會危機與重大浩劫。人們不斷透過人定勝天的行徑，證明自己在地球上的價值，至今人類面臨最大的問題，卻是人與自然的關係嚴重失衡。而這種失衡的關係，來自於人類對於自然無情地掠奪、傷害，所促成的可怕苦果。生態的危機層出不窮，工業過度發展，農業與養殖業的不當發展，造成水源、土壤與空氣的環境污染。惡劣的環境，不只造成疾病誕生，更摧毀人類的身心健康。我們知道，受害的對象絕不只是人類，世界萬物也同樣受到生態環境惡化的襲擊。臺灣社會無法逃離這場浩劫，在無節制地掠奪與破壞之下，國內環境受到很大的傷害，更危及其他物種的生命。這時才發現，我們為其他自然生物所挖掘的黑洞，終將連人類一起吞噬。[1]社會環境就像一面明鏡，映照出人類現代文明的病態。[2]不少人文學家，已注意到人與自然的失衡關係，他們以具體的寫作行動，提醒世人注意到生態破壞就是 20 世紀以來，最重要的全球性危機。

---

*靜宜大學臺灣文學系助理教授。
[1]艾倫・魏斯曼（Alan Weisman）著；劉泗翰譯，《沒有我們的世界》（*The World Without Us*）（臺北：木馬出版社，2008 年），頁 331。
[2]雷毅，《生態倫理學》（西安：陝西人民教育出版社，2000 年），頁 28。

　　自然文學從 1980 年代以來，不斷湧現許多精采的作品，自然寫作亦成
爲文學史上重要的文類。這股風潮一直蔓延到 1990 年代，帶動自然寫作衍
生的文學批評也成爲熱潮，紛紛借鑑西方的文藝作品或生態理論，企圖對
本土臺灣的文學類型，提出更深入的探索，至今 2012 年已累積豐富的成
果。21 世紀初，有文評家開始質疑，1980 年代以來，臺灣自然寫作「再
現」下的自然田野，有漸趨科學化或過度知識化的狀況；不論是在觀察紀
錄或是博物誌、自然誌的書寫形式上，總是將自然景色作爲主角推至臺
前。反之，觀察紀錄或自然誌下呈現的人類形象，不是完全退出書寫場
景，就是充當配角與觀察者。作家們亟欲透過如此書寫模式，將自然帶入
人煙罕的場域，宣說自然了天啓意義時，人與自然所交織的互動關係竟呈
現想像萎縮的狀況，值得注意。[3]連志展也注意到，自然書寫愈趨偏重現代
科技的知識訊息，忽略了原民山海書寫的根源與文化，造成自然寫作日益
知識化的傾向。[4]藍建春同樣注意到自然寫作的創作與研究趨勢，皆過於強
化現代科技的知識訊息，造成其他的山海觀點，在知識霸權的控制與消長
下被掩蓋與漠視。[5]這樣的思考觀點，引導我們重新關注陳冠學（1934～
2011）的《田園之秋》（1983 年）與吳明益（1971～）《家離水邊那麼近》
（2007 年）（以下簡稱《水邊》）兩部作品的重要價值。

　　兩書出版的時間雖然相隔二十餘年，但兩本書籍，對於闡發自然之美
的自然書寫、或傳輸自然知識的生態關懷與踏查實踐、抑或是凸顯知性哲
理散文的人生境界或區域書寫（屏東與花蓮）的深耕，皆具有獨特的貢
獻。更重要的是，這兩本作品在闡釋自然的美學意義與不凡價值時，成功
跨越科學與人文之間沒有意義的障礙，並未藏匿觀察者／審美者的視點與
角度，更清楚地曝露了觀察者／審美者的行動與身體意義，也讓雙作在刻

---

[3]吳明益編，《臺灣自然寫作選》（臺北：二魚出版社，2003 年），頁 2。
[4]連志展，《誰的自然？由多元觀點來反思生態保育運動》（花蓮：花蓮師範學院多元教育研究所碩
　士論文，2000 年），頁 5。
[5]藍建春，〈自然烏托邦中的隱形人──臺灣自然寫作中的人與自然〉，《臺灣文學研究學報》第 6 期
　（2008 年），頁 228～229，頁 225～271。

畫人與自然的互動關係上，有了更動人的真情表露。

　　此外，這兩本作品，以文學探討人生，以文學關懷自然，以文學阻止生態破壞，透過踏查行動與生命實踐，清楚闡述自己對自然環境抱持的友善態度，為社會關懷做了最好的示範。兩位作者撰述作品的態度嚴謹，展現人如其文獨特的生活方式與文學風格，享譽文壇，令人激賞。更重要的是，我們發現這兩本作品，能凸顯人與自然的互動方式，強化自然的書寫之外，又標舉了獨特的人格特徵與身體行動，使得雙作從眾多自然書寫佳作中脫穎而出，特別引人注意。

　　梳整相關研究文獻時，我們發現陳冠學藉《田園之秋》，展示尊重自然的人生哲理，已成臺灣當代文學史研究者眼中的耀眼之作。這二十多年來，研究者分別從自然書寫、隱逸文學或生命哲學、生態意識、土地書寫、戀鄉（土）情結等角度，闡釋作品的深意，充分證明此作歷史彌新的不朽價值。早期葉石濤為《田園之秋》作序將它類比為《昆蟲記》般豐富的博物誌，更媲美為臺灣自然寫作的佳作，這樣的論述觀點一直影響甚遠。[6]1987 年，邱麗香延續並深化葉石濤的觀點，提出《田園之秋》的重要價值在於利用田園生活紀實，來展現平淡隱逸的生活。[7]1998 年，鹿憶鹿比較《訪草》與《田園之秋》，不難看出，此文大體延續葉石濤的觀點，認為陳冠學以大自然為書寫主軸，雖背棄人群隱蔽山間，卻徜徉於山林蓊鬱，可稱為臺灣現代梭羅。[8]1989 年，鄭明娳提出反思的論點，指出《訪草》與《田園之秋》的田園世界，是個無法說服讀者的理想世，是一種逃避主義，是一種受傷的戀土情結，犀利點出文人懷才不遇、環境惡變的創作背景。[9]此文犀利地提出自然書寫文類的限制，也提出陳冠學文學之路的可能

---

[6]葉石濤，〈《田園之秋》代序〉，收入陳冠學著《田園之秋》（臺北：前衛出版社，1984 年），頁 5，頁 1～6。

[7]邱麗香，〈從《田園之秋》看陳冠學的自然關懷與人文心靈〉，《臺南師院學生學刊》第 19 期（1998 年），頁 175～176。

[8]鹿憶鹿，《走看臺灣九○年代的散文》（臺北：學生書局，1988 年），頁 75。

[9]鄭明娳，〈受傷的戀土情結：評陳冠學《訪草》〉，《聯合文學》第 53 期（1989 年），頁 200～201。

的局限與必要的轉變。

2004 年，吳明益呼應鄭明娳觀點，認為作品展現的或許不是單純的令人稱美的田園，而是指向一個自我消滅、朝向一個難以到達的理想世。[10]2006 年許博凱嘗試從地理書寫的角度，認為陳冠學賦予新埤書寫新的意義，在於它成為反抗與反思現代化的地理空間，召喚了前現代農村精神生活的意義，對本文第三節探索地域書寫的特色，顯然具有重要的參佐價值。[11]2009 年，林之丞、葉欣誠與劉湘瑤透過列維納斯（Emmanuel Levinas）和梅洛龐蒂（Maurice Merleau-Ponty）的現象學觀點，將《田園之秋》當成是生態現象學應用的典範，展示陳冠學如何透過田園自足的生活，建立了人與自然相應的接觸方式，從人類本體出發，以生命經驗為媒介，論證真實接觸與感受生態本身，就是還原自身善的過程，從教育的觀點，肯定陳冠學田園人生的教育意義，深入闡揚人類心態與行為、環境之間的關聯與重要性。此文能將西方現象學的哲學關懷與文本解析結合，提出極具創新的觀點，頗具意義，亦對本文闡述環境文學、地域文學之倫理觀點，有補充的價值。[12]2010 年，吳明益再次針對「臺灣生態批評與自然導向的文學發展」提出了一個重要的意見，為本文提供極佳的參照。他認為臺灣文學之中潛藏有「自然意識」與「環境倫理觀」思想，可拉出一條清晰的脈絡，從戀土、覺醒、追尋而後棲居的歷史發展與演化過程；他留心到，臺灣的鄉土文學與早期自然書寫中的生活文學，如陳冠學與孟東籬的作品都與鄉土文學一樣，對未被污染成發展成高度資本主義的舊世界、舊土地充滿依戀，此戀土情結，正是臺灣文學中涉及人與環境的第一種情境。[13]此觀點對於本文撰述第二節身體回歸與第四節環境倫理內容，具有極

---

[10]吳明益，《書寫解放自然》（臺北：大安出版社，2004 年），頁 359～360。

[11]鄭凱博，〈從新埤到老臺灣〉，收入文訊雜誌社主編《2006 青年文學會議論文集》（臺北：文訊雜誌社，2006 年），頁 326。

[12]林之丞、葉欣誠、劉湘瑤，〈新環境哲學：生態現象學的探索〉，《環境教育研究》第 6 卷第 10 期（2009 年），頁 78～80，頁 77～105。

[13]吳明益，〈戀土、覺醒、追尋，而後棲居——臺灣生態批評與自然導向文學發展的幾點再思考〉，《臺灣文學研究學報》第 10 期（2010 年），頁 67。

重要的啟示。

2011 年，陳冠學先生過世後，陳列在撰述的文章〈秋之田野裡的一朵花——記憶陳冠學先生〉中簡述生平外，也透露極重要的專訪史料。他回憶陳冠學自陳，曾為《田園之秋》規劃了完整的構思：「初春篇」描寫老田園的梗概、「仲秋篇」以詩意吟詠老田園，「晚秋篇」回歸基本面，涉入政治問題與形而上問題。陳列還提出極重要的觀察，清楚指出此作並非是真實社會的紀錄，而是挖掘世界之美與人性之美的理想世界，將社會原本污濁的世界提升到乾淨的境界，藉以安頓人的生命；此論點對於本文積極闡述回歸自然、身體力行以及開啟美學人生與藝術生命的論點，有重要的啟示意義。[14]2012 年，吳明益認為陳冠學《田園之秋》在自然寫作上的價值被高估，觀察生物的那些記述只是單純的記述，無法透過動物學的角度解讀顯現的意義；既無法呈現博物家的精神，也無法將自然素材體悟成偉大的作品，在思想體系上更造成解讀困難，整體而言，評論《田園之秋》在整個自然書寫史上的意義，在於它是傳統田園文學轉移到簡樸的生活哲學，扮演的是一個延續者的角色，並評定它在臺灣自然書寫史上的地位不高。[15]由此可見，吳明益的度量史，顯然把對科學性文體（博物學誌或動物學誌文體）的堅持與偏好，當成是評價最首要的標準，放大了科學符碼與實用知識在自然文學中的重要性。

吳明益為新生代研究者當中，少數關注自然生態的作家。從《迷蝶誌》（2000 年）與《蝶道》（2003 年）出版以來，他即以獨樹一格自然觀察家

---

[14]陳列，〈秋之田野裡的一朵花——記憶陳冠學先生〉，《印刻文學生活誌》第 7 卷第 20 期（2011 年），頁 126～127。

[15]吳明益修正 2004 年《以書寫解放自然》的觀點，針對自然書寫提出了一暫時性的定義：1.以自然與人的互動為描寫的主軸；2.注視觀察記錄探究等非虛構的經驗，成為必要的歷程；3.自然知識符碼的運用，與客觀上的知性理解成為行文的肌理；4.從形式看，嘗試一種個人敘述為主的書寫；5.已逐漸發展成以文學揉合相關學科的獨特文類。由於他特別強調自然知識符碼的運用及客觀上的知性理解的重要性，他以減法的方式，評定陳冠學、粟耘與孟東籬在自然書寫史上的表現，文學價值不高，由此顯示他對科學性文體（博物學誌或動物學誌文體）的堅持與偏好，更顯露了個人文學品味的執迷，但這僅代表他個人的美學判斷與獨到觀點。吳明益，《臺灣現代自然書寫的作家論》（臺北：夏日出版社，2012 年），頁 83～118。

的面貌，屹立於文壇，建構出不同於小說強化魔術或迷幻格局的徑路，標誌鮮明的作者風格。他的作品風格獨特，也在讀者群中，凝聚成一股踏查賞蝶、關注土地自然的正面風潮。他本身亦是一個極其優秀的教育者、生態觀察家、生態學家與文學批評家，他的博士論文《以書寫解放自然》（2004 年；2012 改版修正爲以書寫解放自然 book I 《臺灣現代自然書寫的探索 1980～2000》、book II 《臺灣自然書寫的作家論 1980～2002》），2012 年出版的以書寫解放自然 book III 《自然之心：從自然書寫到生態批評》不只梳整西方自然書寫的理論架構，對於自然書寫在臺灣演變發展的歷史脈絡，呈現本土性的完整闡述，梳整十餘位作家的齊筆耕耘，造就臺灣本土自然書寫的豐碩成果，並評論作品在自然文學史的文學成就。

2004 年，吳明益的指導教授顏崑陽談到 1990 年代的散文趨勢時，注意到幾位作家開始書寫在地經驗，以關懷土地與文化的本土意識之自覺，利用新穎的眼光書寫臺灣經驗，吳明益即是箇中好手之一；同時認爲吳明益的自然散文強調文學性，扭轉了過度強調知識客觀化的缺失，此論點也成爲本文論述陳冠學與吳明益創造特殊的「人與自然關係」的基礎。[16]2007 年，陳芳明認爲，在新世代作家耽溺於想像與虛擬實境時，吳明益在自然寫作的深耕，追求的是文字的行動與實踐：他傳達的信息不是普通常識，而是深刻的知識。[17]（2007 年），張瑞芬認爲，此書的價值在於作者展開水的哲學性的思索，以外地人的走訪紀錄，豐富的生物知識與河川圖鑑，展開他對海的紀實與虛構年代的龐大寫作計畫，融會了知識性的書寫，又富有文人雅致。[18]2008 年，高湘茹認爲吳明益藉由溪、海、湖的書寫，展現不同印象的花東書寫，以海島的記憶，創建出獨於臺灣六年級作家的「新

---

[16]顏崑陽，〈2003 年臺灣現代散文論〉，《文訊雜誌》第 221 期（2004 年），頁 15～22。
[17]陳芳明，〈歷史如前──序吳明益《睡眠的航線》〉，收錄吳明益著《睡眠的航線》（臺北：二魚出版社，2007 年），頁 6。
[18]張瑞芬，〈在水之湄──吳明益《家離水邊那麼近》〉，《文訊雜誌》第 262 期（2007 年），頁 92～93。

鄉土」，沒有階級對立、國族情結，書寫更接近市井小民的生活點滴。[19]顯然，陳芳明、張瑞芬與高湘茹皆由踏查／想像開啟的文字世紀，探索吳明益建造的自然版圖、鄉土版圖與記憶版圖，此內容亦是本文第三節追蹤探索的重點。

　　聚焦吳明益作品的環境倫理與土地倫理者，重要的有 2009 年，侯德興專注討論吳明益的土地美學與生態概念，聚焦在自然生態與環境保育的藝術手法，及蝴蝶之意象上，肯定他對環境倫理及土地生態有重要貢獻。[20]2010 年，黃宗潔認為，吳明益以一個內陸人的視野與腳步，實踐親近海洋的可能性，建立了「身體就是海洋」的倫理觀，體現地球就是人類呼吸共存的巨大生物體的理念。[21]黃文雖亟欲探索不同的倫理觀，可惜未進一步針對三位作家身分與文化根源的根本差異性，提出更深入的說明與總結，但已觸及到不同文化的衝擊與對話，值得深思。

　　文學是苦悶的象徵，抒發了抑鬱情致與生命悲苦。文學也可能是勇氣的象徵、理想的象徵，將個人悲喜捨棄，縱情於自然的護衛行動、修復行動。散文文體重於紀實，往往是生命書寫最仰賴的文體。兩位作家同樣學貫古今，善於兼容自然科學與人文科學的浩瀚知識，融合中西思想的智慧，創造出獨樹一格的散文佳品。《田園之秋》運用日記體的形式，紀實與虛構交雜，融合生命書寫與自然書寫，讓感悟散文與自然散文合盟，創建前所未有的深度及標竿。《水邊》以網狀結構的經營滲透，透過生命書寫與自然書寫，將散文文體與自然寫作，轉變成既具個人生命探索，又與群體記憶連接的倫理文本，值得深入探索。

　　陳冠學的《田園之秋》與吳明益《水邊》透過散文發聲，除了談論自

---

[19]高湘茹，《吳明益作品研究》（臺北：臺灣師範大學國文系在職進修碩士論文，2008 年），頁 86，頁 104。

[20]侯德興，〈吳明益的自然書寫研究〉（臺中：中興大學臺灣文學所碩士論文，2008 年），頁 6。

[21]黃宗潔，〈建構「海洋倫理」的可能——以夏曼・藍波安、廖鴻基、吳明益之海洋書寫為例〉，收錄楊雅惠主編《多重視野的人文海洋：海洋文化學術討論會論文集》（高雄：中山大學文學院出版，2010 年），頁 276～277。

己的鄉土經驗外，更堂堂介入社會公義與土地倫理的論述，建構不同時代
的自然圖景與象徵。在節欲與不濫用資源、貼近生物生命的共同議題上，
兩書顯示相近的觀點，有必要置於同一平臺上，進行深度的分析比較。

　　兩位創作者，爲了停止人類的惡行，從不同的角度提出他們的思索痕
跡。《田園之秋》與《水邊》的誕生，在身體實踐、文體探索、鄉土意識與
環境倫理上，都具有重要的意義。這兩本散文著作，於 1983 年和 2008 年
出版時，曾造成極大的回響。無論從文學史、自然文學史、生命書寫史、
區域文學史或自然生態史的角度評議，雙作都具有重要的價值。隨著這兩
本書的誕生，我們看見兩位作者試圖建構一種獨特的身體觀，以身體行動
重新建構自我，傳道新穎的自然觀、生活觀、價值觀與倫理觀。本文以三
個小節，深入探索兩部作品的深度義涵。在第二小節，「踏查／勞動／教育
／去欲／審美的身體『回歸』自然」深度闡述二人在書中，雖未藏匿觀察
者／審美者的身分，利用清楚的身體形象，以踏查／勞動／教育／去欲／
審美／創作的身體進行人文與自然領域漫長的回歸／越界，凸顯身體的嚴
肅性與神聖性，以及身分的認同。第三小節，「象徵與敘事：生命書寫及時
代建構」論述雙作以田野與河流書寫，建構了休戚與共、物我合一的人生
象徵，分別利用日記體與網狀結構，從私我生命史跨越到時代記憶與自然
生態，擴展自然散文的境界。第四小節，「田園／河流人生的鄉土經驗與倫
理義涵」梳整陳冠學與吳明益久居屏東及花蓮的鄉土經驗，發現雙作將田
園或河流，當成文明社會不復存在的理想淨土，用來對抗都市文明的華奢
與虛無，從中體現土地──集群地球公民的理念，此間流露生態倫理的理
想，顯示兩本作品的殊異之處。

二、以踏查／勞動／教育／去欲／審美的身體「回歸」自然

　　1980 年代至 21 世紀初期，都市文學一直成爲文壇主流，都市文學當
道，總以光怪陸離與進化奇想顯示現代化社會最輝煌駁雜的風貌。陳冠學
與吳明益卻走向不同的路徑，以自然書寫與鄉土紀錄，留下現代化城市之

外，最特殊的臺灣鄉土景致。1980 年代以降的散文書寫，以身體書寫、情慾書寫、族裔書寫、私密書寫與家族書寫大行其道，這些作品有意無意地洩漏身體與慾望之間曖昧的關聯，讓當代散文轉向更私密話語的同時，陳冠學與吳明益卻以不同的身體書寫，展開踏查的身體、勞動／教育的身體、去欲的身體、審美的身體、創作的身體進行漫長的越界、探詢與摸索之過程，以不同的形式，讓身體回歸大自然，呈現有深度的生命書寫，相當引人注目。

　　這兩本作品，分別記錄 1980 年代初期陳冠學在屏東地帶、吳明益在 21 世紀初在花蓮地帶的生活歷程。追溯這兩本書誕生的緣起，似乎都與自我認同的危機有重要的關係。為何需要如此靠近自然？如何保持自我認定的社會身分？這些疑問，似乎促使一個更劇烈的行動產生──「回歸」。他們面對社會認定的知識分子社會責任與角色期待時，都面臨了一番掙扎。他們刻意迴避城市化的生活，選擇「回歸」的方式也很決斷。這樣的「回歸」，不只是作家感性追逐浪漫的執迷，更是身體力行的行動實踐。一個選擇遠避隱居，退回簡樸的生活，一個暫停教職，不斷走向海邊、湖邊與溪邊進行苦行踏查，兩人「回歸」自然的山林，從簡樸的方式更進一步靠近自然。這段認識田園、山海的生活，讓他們不斷進行博物誌般的考察與紀錄行動，表面上走入了與世界生態學者相近的路途，實際上，這段身體行動與鑄造的過程，也成為生命書寫中的一段重要的印記，從認識自然中，尋找到自我，也確定自我認同，走入自我與內在回歸的旅程。

　　我們試圖從作家選擇靠近山海的激進行動，定名為「回歸」。陳冠學在逢遇生命低谷的 1981 年的 12 月份開始撰寫《田園之秋》。[22]此時他的心靈

---

[22]陳冠學自師大畢業後，曾陸陸續續擔任過教職。他在 30 歲前，就想完成一部龐大的關於形上學的著作，又想撰寫一本田園日記，在現實與理想難以兩全的掙扎下，他毅然辭去工作，避居澄清湖畔。1981 年 3 月，他寫了《老臺灣》與《臺灣之古老與古典》，並參加 11 月的省議員選擇，選後失利落敗。半個月後，他在 12 月初一，開始撰寫讓他成為散文聖手的作品《田園之秋》。請參陳列，〈秋之田野裡的一朵花──記憶陳冠學先生〉，頁 126。鄭穗影，〈吾友陳冠學先生〉，《文學界》第 7 期（1983 年），頁 108～123。

已回歸鄉土，但身體尚未回歸。鄭穗影爲陳冠學多年的好友，他認爲婚變，是促使他不得不返回故里的原因之一；也因人生遭逢巨變，轉入悲愴孤寂之境。[23]在 1982 年，他搬回新埤老家，繼續撰寫《田園之秋》。[24]我們可以說，此時身心才達成真正的回歸。這樣的書寫過程，可能會使許多散文的讀者訝異不已，原來陳冠學在尚未搬入新埤萬隆鄉舊厝時，即在高雄租賃處，開始撰寫日記，這似乎違反了日記體的一般慣例。散文文體到底是紀實的（歷史的記憶與紀錄）或是虛構的（理想、非真實的玄想），向來是個極其複雜的辯證問題。從本書的成書過程看來，可以想見，陳冠學親臨鄉土的意志，最後終於促成親臨鄉土的實際行動。陳冠學親臨鄉土的行動，最後完滿了親臨鄉土的意志，留下身心合一、行動導向的作品。

《田園之秋》的完成，與陳冠學親臨鄉土的身體行動息息相關。他曾自陳，對於漸次消逝的臺灣老田園景象，有許多懷念的情感，「讓以後的人知曉過去的臺灣有多麼美，進而喚醒少年人愛惜臺灣這塊土地，結合成較大的力量，批評現階段政權種種破壞這塊土地的行為。」[25]他回到自己最熟悉的故鄉舊院，以清癯的身體，行走在鄉野田園之間，讚嘆著自然之美，過著農耕純樸的生活，轉化成最精鍊的文字書寫，這是我們從田野之秋得到最鮮明的身體印象。

吳明益雖是小說好手，以文學獎崛起於文壇。善於駕馭兩種文體的他，更以散文《蝶道》與《迷蝶誌》聞名於文壇。他每以生態解說員與愛蝶達人形象深入人心，成爲新一代作家當中，最靠近自然與蝴蝶的代表人物之一。他寫《蝶道》，即在文中傳道許多堅定的理念，希望文章孕育出一條不會斷裂、不知朝向哪裡，帶著神經質且敏感的線索，帶領讀者一起思考環境與生命複雜性的豐富啓示。這個堅定的理念，亦在《水邊》傳承下來。《水邊》的序言，剖析成書的曲折過程與心態變異，亦像書籍本身的身

---

[23]鄭穗影，〈吾友陳冠學先生〉，頁 110。

[24]陳列，〈秋之田野裡的一朵花——記憶陳冠學先生〉，頁 126。

[25]陳冠學，《田園之秋》（臺北：前衛出版社，2000 年），頁 34～39。

世履歷，一則美麗的傳奇故事。

　　吳明益提及世人多從生態保育學者的身分認識他，到處去演講，也長期磨損了創作的思考性、野性與純粹性，終日重複自己的語言，讓他陷入膠著的掙扎。自陳似乎無暇同時扮演好學者與自然觀察者／創作者的身分。這個目光如炬、瞀於踏查的作家，終究會毅然決然反叛重複自己的窠臼，在學術生涯與創作規劃難以兩全的狀況下，他選擇離職求去，熱情擁抱他所關注的花蓮山，成就一個單純的自然觀察者／創作者的夢想。這個現代化版「壯士斷腕」的抉擇，驚動了學界，也讓吳明益這個年輕的教授，染上極濃的傳奇性質。[26]作家堅持行走是一種生命的韻律，以傳奇化的敘事，敘述自身某種英雄式的捍衛與堅持，開展了海水踏查一年的精采故事。[27]所幸魚與熊掌並非不可得兼，他可選擇留職請假的方式，繼續步行後山荒野，以踏查者的身體與形象，「回歸」山林大海。這個堅忍的踏查者之身體與形象，也成為本書建構最鮮明的人物塑像。

　　身體論述成為國內外近幾年重要的研究主題。顯然，通過身體，可思考的面向異常繁複。從身體到身分，一個指向物理與生物的面向，另一個卻指向文化的面向，回到現代生活中，我們卻極難涇渭分明地區分二者。[28]從身體可談論體力的訓練與塑造，它與自我實踐的關係，可討論身體作為他人或異己交會的疆界，還可討論身體涉及弔詭的文化政治學、身體社會學。身體時常成為社會體制下管束的範圍，被侵犯與管束的身體，是規訓與懲罰、權力下的產物。或可闡述身體的多重性，談身體詩學、談身體空間或身體感或身體論，既豐富又多元，顯現身體論述夾纏於肉體與精神、形而下與形而上、私己性與公共論述、性別與階級、個人與群體、家庭與

---

[26]參佐陳芳明與邱貴芬的文章。陳芳明，〈歷史如前──序吳明益《睡眠的航線》〉，頁6。邱貴芬，〈面對浩劫的存活之道：閱讀吳明益《睡眠的航線》〉，收錄吳明益著《睡眠的航線》（臺北：二魚出版社，2007年），頁11。

[27]在某一日，吳明益開車經過花蓮的一條溪流時，被某種光線吸引，陌生的山海景色，吸引他一直走上去，走入水邊，走入溪流，走入大海，闖開一則山海傳奇。吳明益，《家離水邊那麼近》（臺北：二魚出版社，2007年），頁3。

[28]朱崇科，《身體意識形態》（廣州：中山大學出版社，2009年），頁207。

國族、知識架構與情意感受下多方勢力交會的複雜聚合。其中，討論身體
更深層的意義在於，吾人語言的昭告、思考的軌跡、意志的呈現與價值的
取向，都必須回到身體之上，作出行為的選擇，方能讓身體曝露出文化認
同與身分認同的意義；很多時候，身體、自我與主體根本密不可分。[29]因身
體可能表現精神生活與終極關懷的追求痕跡，顯示了一種追求的境界。[30]這
樣的身體論述，更是本文深究的重點。我們看見從陳冠學與吳明益的作
品，都藉著意志的決定，牽動身體的行動，利用踏查、勞動、去欲與審美
／創作的身體形象，樹立了個人的生命價值與身分認同。

　　在書中，首先登場的，就是極其鮮明的踏查形象。陳冠學與吳明益二
人都是教育工作者，同樣決定從教育的場域離開，這離開的行徑未必意味
著消極的意義，反而因兩人的出走與離開，才釋放了被管束與制約的身
體。身體是社會體制下管束與控管的標的，踏查的行動，即是對於體制限
制的一大叛逃，更是對於自然景物的親近與回歸。兩人雖同樣博覽群書，
卻不以書中知識為牢籠，而以堅毅的踏查身體，低調宣告他們是臺灣地理
環境、生態環境、歷史環境的考察者，他們能從現場與田野，帶回可信且
重要的第一手資料。他們從踏查中，攜回的報導內容，內容不但紀實，更
凸顯了踏查行動本身的即時性；因身體的移動，必須克服外在環境的變
異，還須針對特定時空下的環境問題、社會結構或生態條件，提出個人的
看法。

　　陳冠學踏查的範圍，以新埤小屋為觀察據點，往外擴及荒野山水、鳥
獸蹤跡、外村民俗與文獻地點的考察。他的田野紀錄，也許不像博物誌般
講究觀察角度、實證態度與嚴謹，但紀實性不容忽視，曾記載下一天聽到
的 30 種鳥叫聲，以及 30 種植物名稱。[31]他亦常走到山腳下的林子，觀察古
藤攀延，意態萬千的景致。他仔細描繪山腳的景色，也曾走入溪流之中，

---

[29]同前註，頁 207。
[30]陶東風、和磊，《文化研究》（桂林：廣西師範大學出版社，2006 年），頁 127～128。
[31]陳冠學，《田園之秋》，頁 310。

發現形似臺灣的天然石雕。[32]他提及踏查的意義，「我出去，是一種生命內裡的渴求」。[33]透過踏查，他以腳伸入田園的膚表，更深入生生不息的自然景致，記錄下國人少提及太母山景致，以客觀的方式陳述這座兩千六百多的斷崖，卻給予最主觀的讚嘆評價，譽為第一高山。[34]

吳明益過往在《蝶道》與《迷蝶誌》中，已常顯露追尋與踏查的身體形象，為追尋「幽微天啟」的震顫，奔走或疾馳在曠野之中。他在〈目睹自己的誕生〉與〈行書〉，都描寫到肉體因堅忍不已的尋訪過程，所受到的肉身痛苦。此書中的踏查範圍，以花蓮幾條溪流如美崙溪、立霧溪、七腳川、木瓜溪、牛軛湖、隱湖為主，再擴展到太平洋為主要觀察據點。他在花東海岸步行，往外擴及水源追溯、後山生態考察、原民文化與作家專訪、鳥獸紀錄與村民互動等，踏查地點比陳冠學更寬廣。他卻在書中謙稱：

因此雖說自己有些許踏查經驗，但對許多真正的自然踏查者來說，恐怕沒有參考價值，也嫌可笑。另外，我對海認識也極淺薄，而花蓮最多的就是迷戀海的人。……我只是告訴讀者我看到什麼，我感受到什麼。於是我終究寫下這一本書，交出我步行水畔後所獲得的一滴水。[35]

漸漸地，他沿著溪流行走，將踏查變成一種習慣，一種生活的必要。[36]為了查訪溪流的走向及沿岸風景，他的身體常得面對環境的考驗，必須風雨無阻、日以繼夜地在溪邊定點觀察，甚至搭好帳棚，睡在溪畔。在五條河流的溯源過程中。他的身體，幾乎是以一個苦行僧的形象現身，堅毅地進行他的踏查計畫。

---

[32]同前註，頁100。
[33]陳冠學，《田園之秋》，頁88。
[34]陳冠學，《田園之秋》，頁86。
[35]吳明益，《家離水邊那麼近》，頁9。
[36]同前註，頁24。

　　因應自我形象、社會角色、謀生方式與生活主張各有不同，陳冠學與
吳明益在書中出現了值得論述的勞動／教育的身體形象。兩位作家同樣以
文學著作立足於文壇，社會對知識分子的身體，投注各種文化傳承、教育
責任與有教無類的社會期待。值得關注的是，兩位作者在書中呈現的身體
行動與自我形象，強化了勞動／教育形象的訓練及塑造過程，以鮮明的身
體形象，回應了社會的期待與疑問，也涉及弔詭的身體社會學。

　　陳冠學決定在屏東新埤定居，拒絕教職，也斷絕都市豐富的經濟外
援，揚棄眾人仰賴的科技，回到農業時代自給自足的農耕生活；那也意味
著既然選擇這樣的生活方式，必須透過勞動，種植農作物並定期收割，變
賣到市區，才能讓自己溫飽。從書中我們可以發現，農務非常忙碌。除了
趕節氣、趁雨水，經濟作物的成長，無一不仰賴農人身體的勞動與看護。
以農務為職的族姪輩，非常憎恨農民的生活，認為身體的勞動與付出，只
換得微薄的金錢，這是一個被剝削的行業。陳冠學曾當過老師，他看待農
務，卻沒有這樣負面的情緒。他能安貧樂道，不理會世俗的觀點，早已認
同勞動的身體，僅是精神的承載物。他將勞動身體給學理化，要闡揚人與
萬物齊一之理念，必須通過身體的貫徹才能得到彰顯；身體的負擔，不是
犧牲，而是為了理念的實踐、啟蒙的訓示必須出示的手段。他在資本主義
壓制的肉身邏輯裡另創新路，不再低估農人為出賣勞力、貶抑的人，反而
從自然大道的存在論中，推演出農人與農人的身體，是唯一具備與自然共
存的一種神聖價值。「除了大自然，農人並不依賴誰，也不虧欠誰」。[37]農人
的勞動，不是單為了生產，那將使人的生命變成奴役。他轉化了馬克思主
義（Marxism）籠罩下的勞動意義，將農人階級的身體義涵，從階級剝削、
剩餘價值（Surplus Value）轉化提升為形而上存在價值化的身體，跳出利益
與經濟交換的思維，傳播了另一種評價身體的經驗法則。

　　對吳明益而言，學有專精的學院派教授，是他的一個社會角色與社會

---

[37]陳冠學，《田園之秋》，頁 132。

身分。在沒有圍牆的社會大學裡，他更像是一個戮力環境教育的種子教授，勤勞認份地四處奔走，傳達他的族群史觀與生態理念。在《水邊》中，經常可看到傳播知識之教育者的身影不斷現身。這個教育者，不只透過身教影響學子，更以踏查為媒介，潛移默化地影響了同樣以傳播知識為職志的作家朋友。他把學子帶往生物的現場、自然的現場，讓學子親自體會花蓮的自然與人文生態。他在教室現場，早已引導學生「大自然就是人們的身體」，讓學生產生休戚與共的認同感。他帶學生走訪嘎啷啷溪，讓學生參與阿美族之祝禱儀式，留下田野的紀錄，也讓學生親自見證溪流傷痕累累的現狀。他們和原住民作家一起合唱八部合音，聲音嘹亮迴盪在溪谷。吳明益以大自然為教材，以身教，方式企圖影響他的學生。不只成為學生的精神導師，也透過潛移默化的方式，影響並教育每個身邊的朋友。

　　有個特殊的形象，亦即去欲化的身體，持續出現在兩部作品當中。無欲則剛的身體運動，是陳冠學與吳明益證明自身生命哲學的一部分，同時也是對身體的鍛造、開發與提升，一個最重要的實踐。陳冠學在書中呈現的身體形象，常是少欲地、自制地，在衣食上力求簡樸，吃的多是村落或自身栽植的植物，偶爾外食，或食用家人飼養的家禽，亦不能安心。清貧的生活能餵養成壯大的靈魂，可以清楚表露他的清高志節與不染著的生活理想。他極少進市區，看著市區店面華奢光亮，總覺得販賣的全是人的慾望，商品亦成為鼓勵犯罪的根源。[38]這樣的想法雖有些偏激，但對照他的生活模式，他仍是一個心口合一的行動者，以行動完整貫徹他的思維。他把物慾降至最低，不役於物，成為精神與身體唯一的主人。他讓現代陶淵明在臺灣復生，不為五斗米折腰，換取思維與身體的安頓及自由。值得注意的是，他在文中坦誠透露一次極其私密的身體經歷，春夢的快樂與歡愉，讓他難以釋懷。[39]他從春夢中體悟甚多，甚至想起朝聞道，夕死可矣的激動，頓悟溫柔的愛就是道的深層義涵。由此可見，他的去欲思想，並非偏

---

[38]同前註，頁 21。
[39]陳冠學，《田園之秋》，頁 165。

狹的全面壓抑人之欲望,而是順乎人性,不讓身體受到物欲的控制,若能維持平衡,他亦能享受真愛的純美與身體的歡愉。

吳明益在書中,以博物誌之姿,旁徵博引的磅礡學識,遠勝於《田園之秋》的互文網絡的複雜度,幾乎貫穿各式天文歷史與生物地理的繁複知識,卻近似防堵似地,不曾顯露任何自身的欲望;與前二本散文著作相較,更少洩漏私人的情感與欲望。全書除了強化徒步踏查與溯溪紀錄的身體形象之外,便是凸顯一個不斷接受淬鍊、磨礪過程,建構出一個更趨堅忍的書寫主體,是一個欲求甚低、衣食需求也降至最低的創作者形象。文中曾描述,他從東華大學連走三天,幾乎走到秀姑巒溪的出海口,也走破了穿了四年的舊鞋。背包內攜帶的東西只有鏡頭、衣服、望遠鏡、帳篷與睡墊,餬口的食物就只是營養口糧。[40]他在臺 11 線擴寬工程進行中,在大雨襲擊中探勘河流的河道,淡然透露當時行走的身體,早已疲憊至極,體力已達極致。[41]當他徒步探訪,以簡樸生活受到矚目的區紀復與孟東籬,在東海岸結廬人境的生命範型時,他竟流露出景仰的態度,直言自己也難以做到。[42]這些描述,都勾勒出一個最單純的樣貌,不只凸顯踏查者堅定的形象,也凸顯一個無欲無求的人生形象。翻遍全書,在踏查、教育與審美身體之外,作者幾乎完全不透露任何私人的空間與身體形象,只洩漏一些他與 M 領養的貓咪之間的私人生活。他的身體與地域,是貓咪可以縱容撒嬌的地方,顯示他對貓咪溺愛的情感。[43]或談及暑熱,提到年少時可愛的冰箱狂想,一些有趣的童年往事。淡然的生活速寫與踏查的篇幅相較,不成比例的稀少,由此亦可看見作者捍衛私人情感與隱私空間的堅持態度。

本文認為,書中所有的身體行動,最後在審美／創作的身體上,得到了記錄與見證。審美的主體,透過自身生命與對象生命世界的和諧交融,

---

[40]吳明益,《家離水邊那麼近》,頁 143。
[41]同前註,頁 172。
[42]吳明益,《家離水邊那麼近》,頁 113。
[43]吳明益,《家離水邊那麼近》,頁 12。

進入到生態美學的境界。[44]陳冠學與吳明益將物我交會的審美過程，所發現的自然之美，透過創作之筆保存下來。陳冠學自詡為詩人，從言談中，表露自視甚高的驕傲與堅定。在書中，我們可以清楚看見他塑造的自身，是一個日日伏案於書肆之間，坐在簡陋的木椅上，浸淫在閱讀與創作的堅韌身體。「真正的詩人的生命在於超越生存事態以上的心靈，而不在於其血肉之軀」。[45]詩人以獨具審美之眼，超越世俗的桎梏，照亮世人的視野。他在勞動、去欲的生活中，細心品味自然與人生之美，成為老天的知己、大自然最珍貴的鑑賞者，透過審美的心性，挖掘人所未見之美。也許因為交通不便與杜絕交遊，更源於自身的內斂與自持，他在文中呈現的社會網絡與交際，多半是與鄉村的鄰居或同族宗親互動。較親近的好友，包括閱讀他創作的最初讀者，都是他的匿名的友朋，從不在此書暴露更多他自身可能蘊含的文化資本（culture capital）與社群效應。透過身體社會學作書寫行動的解讀，陳冠學透過創作立言，建立起美好的世界，將個人的生活上升為一種生活的美學，保留了非常單純的人際關係，更樂於演繹自然之道，企求在文學與哲學領域留下一種特殊的示範。

吳明益在作品中，則以多層次的角度，建構他身為創作者的獨特形象。身為一個自然觀察家，他總會把每次觀察的內容記錄下來，顯示觀察手法的客觀性與見解的獨特性。他不認為自己只是個被動的紀錄者，而是個開發海洋視景的創造者；他將寫實性的踏查紀錄、虛構性的世界海洋文學、全球性與在地性的生態史料、歷史文獻進行開放性的對話，建構一本關於思考／想像海洋之作，也將此書的定位更加擴延成考掘河流歷史、揭開東海岸之美與身世、批判生態破壞與累積河流事典的重要書籍。審美的身體也許是私密的經驗，但書寫的身體與創作的行動，卻是行動導向的實踐。他的創作串聯起學院派知識的聯繫，反覆援引楊牧被視為花蓮書寫之經典，以及提及施叔青、李銳、馬耀、赫恪、邱世寅等文壇作家或區域性

---

[44]徐恒醇，《生態美學》（西安：陝西人民教育出版社，2000 年），頁 10。
[45]陳冠學，《田園之秋》，頁 134。

的文史藝術家的文壇訊息,將此文與世界經典及文化資本進行對話,可看出本書亟欲建立的文本厚度,不僅是讚頌自然美學的神奇,更將書寫實踐與社會關懷行動結合,將個人的創作行動,擴大成一種行動化的表彰態度。

陳冠學回復到老莊時代的清心寡慾,素樸單純的人生哲學;吳明益嚮往原住民的生態主張,以身土不二的踏查實現他的人生志願,都顯示了鮮明的身體意識。我們看見這兩位散文作者,透過自然的書寫與素材,在書寫行動/身體行動上都回歸了大自然。他們不只對自己的生活進行深度的觀察,特別是通過身體與行動的描述,建構起自己獨特的形象,以此尋找並建構自己的主體認同,討論這兩本如此凸顯鮮明人格的著作時,絕不能忽略身體論述的討論。

在西方書寫傳統中,哲學論述總拒絕將身體當作知識的場域和獲得思想的中介,而竭力抹滅它的存在;從而超越於其上,通過貶低它,將它納入心靈的理想化的範疇,而最後獲得對它的控制。[46]我們從文中可發現,兩位作家對自身身體進行觀察,正好反駁西方書寫傳統中,對於身體弱化或貶抑化的態度。他們在文中描述最多的身體形象,就是男性的、知識分子的、觀察生態的、喜愛自然的、踏查的、去除物欲的,知性又感性、孤獨又堅忍的創作者形象。而這樣的身體實踐,並非源於天生賜與,反而充分代表創作者實踐個人意志與理想最直接的方式。

陳冠學與吳明益以置身在大自然中的身體,向我們展示深刻的學問:身體的行動,意味著個人知識場域的延伸,也是個人傳送情感與淑世理念的中介平臺。兩人作品中的身體形象,正好凸顯身體與精神間複雜的關係,可以相互支持,造成了兩作身體話語的特殊性。這時,身體既是反抗外在主流價值的利器,也是自我精神表彰的唯一依歸。文中凸顯了踏查、勞動/教育、去欲與審美/書寫的身體形象,樹立了兩人獨特的生命價值

---

[46]簡・蓋洛普(Gallop, Jane)著;楊麗馨譯,《通過身體思考》(*Thinking Through the Body.*)(南京:江蘇人民大學出版社,2005 年),頁 5。

與身分認同，更展開個人與群體、權力與慾望、主流價值與自我意志、精神與物質、私密與公開的爭奪痕跡，凸顯肉身的神聖性與嚴肅性，存在本身的理想性與超越性，無疑具有重要的意義。

三、象徵與敘事：生命書寫及時代建構

象徵與敘事，一直是討論文學作品之精義的兩大重點。象徵在文學領域的意義，通常指甲事物暗示了乙事物，但甲事物本身作為一種表現手段，也要求給予充分的注意。[47]陳冠學透過動人的一連串譬喻，串綴成完整的象徵。「我是森林中的一株樹，小溪中一滴水，原野中的一棵草，天地間的一個生物，我融溶在整體中，安用名號分別為？」[48]他將自我不斷變形，以樹、水與草的存在方式融入自然，透過物化的方式，泯除物我分離的框限，消去人的名號，分別與執著，呈現出園人生、物我合一的象徵，而這象徵，不斷透過重複且持續的話語強調出來。吳明益透過《水邊》，嘆服海岸線無涯又有涯的異動界線，暗示人類與水源常伴左右的命運，揭開人文與自然共榮共生的密切關係：

> 一條溪可能不只是一條水的線條，她應該是一條獨特的生態系，飽含水分的地方史，一條美與殘酷的界線。而如果我曾從出海口步行到她的上游的話，並且和她一起睡著，一起醒來的話，或許我將了解：河流、海、湖、地底下以及海溝深處的水，魚絕望的濕潤眼珠，被砍斷樹的維管束逸出的水，從北方的北方而來的峰面在天空中所形成的雲，我們悲傷的眼淚與受傷流的血……這裡頭水的數量加總，和數億年前地球上擁有的水的總數可能並沒有太大的改變，只是如今水被迫改道、被傷害、被污染、被封閉、被藏匿、被遺棄、遺忘。[49]

---

[47]勒內・韋勒克（Wellek, Rene）、奧斯丁・渥倫（Warren Austin）著；劉象愚、邢培明、陳聖生、李哲明譯，《文學理論》（*Theory of Literature.*）（南京：江蘇教育出版社，2006 年），頁 214。

[48]陳冠學，《田園之秋》，頁 78。

[49]吳明益，《家離水邊那麼近》（臺北：大安出版社，2004 年），頁 5。

　　而海岸或隱或顯的詭異身世，它的順流與壯健與否，也深深影響人的
生存與命脈，寓寄河流人生、休戚與共的宏大象徵。兩篇作品，深入演繹
物我合一的田園人生、休戚與共的河流人生，塑造了完整的象徵。從私我
到時代、荒野到文明、自然到人文做了積極的跨越；將自然散文拉起個人
生命、時代意義的複雜繫連，更利用日記體與網狀結構顯示殊異的境界。

　　《田園之秋》利用日記形式，記錄田園喜樂的生活。《水邊》以三大
節，拆解水邊的組成分子：溪邊、河邊與海邊，記錄花蓮四年的水畔生
涯。這些作品乍見，即可發現其生命書寫的精義，不僅呈現個人的身體行
動與生活寫照，更由生活經歷擴延到族群的生命，開展散文文體為個人書
寫的局限，利用特殊的敘事，呼喚想像共同體（imagined community）的凝
聚，建構時代與生活的記憶。把自我書寫延伸到山水景物與土地生命，也
將自我理想之探求的主題，延伸到記憶與歷史、自我與社會、個體與集
體、自然與文明的疆域。雖記錄了私人的生活，也保留了一段重要的時代
印記與軌跡。

　　散文常被當成具有生命書寫性質的特殊文類，亦是作者內在心靈的祕
道檔案，是過往記憶與自身歷史的真實紀錄。作品本身雖具有袒露自我、
分析自我的特質，但不可忽略的是，散文同時也有串聯時代、重塑環境與
建構歷史的可能性，未必成為真實人生的俘虜。不少文評家往往陷入「寫
作模仿人生」的窠臼，認定散文僅是創作者真實人生的文字表述，為現實
人生的被動紀錄，而忽略了散文亦是一種極度仰賴創新與想像的文體。散
文的表意形式與小說、戲劇或現代詩相較，它的訊息雖更為單純、傳訊化
（communication），但散文依舊仰賴文字傳播、敘述，難避免符號本身多
義與曖昧的本質。更重要的是，散文敘事牽扯到的各種細節，從寫什麼到
怎麼寫，更可能由私人紀事串連起時代記憶，擴大了它指涉的範圍，而產
生我們難以想像的深遠影響力或感染力。

　　西方的文學史當中，生命書寫一直是廣受歡迎的敘事文體，如盧騷
（Rousseau）式的個人自白作品《懺悔錄》（*The Confessions*），或是如巴特

（Barthe）深具自我剖析意味的《羅蘭巴特論羅蘭巴特》（*Roland Barthes par Roland Barthes*），都是重新發現自我的傑作。此外，西方社會裡的殖民墾荒日記與講道詞、自傳、札記與隨筆，內戰前後的黑奴自述、弱勢族裔的美國夢碎的回憶錄，都成為一種敘事傳統，成為重要的文化資產。[50]這些年來，日記體、自傳作品與回憶錄相繼面世，與自白文化與紀實文體相關的散文作品開始呈現出更多元的面向。個人的文學能以敏銳的觸鬚，探觸時代的紀錄與群體的記憶，而《田園之秋》與《水邊》就是此類的佳作。

　　前文提到，陳冠學撰寫《田園之秋》時住在高雄，就已經透過書寫進行「倒帶」行動，回憶故土尚未消失的老田園，一個最令他魂牽夢縈的鄉愁景致。顯然，我們看到《田園之秋》的日記形式，未必完全符合真實性與紀實性的嚴格要求，到可把它當成書寫策略來看。吳明益看到陳冠學對老田園的，指出回到屏東過著農耕的生活，不只是一種嚮往式的追求，而是一種理念的展演：《田園之秋》正是這種展演的紀錄，縱使這理論恐怕永遠只有展演，沒有實踐的可能。[51]本文認為，此處所指的（個人）理念展演與（他人或眾人）行動附和或實踐，未必存在不可解決的衝突，如此評論怡然耕讀的意義，似乎太過決斷。因陳冠學怡然耕讀的身體行動，對他自身說來，絕對是一個意志與身體雙重實踐；對他人說來，意義取決於價值觀的差異，就算被認為是曲高和寡、過於理想性或認定是高不可攀的信仰，並不影響他的意志與行動。重要的是，他的身體實踐，早已勾勒了一種極端、但清楚的生命態度。正因陳冠學面對世俗難以跨越的鴻溝，刻意從書寫的實踐上，進行全面的倒帶、抗拒現代化，以行動貫徹了意志，透過文字的建構，如假似真地讓「老田園」復活，以樸拙的生活，守護住老厝與「老田園」，因此成就了不凡的文學高度與價值。

　　陳冠學選擇透過日記的形式來謀篇布局，讓老田園復生，顯然是經過完整的構思與嚴密的規畫。日記體本是歷史紀錄最仰賴的一種體裁，此

---

[50]紀元文、李有成，《生命書寫》（臺北：中研院，2011年），頁3。
[51]吳明益，《以書寫解放自然》，頁360。

外，日記又是散文諸多殘餘文體中，最易顯露創作主體內心隱密的文體，亦是自傳性較強的類型。日記體以敘事者、聚焦者與行為主體三者合一的身分洩漏作者心聲，以敏銳、細節的語言記錄日常瑣事，就閱讀心理學而言，此種創作早預擬了讀者聆聽作者心裡獨白的效應。陳冠學利用日記體來敘事，似乎藉此強化敘事的可信性與延續性、抒情性，增強作品本身的感染力。依可信性而言，作者每天依日期撰寫新篇，可能得依循氣候易變，描述田園的變貌，增錄平日見聞、引介鳥獸之名，的確比其他散文的類型，更增添了可信性與真實性。以延續性而言，陳冠學從九月一日寫到十一月三十日晚秋結束，讓許多記載的事件，從點、線的擴延，而有了全面的敷陳與呈現，顯得更為具體與繁複。在抒情性上，創作者在私密的領域裡，不論是讚嘆萬物之美好、或是發一時之幽慨，傾訴夜半之私語或進行田野踏查的紀錄，都能直接袒露內心的悲喜好惡，完全凸顯個人的主觀情感。

值得注意的是，正因《田園之秋》善用日記體之所長，依每日紀錄之特性，讀者可對陳冠學所處身的真實地域——新埤田園與林間曠野，有更深層的認識。此外，更重要的，讀者逐漸發現作者看待自然田園獨特的觀點、俯仰人世卓爾不群的人格，逐漸強化與認同敘事者的主觀情感，從而發現隱遁田園的抉擇背後，深藏了作者對於現世環境的強力控訴與超脫於世的高潔情感。也因日記體的選用，更化了《田園之秋》本書最重要的特色——透過陳冠學式的目光，觀察到萬物皆美的田園景致；在抒情與敘事兼長的日記文體上，凸顯了表現性；[52]充分表現了作者鮮明的個性、獨特的文采與樂天知命的人生境界。

陳冠學選擇透過日記的形式，保存一個混雜 1980 年代鄉土與早期鄉土舊貌的形象，建構了一個新的自然與淨土，喚起了人們對於環境汙染與資本主義罪惡的沉思。某種程度而言，他也以散文的形式，虛構了自己的人

---

[52] 泓峻，〈從日記體、書信體小說看五四時代的一種寫作倫理〉，《四川大學學報》2010 年第 5 期（2010 年），頁 83。

生。對照作者的年譜，不難發現《田園之秋》的部分內容，明顯違反了事實。例如，作者從制止母雞生小雞一事，聯想到「我一向總覺得製造生命是一種罪過。要我做人父母，我一秒鐘都不安心。……但若要出自我的意志之下，則我實在一樣的負荷不起。」[53]當鄰里人詢問他的近況，他回應自己單身。這些內容，很明顯地不符合實際的現況。當陳冠學歸回田園時，帶著幼女岸香一起居住。這個活潑又機靈的可愛女孩，我們在《父女對話》中，早已熟識她的天真、聰慧與敏銳。《父女對話》的創作時間與《田園之秋》頗近，卻全然抹除岸香的身影，僅在日記中，獨留一個單身、獨居的男性形象，以及男性所創建的一片靜謐的自然夢土，頗值得玩味。

陳冠學藉著日記書寫心中的夢土，並以此小屋為基礎點，建構了美麗田園，歌頌田園人生、物我合一的鄉土傳奇。他刻意不寫現實的繁雜，包括他自己的私事煩擾，似乎是為了保全紙上田園世界的純美。不管書中呈現的情景，是否如陳列所說：並非真實的紀錄，但很接近生活情景，「雖然書中描述的情景很接近寫作當時的生活樣態，但並不是真實生活的紀錄，而純是對舊時老田園風貌的意義與重組。」[54]或是如許博凱指出，陳冠學迴避真實破敗的臺灣土地，描述的山景田野，原是從清代臺灣方志史料搜尋到的過往遺跡。[55]唐捐（劉正忠）小曾針對該認定為紀實還是虛構作品，做了深度的考察，證明部分內容的紀實性值得懷疑。[56]吳明益贊同唐捐的觀點，認為此書應當作「回憶重構為日記體」看待。[57]《田園之秋》雖有虛構的內容，但不妨礙我們詮釋此作最重要的意義，在於他以文字建立了一個永恆的故鄉，即使故鄉只是個「美麗的圖騰」與「虛幻的境界」。極盡美化它的最終目的只有一個，就是透過故鄉書寫，創建「田園人生」，傳送「田

---

[53]陳冠學，《田園之秋》，頁 123。
[54]陳列，〈秋之田野裡的一朵花——記憶陳冠學先生〉，頁 126。
[55]許凱博，〈從新埤到老臺灣〉，收入文訊雜誌社主編《2006 青年文學會議論文集》（臺北：文訊雜誌社，2006 年），頁 341。
[56]唐捐，〈《田園之秋》的辭與物〉，收入聯經出版社主編《臺灣文學經典論文研討論論文集》（臺北：聯經出版社，1999 年），頁 389～399。
[57]吳明益，《臺灣現代自然書寫的作家論》，頁 73～74。

園人生」的哲學思維。

　　《田園之秋》是陳冠學最重要的文學著作，相較於《訪草》一二卷的駁雜與直陳、《藍色的斷想》之孤詣、《父女對話》的童真與巧趣，《田園之秋》絕對是他畢生最精美厚重的代表著作。田園是陳冠學的理想國，寫作無非是爲了留下理想國，以抗衡現實的萬丈紅塵。[58]它的誕生，也改寫並奠定了陳冠學的文學地位。這部作品讓我們重新發現文學書寫最重要的意義，在於爲自己與時代留下足跡與印記；當撰寫生命故事的（避世歸鄉與書寫）當口，我們未曾發現它的意義；總是在後來或別的事情來臨時，我們才明白，後來發生的事情，開啓了當年的意義。[59]當自然寫作在 20 世紀末到 21 世紀初期成爲臺灣重要的文學類型時，創作者或研究者不斷回顧 1980 年代完成的這本鉅作，探索它在文學史、鄉土意識與生態意識上如何占有承先啓後的重要意義，也因這樣的關注，重新讓我們思索個體生命書寫，如何滲透進入文化與社會，造成深遠的影響。在 1980 年代，臺灣社會以現代化與國際化爲首要價值，不斷開發現有的土地，陸續造成政體環境的破壞與污染。陳冠學目睹了這些可怕的變化，他把自身的家宅與文學，當成是抵抗現代化的利器，創建了一個綠的世界，一個人與自然依然保有信賴與依偎關係的世界，尖銳地點出臺灣社會最衝突的掙扎：若無法附和現代化熱潮，只能避居田園和回歸田園。他的回歸，指出沒有第三條路的無奈之境。

　　《迷蝶誌》與《蝶道》標誌出青春吳明益，一個愛蝶人最完整的創作成果，融合抒情與理性、人文與自然的特殊路徑，樹立他身爲自然文學創作者的特殊身分。50 萬字的博士論文之發表，更奠定長期以來專注此一主題的他，在臺灣現代文學中，自然寫作史與論述史上極其重要的位置。致力於自然生命教育的傳播，似乎也成爲他的重要使命。吳明益在 2007 年出

---

[58]曹惠民，《出走的夏娃：一位大陸學人的臺灣文學觀》（臺北：秀威資訊科技公司，2010 年），頁 143。
[59]紀元文、李有成，《生命書寫》，頁 4。

版《水邊》前，整整有四年的時間，進入創作的沉澱期，沒有發表任何創作。當我們回顧他的沉澱歷程，發現這段經歷跟他搬到花蓮任教，有絕大的關聯。東華大學的天然地勢得天獨厚，擁有全島難得一見的美麗海景與山景；太平洋距離學校只有十分鐘車程，隱湖距離學校更近，步行十分鐘就可到達。正因家離水邊那麼近，河流的身世與景色自然引起吳明益特殊的關注。他開始利用溯溪、沿海步行與環湖觀察，完整地走過花蓮境內 12 條溪流，更進一步貼近水流的脈動。這段時間，他累積了大量的踏查筆記，不斷醞釀創作的完整雛型。不斷湧現的創作的衝動，促使他想遞交辭呈、暫辭教職，專心一意地進行水源踏查的創作。他在創作中，梳整了五條河流的身世與歷史，也以文字觸摸了河流的傷痛。而這個勘查大地創傷的巨型歷程，讓《迷蝶誌》與《蝶道》未能完整進行的工程，直到《水邊》才完整地呈現。

　　以個人的腳力與能力，要進行勘查大地創傷的工程，不能不說是個巨型歷程。吳明益沒有團隊、沒有支援的狀況，以個人的能力與體力，進行花蓮河岸地表的檢視工程，的確是個意志力與終極理想的耐力賽程。吳明益在臺北、花蓮兩地奔波的過程中，發現到臺灣的海岸，已被公共建設與自私重利的開發給毀壞，書寫東部海岸線的殘破面貌與考察河流曲折的身世，亦成為他念茲在茲的大事。本書表面上記錄的主角不是人，而是東海岸的海、湖與溪。但從另外一個角度來看，本書最鮮明的人物，就是凝視、拍攝、查訪與諦聽海、湖與溪的作者本人，一個憂國憂民、擔憂臺灣生態會繼續惡化下去，以知識分子的睿智形象，堅定抗拒以任何公共利益與形式，繼續剝奪東海岸的山景與海景的山海守護者。這本創作不僅是交出他個人東海岸的踏查紀錄，亦承繼前作自然書寫的向度與厚度，更關注在宏大的議題上，透過生命的探尋與自然的書寫，把個人的生活理想與花蓮的歷史、人物及事件串聯，追溯幾場風災的現場，從而理解了河流過往的身世。這也是生命書寫中，從私人過度到公眾，由小我聯繫起歷史，進

而產生歷史感與大我歸屬感的因由。[60]

從本書之內部組織構造和外在表現形態看來，吳明益企圖透過網狀散文的形式，追溯河流的身世，期待透過盤根錯節、支流橫溢的溪流，最終塑造支流奔騰齊湧大海的完美效果。可惜，在過於駁雜與碎裂的敘事中，有意設計的結構性框架與層次，分裂成「家離溪邊那麼近」、「家離海邊那麼近」與「家離湖邊那麼近」，伴隨著許多小標題延展，卻未能發揮最好的整飭與結構性的效果。有些內容，因穿插的典故與史料過多，而混亂了聚集的主題。[61]或可能受到日期的限制，插入太多不相干的內文，而干擾了文章的脈絡。[62]本書由好幾個線條展開，分別由從美崙溪、七腳川溪、花蓮溪、木瓜溪與嘎啷啷溪展開敘述，由每一條河展開了一個關係網絡，一段特殊際遇或多個豐富的事典線索。從美崙溪主要暢談原住民、日、漢人與此溪交會的歷史因由；七腳川溪主要談論文化源流；花蓮溪碰觸臺灣的歷史；木瓜溪、格琅琅溪則談及鳥及生物的生態，但絕不封閉於此議題上。作者雖將追溯溪流設為敘事起點，卻常延伸談及其他內容，觸類旁通、株連甚多，從生態的批判談到環境的保育、物種的起源到中西海洋相關典故等龐大的訊息量，格外凸顯作者本身容納百川的廣大視野與淵博見聞。

自然書寫的文體，必須彙整文學性、自然與科學性的完成結盟，許多創作者在不同時刻，可能逢遇上創作的瓶頸，時常檢視它的可能面貌。更早幾年，劉克襄即留意到吳明益的書寫特質，完全凸顯學者型作家的特色，敘述語言過於精鍊而純粹，彷若「一間博物館內的自然精品店」。劉克襄擔憂的是「自然精品店」的趨向，擔心吳明益以過度華美的詞藻、過度贅述的瑕疵，是否限制道德理念的表達？[63]我們在《水邊》探索的焦點，更

---

[60]同前註，頁 14。

[61]此處應討論身世之謎，卻因穿插太多典故，講整體論述失焦。吳明益，《家離水邊那麼近》，頁 88。

[62]文章在頁 101 時，突然提及日本的翻譯老師來信，談到翻譯的字詞，如忍耐力與抵抗力的差異在哪，不知此段內容跟上下文有何關係。吳明益書寫此段內容時，可能受到紀實體服膺真實記錄的限制，而出現冗贅的敘述。吳明益，《家離水邊那麼近》，頁 101。

[63]劉克襄，〈遭遇曙鳳蝶〉，收錄於吳明益著《蝶道》（臺北：二魚出版社，2003 年），頁 26。

在於吳明益式的書寫，非常豐富的建構了「一間間博物館」，大量知識的援引，在自然文本中，搭建極其繁複的訊息網絡與平臺。這樣的書寫模式，的確呼應了美國生態哲學家、自然寫作的重要作家李奧波（Leopold）的信念：保育的基礎，除了建立在自然學的整合工作之外，同時也須聯合哲學、倫理學、歷史與文學的力量；《沙郡年紀》的出現，正是他秉持此信念的最終證明。[64]吳明益亦透過自己的文學作品，為他自訂的自然書寫的定義，做了最佳的示範。他擅長透過人文與科學知識的旁徵博引，增加文本的知識性與理性厚度，特別強調自然知識符碼與科學性文體、博物誌文體的偏好。但此種文體，在組織與結構上，也產生了一些影響。初步他設定以河流為主的敘事軸線，在眾多知識的堆疊中，失去清晰的脈絡與位置，顯得雜蕪橫生。敘事線既被其他社科知識或生態訊息分散，亦如錯綜的河流，亦常分岔漫流，沒有脈絡可循，或可順應作者的說法：稱之為一連串或隱或顯的碎形面容，拼湊而成的海岸圖景。

　　吳明益在東華大學請假的一年之中，自述《水邊》的形式，與同時撰寫的《睡眠的航線》斷然劃分，顯然，刻意呈現的碎形網狀結構，應作有意義的形式來解讀。海洋的空曠與流轉特質，與人類陸地生活的固著性、單調性形成鮮明的對照，但也呈現出這是人類視野的想像。[65]吳明益從大量的踏查筆記、文學與自然科學的原典、科學數據、歷史檔案與手札彙整，利用與五條主述河流相關的眾多引文，使文學與自然科學的原典繼承或脫離原有詮釋的框架，與上下文脈絡構建成新的互文關係，共同表現作品核心的主旨，刻畫那些與人類歷史共生、源遠流長的河流。從美崙溪、七腳川溪、花蓮溪、木瓜溪與嘎啷啷溪為敘事中心，作為觀察主線；看似單線發展，卻環環相扣，繫連成長篇幅度的滲透與依偎。作者親身踏查記錄每一條河流的身世與故事線時，卻不斷透過紀實的史料與虛構的小說，召喚

---

[64]Meine；鍾丁茂、徐雪麗譯，〈山的感動——李奧波和沙郡年紀〉，《李奧波與生態意識》（Aldo Leopold and the Ecological Conscience.）（臺中：臺灣生態學會，2007年），頁25。
[65]藍建春，〈自然烏托邦中的隱形人——臺灣自然寫作中的人與自然〉，頁257。

科學自然與人文想像下自然多重的樣貌。從 21 世紀初的臺灣東海岸，不斷往時序或位置的座標向前推進，上達日治時期或遠古時代，讓加禮宛事件、霧社事件或風災讓自然山海現形，使自然書寫的觀察紀錄，沾染了歷史重述與想像建構的混合體。時而穿插的中外歷史典故與生態訊息，又將時間順序打破，把臺灣東海岸的空間作橫向的綿延，擴延到其他的地理空間，運用河流的本質，做橫向與縱向的交錯。吳明益透過非單線結構的形式，穿透人文與自然、歷史與記憶、紀實與虛構、時間與空間、殖民與抵抗、審美與消費、生物與非生物、荒野與文明，多線齊頭並進，多條斷裂與分歧的溪流，有意透過碎裂的敘事，拼接成一個網狀交錯的結構。

　　吳明益在《水邊》以獨白式的文體惦記河流、探索河流與書寫河流，繼承的仍是前書《迷蝶誌》與《蝶道》一貫熟悉的敘事技法，有正文、照片、繪圖與解說，加上從不同水源地取得的水源裝瓶，以及隨手繪製的精美自然圖景插畫，彼此相互引證，豎立自然書寫既具文學性、又具科學性的書寫慣例。他書寫自然的方式，仍利用以小搏大的策略，利用細膩的心情與百科全書式的知識，達到格物的目標。[66]2007 年的書寫，傾盡全力讓花蓮自然書寫的脈絡與世界的觸角，毫無時差地接軌，更直擊臺灣土地破壞的現況。在 21 世紀初期，臺灣現代化的污染範圍已席捲到東海岸，因經濟利益與人為工程的強行介入，美麗的花東縱谷已成為現代化的犧牲品，河流已改道或絕跡。他為臺灣出賣自然、消費自然的國家政策，提出深切的警告。吳明益對照歷史文獻，目睹了這些可怕的變化，他把河流書寫與花蓮書寫當成是環境改造的利器，創建了一個海的世界，喚起國人對於後山淨土最終的懷想。他呼告後山已淪為西部經濟開發廢棄工廠的悲劇，也指出「家離水邊那麼近」的真理；多接近海邊，多觀察生態變化，加上更多人力的投入，將促使花蓮生態有復育的可能性。吳明益透過書寫，在 21 世紀初，重新創造了西海岸那些美麗河流的容顏，讓這些河流重新在人們

---

[66]陳芳明，〈光之舞踊——吳明益自然寫作中的視覺與聽覺〉，收錄於吳明益著《蝶道》（臺北：二魚出版社，2003 年），頁 20。

的記憶中復生，完成了另一種形式的河流史建構。

　　不論陳冠學與吳明益在散文著作中，如何凸顯紀實踏查的身體實踐，或運用多少虛構的技巧，體現他們對於自然更激越的想像。這些作品，標舉出田園人生或河流人生的美好象徵，而這些動人的行動實踐或是感人的理念，都將回過頭來，豐富滋養了臺灣自然文學的厚度與深度。散文文本與作者之間一直存在著一種複雜的關係，接受美學（Reception Aesthetic）的創始者伊瑟爾（Iser）的理論正好幫助我們理解，文學作品作為作者生產的產品，包含著作者對於世界的態度，這態度並非存在他所描述的對象之中，它可能只是作者以文學形式介入社會現實所採用的一種姿態，這種介入態度，不是通過對現實社會存在結構的平庸模仿來實現的，而是通過對現實世界進行改造來實現的。[67]當我們閱讀陳冠學的《田園之秋》與吳明益的《水邊》時，亦能覺察到此間流露出異常深刻的鄉土經驗與倫理義涵，代表了作者的終極關懷。

四、田園／河流人生鄉土經驗與倫理義涵

　　世界各國的生活型態與環境狀況，與過去半世紀相比，已有結構性與實質性的改變。全球性的環境危機，如暴雨般排山倒海而來。也因惡化狀況顯著，聯合國不得不在 1972 年，於瑞典召開聯合國人類環境會議，提出斯德哥爾摩人類環境宣言（Stockholm Declaration of the United Nations Conference on the Human Environment），規劃了人類對於全球環境新的權利與義務的共同原則。此後，國際間不斷有重要的全球會議召開。聯合國透過具體的行動標示，一個新時代的到來。此後全球愈發重視環境惡化的問題，環保亦成為國際會議討論的中心議題，保護環境成為地球公民最重要的共同理念。[68]21 世紀，生態危機已成為人類最大的生存危機。這也讓我

---

[67]洛夫洛克（Lovelock）著；金恆鑣譯，《蓋婭，大地之母》（*Gaia a New Look at Life on Earth.*）（臺北：天下遠見出版公司，1994 年），頁 182。
[68]雷毅，《生態倫理學》（西安：陝西人民教育出版社，2000 年），頁 19。

們開始深思，任何地球人無法置身事外。如果人類要持續共享現有的一切資源，人們必須改變毀壞自然的生活方式，尋找新的生存模式與倫理規範，與大自然共存。

20 世紀末，從聯合國的宣言，到生態學家的研究報告或哲學家的哲學論述都指出世界邁入現代地球村網絡後，倫理觀也面臨了極大的轉變。過往著重於自我價值的倫理觀，演進到關注家庭、部落、地區、國家，再演進到 20 世紀開始關注到種族、人類、植物與動物的生命。21 世紀初甚至預擬了未來人類的倫理學，開始進一步關注生命永續息息相關的宇宙與星球生命。不僅如此，隨著地球環境整體的大改變，天賦權利也有著根本上的變動，倫理對象也從自我實踐轉移到社會的範疇，再擴展到自然生態的關照，要求從尊重與義務的理念，重新定義與自然的關係，大大翻轉了人類倫理學與環境倫理學的既定視野。[69]洛克洛夫（Lovelock）因提出蓋婭假說（Gaia hypothesis），成為重要的意見領袖。他的假說雖有爭議，但他的理念深切地提醒世人，身處於生物圈的中心位置，人的生活方式、人品道德和社會倫理都與地球的生存條件緊密串聯。[70]「蓋婭假說」為深層生態學、環境倫理學奠定理論根基，重新提醒人們，人與自然、人類與非人類、自我與世界、精神與物質、有機界與無機界並無嚴格的疆界，生命的過程就是要建立在跨越疆界的聯繫上，形成不同的滲透，才能促使自然與私我融為一個生命共生體。[71]這些觀點或許不算新穎，卻讓人類理解自己在生物圈扮演的重要身分，瓦解過去人與自然的對立的狀態，提醒人們：我們只有一個地球，人又是整個地球不可缺少的一部分，唯有透過實際的行

---

[69]同前註，頁 34～39。

[70]他的幾個重要的理念，影響世人非常深遠，包括：1.地球的溫度與成分，受到星球上充滿活力的生命集合體的自然調整；2.生命和環境是一個整合系統中不可分割的兩個成分。生物影響環境，同時環境也限制生物；3.生物圈是一個充滿活力的系統，可以保持地球的運作；4.地球的大氣圈，是為了實踐一系列的目的所做出的設計；5.地表的溫度、PH 值，和物質元素混合的狀態，經過了漫長的優化選擇，適合在地表上繁衍，保持適合維繫生命的生態狀況。洛夫洛克（Lovelock）著；金恆鑣譯，《蓋婭，大地之母》，頁 197～215。

[71]魯樞元，《生態文藝學》（西安：陝西人民教育出版社，2000 年），頁 36。

動，才能阻止繼續殘害地球，維繫生態的完整與平衡。

　　這樣的生態假說顯露了新的環境意識，強調地球擁有自我調整的能力，但這樣的能力也不可能無限上綱，巨大的破壞也可能造成地球自身無法平衡的災難。從這樣的觀點出發，引導世人反省自身，不再只關注人類物種的權利，更要求人對大地應盡的義務，保護更多非人物種的安危與福祉。自然而然的，許多生態學家、環境保育者與作家對於人類傷害自然的行為，有許多批判；更尖銳提出資本主義與人類中心主義的合謀，將人們推向工業型態的生活方式，屈從慾望的消費行為與買賣，正是殘殺自然的幕後黑手。

　　陳冠學與吳明益在屏東與花蓮的生活中，累積了許多鄉土經驗，他們在親近自然的過程中，對於自然運行的法則，或是土地受到的傷害，有許多深度的觀察。我們在兩本自然之書中，多次研讀到人類與非人的自然統一、每一生物都與其他生物產生緊密聯繫的理念，他們更把自己當成當仁不讓的倫理實踐者。他們不但注重自我生命的實踐，更關注地球生命的延繫。他們將私我的理想，提升到地域生態的關照，對大地充滿了尊重與謙卑的思維。

　　在臺灣文學的發展史上，鄉土意識在 1970 年代的扎根、豐收，在 1980 年代後，中國結與臺灣結的消長勢力清楚可見，平易近人的鄉土經驗成為庶民最熟悉的生活紀錄。受到啟迪的作家，非常關注自己與居住環境間的互動關係，寫下自己熟悉的生活，書寫泥土的氣息、風土的景色與民俗的習慣，一一呈現出鮮明的地域色彩。此後，文學中心主義似乎漸漸式微，生態環境學崛起，眾人企圖在文本中發現新的意義，從人與環境的互動關係中，找出暗示生態自然的文化。[72]陳冠學在四十餘歲時重新回歸老家新埤。《田園之秋》書寫了許多特殊的鄉土經驗，此間也寓寄了豐富的倫理義涵。吳明益在 2003 年，進入東華大學任教。花蓮雖非他的故鄉，他卻在

---

[72]吳明益，〈自然、鄉土與生命書寫：從《田園之秋》與《家離水邊那麼近》談環境文學的兩種示範〉，頁 62。

此發現了土地的命脈、河流的源頭、原民的思想與美麗的傳說，以呵護鄉土之心，在《水邊》書寫了一些獨特的經驗，同樣寓寄豐富的倫理義涵。

本文認為陳冠學利用三個角度來書寫鄉土故居。首先，他把鄉土故居，當成是現代文明社會不復存在的理想淨土，用來對抗都市文明的華奢與虛無。陳冠學對此著力甚多，多處刻畫故居鄉土的單純與貧瘠。他描述鄰里居民，在繁忙的農務中，仰賴賣魚郎與小販兜售食物及藥品。一方面暗示鄉下的貧困，一方面也彰顯貧困卻無欲無求的鄉村，是一面無垢的大地。這個貧困村莊，吻合他要的小國寡民的無為政治，以農耕為生產手段，不須過量的制式技術與開發，更無太多的社交與束縛。親族鄰里依循四季的遞嬗，採收各式作物；鄉居生活依照宇宙秩序與四時運轉，生養作息，只受自然律限制，不受制任何他律。他深信，政治是文明的骨架，文明不值得讚美，人世間的不幸，多來自於文明與政治。他自願在荒涼的鄉土，親炙道家小國寡民的安逸政治，逃離國家政權的干預，深切體會無為無用的政治哲學，最適於人類生存。他感謝窮苦故居帶給他的，全是精神的快慰、心志的自由與身體的富足。

其次，鄉土故居是人類的天堂。得天獨厚的故居，擁有不受破壞的自然曠野，吸引了各種生物的進駐、居住，他日日生活在蟲鳴鳥叫之中，從中體悟到萬物皆好的啟示。陳冠學「初秋篇」九月二日記下：「**在燕鴴劃破熹微曉空的鳴聲醒來，在鈴蟲悠悠夜吟中睡去。沒有疲勞感，沒有厭倦感，這是我的生活**」。[73]他與自然的生物和諧共生，在自然的樂音中呼吸，身心逍遙、自在，他把生命的目的，看得更清楚透徹。他認為人在自然之前，「**轉了這麼一圈，我的生命更加晶瑩了**」。[74]他發現自然是最佳的療癒師、最棒的藝術品，他崇敬自然萬物的神奇，療癒人們的精神危機與痛苦，讓人感到精神的快樂富足。

再者，他把家鄉當成是他的人間道場。因屏東故居交通不便、地處偏

---

[73]陳冠學，《田園之秋》，頁 10。
[74]同前註，頁 6。

僻，正好成爲儒家文化與道家文化的實踐地，他在此展現民胞物與的情懷，以及心齋坐忘的修行試煉。儒家與道家是他精神的皈依，在農務之餘研讀古籍，不論立身處世或是爲學態度，體現誠意、正心、修身、齊家的人倫價值。但日常興趣與思想，也不受儒家文化與道家思想所限，亦熟讀叔本華、羅曼羅蘭作品，常翻閱《四季隨筆》、《森林的小屋》、《草原上的小屋》等。與世無爭的田園生活，是他貫徹無私之愛的人間道場。他友愛親族，調節紛爭；他友愛萬物，共生和諧，時時同享萬物齊一的快樂。

　　陳冠學從這三個角度來書寫鄉土故居，也展現依循自然、崇敬自然與融入自然的倫理思想。他認爲，人必須破除自己的蒙昧，不以造物者或上帝的姿態看待萬物，有謙遜與反省之心，方能一視同仁，珍惜蟲魚鳥獸的生命。「實在說，人是種霸道的生物，……說什麼理由，我都是霸道的」。[75]這樣的思路，與李奧波一貫的思維與信念是一致的。李奧波認爲，人對土地的守護意識與倫理意識，使智人（homo sapiens）從土地集群（land-community）的征服者，變成土地——集群的一般成員和公民，這暗示著，這個人對於這個集群內其它成員，以及對這個集群的尊重。[76]《田園之秋》中。處處洋溢著此種土地——集群公民的友善萬物的思維。他反覆提及，人是從大自然出來的，怎能忘了大自然呢？人能時時投入大自然的懷抱，才能得到身心的安適自得。「宋人詩云：萬物靜觀皆自得。真的，這裡幾乎沒有一件事物是不自得的。……即連人類的我，我也和這裡的任何物一樣，心無一事地在安祥地眺望著」。[77]正因人與自然萬物是禍福相依的共同體，他要求友愛萬物，慈愛地對待任何鳥獸的生命。他善待大地，自訂休耕期，有了休眠，能讓土地常保健康。他對待萬物與土地的態度，不是掠奪、不是侵犯，而是滋養、珍惜與陪伴。

　　吳明益在《水邊》顯示了他在花蓮久居幾年後，獨特的鄉土經驗。他

---

[75] 陳冠學，《田園之秋》，頁 123。

[76] 李奧帕德（Aldo Leopold）著；吳美真譯，《沙郡年紀》（*A Sand County Almanac*）（臺北：天下遠見出版公司，2005 年），頁 325。

[77] 陳冠學，《田園之秋》，頁 85。

雖不是土生土長的花蓮人，卻透過踏查溯溪、專訪鄉人與查訪史料等各種
形式，建構花蓮的過往歷史，可見他對花蓮的一往情深。在本書中，他側
重從兩個面向，呈現他的鄉土經驗。首先，他把被中央邊緣化的花蓮區
域，當成是臺灣自然生態最後的一塊土地與鄉土樣本，用來對照西部繁華
城市的荒漠與死寂。東海岸因地處荒僻、交通不便，與重度污染、過度開
發的西部相較，它的破壞雖屬輕微，青山綠水，成為美麗夢土的象徵。但
山明水秀、碧海藍天的美景，在錯誤的政策、資本家與工廠合力殘害下，
已快變成傷痕累累的一片灰土。淤積的河床、密布的攔砂壩、截流堤、枯
竭的溪流與毒死的迴游性魚類，這不再是想像中夢幻的淨土，卻是東海岸
最真實的寫照。

　　其次，吳明益有意讓原民反璞歸真、崇信祖靈的文化模式，作為都市
現代化生活的一種對照。在此書中，吳明益開啓《奇萊前書》與《冷海情
深》等眾多談論原住民信仰與儀式文本的對話軌道，談棧道修築、山海信
仰與狩獵禁忌，呈現原民生活經驗所能開展的各種啓示。吳明益孜孜矻矻
地追溯花蓮溪流的源頭，亦讓原民文化滲透進入吳明益的花蓮書寫之中，
在傳說、神蹟與象徵的部分，發揮鄉土敘事中「原鄉」與「溯源」的作
用，提供在地的文獻，還原民族生態學的基礎，記錄原住民的生活。他將
原住民的族裔傳說、現實處境與歷史，融合人類史與地理、自然科學的實
證紀錄，描繪成當代讀者可以想像、參與、明瞭的民族記憶。再利用八部
合音或阿美族驅蟲祭，凸顯花蓮地區多數原民的宗教信仰與習俗，保留了
文化本身的獨特性與異質性；也彰顯它與優勢的漢文化，是獨立斷裂的文
化模式。原住民透過神聖的儀式與祝福、人類與自然的聯繫，喚起人們對
於大地崇仰與謙卑的姿態。

　　吳明益未把原民文化當成熟悉的文化看待，也刻意不以獵奇的姿態炫
耀，巧妙地提供機會，讓同行的漢人學生，甚至包括拿著相機的他自己，
從旁觀的「他者」身分，融入參與者，親自體會崇敬自然的文化氛圍與儀
式的深層意義。吳明益更有趣地發出「我是否原民」的疑問，追溯起一個

追究血緣與文化根源的問題，綿密細微地串連起本的網狀結構。他繼續利用河流踏查以追溯花蓮的面貌，利用爲數眾多的原民，以追溯原民啓示的特殊文化思維與山海信仰。他指出現實的圍困局勢，原民守護反璞歸真、崇信祖靈的文化模式，卻進入一種兩難的局面。在精神上，原民要守護傳承信仰，就必須與資本主義盛行的媚俗文化進行一種悲劇性的對抗。原民藝術家在現代社會迷了路，他們爲了生存不得不販賣觀光客喜愛的木雕圖騰，只有獲得經濟支援，他們才能繼續創作真正有生命力、代表他們族裔韌性的創作，這是原民必得面對的生存掙扎。吳明益以地域書寫，族裔書寫、文化書寫與倫理書寫，彰顯原民文化對於現代化社會的衝擊及意義。

　　吳明益曾將臺灣自然書寫作出歷史分期，認爲第三階段的發展目標，應該是建立新倫理摸索的方向，這應該也是吳明益創作時，不敢或忘的重要目標。[78]吳明益從兩個角度來書寫花蓮，體現反省人類中心主義、借鑑原民尊重自然的倫理思想。他在序言中提到，「在寫這兩本書（《睡眠的航道》與《家離水邊那麼近》）的期間，我的身心慢慢從不太健康的狀態，回到比較接近健康的狀態。」[79]顯然，這本書的完成，對他的身心狀態亦具有正面的意義。他在踏查溯溪的過程中，發現曾是多種族裔殺伐戰爭與輝煌歷史的現場，這原本美麗的東海岸，已被破壞殆盡，開始有了力竭聲嘶的呼告：提醒人類不能忽略兩樣東西：「知識加上感同身受的體諒」。[80]他以歷史爲鑑，發出沉重的呼告：人千萬別以神或造物者自居，要知道自己對環境造成何種傷害。而這種自身性的反省，更擴延到宏觀的生活模式與文化價值的反省，讓我們理解原民的生命經驗與生存智慧，存有值得參佐的重要價值。[81]此間的思想，呼應了李奧波的剖析：如果以生態學的角度來詮釋歷史，就會明白，人類事實上只是一個生物群的一員，歷史事件其實是人

---

[78]吳明益，〈自然、鄉土與生命書寫：從《田園之秋》與《家離水邊那麼近》談環境文學的兩種示範〉，頁72。
[79]吳明益，《家離水邊那麼近》，頁11。
[80]同前註，頁68。
[81]吳明益，《家離水邊那麼近》，頁68。

和土地之間一種生物性的互動。[82]吳明益亦能以銳利之眼,穿透歷史的迷霧,洞察人和土地漫長的互動關係,亦迴身修正自己過往的論述。吳明益在《水邊》多次從「原鄉」與「溯源」的角度,論述原住民的族裔傳說、現實處境與歷史,無疑修補了在 2004 年出版《以書寫解放自然》一書的觀點,不再將自然書寫定義為一種呈現人與自然互動歷程書寫的同時,卻擱置了最重要的原住民作品,開展出來最豐富的山海觀點,作了極大的修正。[83]他以書寫行動證實,他創作的思考性、野性與純粹性沒有消失,他不重複自己的語言,不違反自然史的進化角度;[84]他帶著他的作品與思考,隨著臺灣這塊土地的環保意識逐漸成長,一起演化,交出無愧於心的作品。

在 21 世紀初,世界各國開始把生態學的理念,運用到人文社會學的面向上,生態學從此出現更多的人文色彩、更多的倫理爭辯。不少文學作品,自發性地承擔了關注地球發展、人類禍福的責任,就如《田園之秋》與《水邊》。這兩部作品在書寫自然環境的同時,也思考了土地倫理、環境倫理的問題,出現整合的企圖,自由出入人文科學、文學、哲學與倫理學,不斷探究各種可能性。他們似乎把延續大地生生不息的使命,當作第一目標。這樣的自然文學,不但拉近了人與自然的距離,也拉近了創作者與自身生命的連結,在審美的價值之外,擴充了藝術僅具審美的義涵,更增益了臻於至善的價值。《田園之秋》與《水邊》重視自然的價值,他們以自身的實踐證明,人類可與自然維持最美好的關係,體現了守護自然的終極關懷。最後,亦從自身的藝術性顯示:在救治自身的同時,也救治了世界;在完善世界的同時,將完善了自身。[85]

五、結論:原來家離田園/水邊這麼近

《田園之秋》出現在工廠林立、工業污染漸趨嚴重的 1980 年代,《家

---

[82]李奧帕德(Aldo Leopold)著;吳美真譯,《沙郡年紀》,頁 326。
[83]吳明益,《以書寫解放自然》,頁 26~27。
[84]同前註,頁 6。
[85]魯樞元,《生態文藝學》,頁 23。

離水邊那麼近》誕生於污染已成國人夢魘，生態危機更加險惡的 21 世紀。臺灣現代文學史將如何定位《田園之秋》與《水邊》二書的重要價值呢？這兩本著作，以濃厚的生態意識與後殖民（Postcolonial）思維，從宏觀的角度，解讀戰後臺灣亟從政治干擾中突圍，創建經濟奇蹟與現代化的背後，那些大樓、工廠與堤防，是如何破壞本島的土地與環境，造成日後嚴重的倫理危機與公害問題。兩位作家以截然不同的人格形象，矗立在他們的作品之中；卻同樣透過身體的實踐與行動，宣揚他們自然的理念。他們雖犀利地抨擊社會體制，卻以溫情之筆，建構了田園人生與河流人生極其美好的象徵，開啟世人對於自然進行最大膽的想像。他們溫柔提醒我們，原來家離水邊／田園那麼近，我們隨時可以駐足凝望自然之美，得到物我齊一、身心合一的快樂。

　　自古以來，自然景物極易形成生命壯美的象徵與圖騰。陳冠學提倡田園人生、物我合一的象徵，直寫自然之親近。吳明益則標舉河流人生、休戚與共的象徵，嘆服自然之包容。兩人書寫手法與風格的差異，正好顯示臺灣自然書寫歷史在不同階段，可能開啟的各種面貌，未必定於一尊。現階段的理論論述，受西方啟蒙思想與科學主義主導，過於偏重知識體系的內容與觀察手法，某種程度也掩蓋或漠視非博物誌類作品的特性，亦顯現了人與自然可貴的互動關係。以隱逸文學著稱的陳冠學和以博學多聞受到讚賞的吳明益，正好顯示臺灣 1980 年代與 21 世紀自然文學的兩種樣貌，一個寧靜致遠，強調人與自然的感悟之情；一個善於理性的分析，援引知識進行科學性地考察與辯證，強調人與自然之間涉及複雜的學問，各以獨特的風格，建構自然的堂奧，盡顯風華。兩人都將生命的經歷，建立在依偎自然而生、依偎自然而喜的生命狀態，將讀者帶到一個友善自然的環境，與大自然深深相擁的壯闊世界。他們以堅毅的行動，重新建構了自然的價值、萬物的價值，以及自我生命的價值。這樣的生命書寫，除了呈現獨特的生命形式與人格之外，表彰的不再只是單純的人生志向與人本主義，也流露尊重大地的倫理思想，擴展散文文體僅為個人書寫的局限，能

與生態保育守護土地的核心思想結合，值得肯定。

　　總結以上所論，我們發現，雙子星佳作把自然景物當成象徵圖騰，將自然寫作、生命書寫、鄉土經驗與自然倫理串連起來，解剖人類與臺灣社會共同的生態危機、精神危機，體現出散文少見的視野。兩位作家坦誠地面對自己的人生，堅毅地實踐自己的理想，以鮮明的身體形象與行動，去回應、去反駁世俗對價值看法的標準，這些不足為外人道的奮鬥過程，令人動容。他們高聲疾呼，再次提醒我們，我們無法確知地球的前途與污染的後果，實在是因為我們一直忽略我們依賴而生的地球，它不可被取代的重要性。在這兩部作品中，陳冠學或吳明益所堅持的觀點，未必都是正確的，未必都能通過時代的檢驗，成為社會依循的法則，但這並不減損它們的價值。誠如李奧波所言，他雖刻意將土地倫理描述成社會演化的產物，但他也承認，這種倫理規範，從來不是個人所寫下的，而是經由有思考能力的群集心智中發展出來的。[86]《田園之秋》與《水邊》顯示出的經驗及智慧，若能經由社會大眾的討論，凝聚成共識，必可從群眾論壇與公共政策之中，找到相應的對策及彌補之道。

　　陳冠學與吳明益以踏查和勞動的身體，一步步走近自然。陳冠學先生已於去年仙逝，相信吳明益先生會繼續他的探訪，依舊一步步往自然走去。回想《田園之秋》與《水邊》中兩人堅毅的身影，義無反顧地往自然走去，這的確是臺灣文學史之中，令人難忘的，另一種極其浪漫的象徵。

　　　　　　　　　　　——選自《第二屆屏東文學學術研討會——陳冠學會議論文集》
　　　　　　　　　　　屏東：屏東教育大學中文系，2012 年 9 月

---

[86]李奧帕德著；吳美真譯，《沙郡年紀》，頁 353。

「理念」的「張陳」
陳冠學《第三者》研究

◎王國安[*]

一、前言：「理念」先行的詩人

　　陳冠學，1934 年年生，臺灣屏東新埤鄉人。師大國文系畢業。先後在
十餘所中等以上學校任教，1982 年離開教職專心從事著述。其《田園之
秋》一書，可說是臺灣文學承繼陶淵明隱逸精神的具體呈現，其中對田園
的詩性觀察、通感描繪，以及以生活實踐來印證簡樸生活的快意自適，他
「提供的是歌能把慾望降到最低的人的生活境界」[1]，該書予終日汲汲營營
的都市人一心靈的桃花源以漫遊，也因此，《田園之秋》屢獲肯定，1999
年更入選「臺灣文學經典 30 部」，陳冠學的文學地位也更形鞏固。

　　有趣的是，《田園之秋》中那以詩性心靈觀察蟲魚鳥獸，以鄉土生態知
識與優美典雅文字鋪綴出田園風情並與自然萬化合一的諧順詩農，卻同時
是對人世失望、抑鬱難解的怒目金剛，葉石濤說：「陳冠學具有中國傳統的
舊文人氣質，同時又具有臺灣知識分子參與（committed）的入世思想。他
辭掉教職，毅然脫離看不見的枷鎖，絕不能看做是退縮和逃避，毋寧是一
種更積極的為求真理寧願殉道而死的強烈意願」[2]，在《田園之秋》中，陳

冠學雖刻意避免談及現實社會，而著力於在書中建立一心靈的世外桃源，
但其於自然觀察、晴耕雨讀的紀錄之餘，常對社會、對都市、對人類提出
強力的批判，其中間雜的議論式文字，是陳冠學用以建立「我／人」之間
的「自我／他者」的對立，也因此，陳冠學藉著回歸自然、記錄自然的方
式建構自我主體，也藉由對未能了解田園之美的「他者」的批判來區隔出
自我，而若觀察陳冠學的其他著作，我們可以發現，這後者的以「他者」
區隔出「自我」的書寫，才是陳冠學寫作的重心所在。陳冠學曾說：

> 一個人活著，若不能將自己當一包強烈的炸藥，把世途的轍軔炸平，好
> 讓千千萬萬的人們有坦蕩蕩的道路行走，則套在人群中的一切行為都是
> 出賣自我、遺失自我的勾當。對於此時的我，人生只能有兩種生活，要
> 不是將自我炸成碎片，便是保有全部的完整自我，教我將自我零售、或
> 委屈自我，降為世上的一件工具，我再也不能忍受，因為自我永遠是主
> 體啊！[3]

　　這裡的「炸藥意識」[4]，便說明了陳冠學撰述《田園之秋》的真正因
由，「自我」得以爲「主體」，是在於不隨俗而行，出賣、遺失、委屈自
我，更在於以自我爲萬人先，破除迷惑、邪惡，予萬人以坦途。陳冠學曾
在〈日記〉一文中說到：「文人大率自少耳濡目染，希聖希賢，不免潛在地
抱著強烈的不朽觀察，一旦拿起筆來，心中早已欲想著千代萬代，因此下
筆自然就公私不分明了」[5]，也正是這「希聖希賢」的「文人」氣質，使這
本看似漫步田園耕讀實踐的生活實錄的日記體，其實是「公私不分」，陳冠
學的心中塊壘，其實是欲闢邪說、止亂象如同孟子，將此世界視同文明的

---

[3]陳冠學，《田園之秋》，頁 104～105。
[4]唐捐語。可參唐捐，〈《田園之秋》的辭與物——論陳冠學《田園之秋》〉，《臺灣文學經典研討會論
文集》（臺北：行政院文化建設委員會，1999 年），頁 392。
[5]陳冠學，《訪草　第二卷》（臺北：三民書局，2005 年），頁 7。

亂世而陳述而批判[6]，所以如吳明益說：「於是我們可說，作者藉一公開的『回憶日記』以表露心跡、陳述某種思想議題的企圖實是《田》書的主調」[7]；張達雅言：「《田》書表現的重點……景物的記載是陪襯，理想自我的呈現才是主題」[8]；也如唐捐所說：「則《田園之秋》的作意當然不在於客觀地記錄或反映什麼，而在於理念的『張陳』」[9]，綜合以上陳冠學的自我表露與學者們的共同見解，我們可以說，《田園之秋》是有著陳冠學的各種理念傳達與理想抒發的日記體散文，而陳冠學本人，也正是一以「理念」「張陳」為重的作家，所以一同於其《田園之秋》，在其散文、雜文及其小說之中，其文學最初即建立於一種「思想議題」、一種「理想自我」以及一種「理念」的敷衍「張陳」，所以，《田園之秋》中所刻畫的懷舊式的田園風光，《老臺灣》、《臺語的古老與古典》所呈現的欲為臺灣存真的臺灣意識，《訪草》一、二卷，《陳冠學隨筆——夢與現實》、《藍色的斷想》及《覺醒：宇翁婆心集》中的理念鋪陳與現實批判，《進化神話第一部：駁達爾文：《物種起源》》中論證造物之先驗存在，以及《象形文字》、《論語新注》、《莊子新注》、《壯子宋人考》、《莊子新傳》等學術、思想論著，在在都顯示，陳冠學「避世」的姿態，實是意圖建立更強大的「入世」力量。

　　因此，在《田園之秋》中，陳冠學所建立的詩性田園，實是一脫離現實社會的烏托邦，而以日記體形式表現的寫實筆調，則是實錄其表，想像其裡，如唐捐所言，「寓言」的建立才是其用心所在[10]，甚至在其「仲秋篇」中「十一月七日」至「十一月九日」中那穿越時空隧道而來的「伸

---

[6]陳冠學於其《陳冠學隨筆——夢與現實》的〈自序〉中說：「我一直想破除那些對社會有害的似是而非之說……」便可為例。陳冠學，《陳冠學隨筆——夢與現實》（臺北：草根出版公司，2008年）。

[7]吳明益，《以書寫解放自然——臺灣現代自然書寫的作家論 1980～2002》（臺北：夏日出版社，2012年），頁74。

[8]張達雅，〈陳冠學《田園之秋》中的自然觀察與書寫〉，《臺灣自然生態文學論文集》（臺北：文津出版社，2002年），頁284。

[9]唐捐，〈《田園之秋》的辭與物——論陳冠學《田園之秋》〉，《臺灣文學經典研討會論文集》，頁390。

[10]可參唐捐，〈《田園之秋》的辭與物——論陳冠學《田園之秋》〉，《臺灣文學經典研討會論文集》。

張」，更是明白地以虛構人物、主客問答來表現陳冠學的關於現實社會的各
項批判；而其看似父女對話紀錄的《父女對話》各篇，也如同一刻意經營
結構與對話的小說，藉老父的引導、女兒的童言，表現陳冠學對田園的懷
想與對現實的痛憤；其《訪草》一、二卷中的〈小說家的夢與現實──溫
吞島〉、〈盲人島──一名：無罪惡之島〉及〈大洋國〉，也是在雜文的書寫
中逕以虛構爲之的想像島嶼的紀錄，並藉此抨擊政府存在之惡。而其唯一
的小說集《第三者》，是陳冠學少數以「小說」形式撰成的作品，其中所經
營的人物、結構、情節，自然一如前述的小說嘗試，飽含著陳冠學那閃現
於各書中的「理念」。

　　本論文以陳冠學的小說集《第三者》爲主要觀察文本，一方面著眼於
陳冠學的散文成就已爲世人熟知，但小說成就卻多爲人所忽略，在陳冠學
做爲臺灣重要代表作家的今日，其各項文學成績皆應有被研究與檢視的機
會；另一方面，陳冠學做爲理念先行的作家，其小說中承載了什麼樣的問
題意識？與其散文、雜文能否互相發揚？又雖然陳冠學習以虛構與想像作
爲鋪陳理念的筆法，但小說有人物、結構的要求，反而未能如陳冠學其他
徘徊於小說與散文之間的跨文類嘗試，所以，其小說是否有在情節推演之
後反而與其理念相矛盾，甚至是戳破其理念之局限之處？更是吾人可能在
其小說中發現的有趣之處。以下，進入本論文的討論。

二、從「詩人」談起──陳冠學的自然觀

　　陳冠學的《第三者》一書，其第一篇小說〈詩人〉既可爲全書之序，
也可爲作家之夫子自道，更是直接聯繫《田園之秋》中詩性田園的小說文
本。而陳冠學以「詩人」做爲其小說的開宗明義，既賦予詩人一崇高的地
位，也在說明只有「詩人」才能夠是與陳冠學同道，能夠感受自然之美的
人。在《田園之秋》中，陳冠學不止一次地「定義」詩人，他曾說：「詩人
是個總名，分別說，包括藝術家、音樂家。這些人是天地間真有睛者，其
餘絕大部分的人，幾乎是接近全盲的。整個天地萬有待這些人而後有光有

聲有形有質;換言之,整個形色繽紛的世界是因有這些人而後纔存在的」[11],也就是說,「詩人」是能夠觀看、感受自然之美,並能轉化、傳達世界的形、聲、質與世人的特殊身分者;而陳冠學也自許為詩人,他曾說:「我被目為詩人,也自許為詩人」[12],也說:「人間也只有向我這樣置身在這晶瑩的晨野裡的人,纔配稱為詩人,你說是不是?」[13],因此對有詩人之能的自己來說,那田園、自然之美的傳達,也就成了他的「責任」。而如此的責任,則來自於他對「優美」的渴望。陳冠學說:「自然世界包含優美和壯美,人世只能是優美。在自然世界的優美和壯美中,我們渴望建立優美的人世。優美的人世,只能由人的優美生命來構成」[14];如此,將陳冠學的邏輯聯繫起來,我們看到陳冠學的理念是「人世應該優美→唯有詩人能感受優美→我即詩人即能傳達世界之美的人」,故全書首篇以〈詩人〉為題,該文就建立在如此的理念之下來鋪綴成篇。

該文首節便寫到:「夕照去後,詩人沿著林緣輕移著腳步,一邊在諦聽林裡歸鳥的吱喃,一邊在等候牠們的未歸者;這些自然是他的財富。他說美是詩人的財富,並且也只有詩人才能擁有這種財富。……所以美待詩人纔有了安頓,有了歸宿,而世界與人間那最高貴的部分纔有了主。」[15],一同於前述引文,陳冠學雖虛構詩人,也定義詩人,直接寄寓其理念。而第二節起,這詩人漫步於「仲秋時節」,務農卻非專業農夫,時有抄錄詩思的隨筆文字,則幾乎可確定是陳冠學的自我影射。更有甚者,在〈詩人〉一文中情節最具張力處,便是詩人與獵人的對峙,獵人來到詩人漫步之處,詩人了解獵人來意後請他到他處行獵,並因此起了爭論口角,該情節則與陳冠學於《田園之秋》中「九月二十日」中提到「有個捕麻雀的人……要

---

[11]陳冠學,《田園之秋》,頁134。
[12]同前註。
[13]陳冠學,《田園之秋》,頁6。
[14]陳冠學,《田園之秋》,頁3。
[15]陳冠學,〈詩人〉,《第三者》(臺北:草根出版公司,2006年),頁6。

來向我借空田張羅補雀」[16]處幾乎如出一轍。其不同處僅在於那捕麻雀者「平生大概是第一回被拒絕，很是不高興，嘟囔嘟囔著走了」[17]，但〈詩人〉中的獵人，卻在與詩人口角後引起殺機，詩人與之搏鬥後將之趕出林外，可以說，陳冠學於此是藉由虛構之小說形式，完成其於日記「實錄」中所無法做到的對「惡人」的懲戒。

而《第三者》雖然以「詩人」來開宗明義、型塑其心中的理想典型，但在其他篇章中，如此的詩人形象卻不易建立，取而代之，能夠珍視自然、尊重生命，並能深刻理解「優美」者，皆為「少年」。在〈天鵝〉一文中，那遇見白鵝並細心照料的少年阿泉，抗拒母親及會長對天鵝肉的垂涎並保護之；在〈一支斑駁的老筆〉中，了解老作家對一生最重視的筆立筆塚的心意，並替之保護筆塚的少年阿宏，可說是陳冠學於小說中所型塑出最接近「詩人」的人物。而何以有如此安排？陳冠學曾說：「兒童可以說是天生的詩人，兒童就是文明時代的原始人」[18]，因為人無法避免將「生存事態」給「無限化」，每日為生活條件、品質等汲汲營營，反不如兒童能夠當「文明時代的原始人」，在生存所需之外，能夠張開眼睛，看到自然之美；他也曾說：「一個人只要對日子有長短不齊的感覺，就不曾過過真日子，不曾獲得真人生。世間只有兩種人切實過著一般長短齊一的日子，其一種人是兒童，另一種人是哲人或詩人」[19]，更是直接將「兒童」與「詩人」並置，且認為平凡人時而忙碌時而悠閒，使日子「長短不齊」，是無法過「真日子」的人，而兒童會靠自己填充日子的空白，所以每天都是「長短齊一」的。陳冠學於《父女對話》中所建立的每一個篇章，也可說是陳冠學（詩人）與女兒（兒童）能夠以相同的視角與心情觀看自然的文字紀錄。所以，在陳冠學的人物塑造中，屬於文學、詩性心靈，能諧順、保護自然外物者，非「詩人」即「兒童」，而上述二小說中的「少年」，一方面著眼

---

[16]陳冠學，《田園之秋》，頁74～75。
[17]同前註，頁75。
[18]陳冠學，《田園之秋》，頁134。
[19]陳冠學，《田園之秋》，頁164～165。

其尚未受成年人社會規則的制約，一方面則是為了讓情節推演得以順利推演而塑造的最接近「兒童」的人物。如此也可見得，陳冠學在虛構小說時為順應理念張陳之故，在人物的塑造上便有著相似的定向。

　　有趣的是，在陳冠學的《田園之秋》中，其想像書寫出來的田園烏托邦，得以片段地、散裂地存在書中而完整，但在小說中，卻反而顯得局促而力不從心。在〈詩人〉一文中，詩人漫步森林中，突遇一樵夫伐木，詩人與之商量請他再深入森林砍伐其他樹木，文中寫到：

> 山腳下那邊即將有一棵樹被殺，就是遠在南美洲有樹被伐，他也一樣心痛；然而在這一整個大自然界裡，他也只能保有這個極小的角落而已。詩人這半天明朗的心情，一時陰暗了下來，他再也無心揀選他的詩記了，他就坐在那裡出神。[20]

　　在此，「詩人」反而承認其優游漫步之森林只能是其心靈所屬的「一方」土地，只是一「極小的角落」，其請求樵夫讓他「眼不見為淨」，雖然仍對被伐之木有所憑弔，卻證明了那田園烏托邦在現實社會無法存在。同樣的，在〈天鵝〉一文中，雖然少年阿泉細心照料天鵝，但欲討好會長的阿福叔卻欲偷竊搶奪天鵝予會長吃食，使阿泉只能將天鵝帶到隱密處放生；而在〈一支斑駁的老筆〉中，原先只是老作家要埋葬跟隨他一生的筆而作的筆塚，反而因鄉人謠傳其中藏了老作家的積蓄，所以筆塚被挖，筆與未出版的原稿一併消失。在這三篇人物塑造、理念傳達相近似的篇章中，那對萬物的熱愛，那對文學的傾慕，反而都在情節的推演中呈現其與世俗接觸時無法盡如人意的一面。所以我們發現到，在應該近於「真實」的散文中，陳冠學得以建構一與萬化冥合的世外桃源，在「虛構」的小說中，陳冠學反而承認「詩人」與「兒童」在與邪惡的「世俗人」接觸時的

---

[20]陳冠學，〈詩人〉，《第三者》，頁14。

無力。吳明益曾如此評價《田園之秋》:「自我消滅、朝向一個似乎永難到達的理想世,《田》展現的或許不能是令人稱美的洞察、諧順、美麗田園,而是作繭自縛、難以實現的想像域。也許正是了解難以要求他人做到,於是陳冠學便只好回到陳家莊去『盡其在我』」[21],「陳家莊」正是陳冠學於《田園之秋》中虛構伸張穿越時空隧道所來到的陳家田園,於《田園之秋》中的虛構寓言雖能夠安頓其理念,但「陳家莊」卻僅是「難以實現的想像域」,此便是筆者所謂陳冠學於小說鋪陳中為顧及「現實」反而將戳破其烏托邦想像之意。

因此,《第三者》中開宗明義的〈詩人〉一篇,反而預示了陳冠學在撰寫小說時的寫實主義筆法將使他無法安於創造一脫離現實社會的田園寓言,受限於其所塑造之小說人物必須當成現實社會中人去觀察並進行情節推演,如此,卻使「詩人」與「兒童」於現實世界的「弱勢」具體地呈現出來。可以說,陳冠學在此是表現其於散文中不願呈現的現實面(詩人無法令樵夫不伐木、阿泉僅能以逃避的方式閃躲阿福叔),也是其於雜文中批判的亂象的理想版(如詩人得以擊退獵人、阿泉成功放生天鵝、阿宏於幾年後竟尋獲老作家的原稿),陳冠學的小說與其散文、雜文也因此有了微妙的不同之處。

三、陳冠學的宇宙觀及生命觀在《第三者》中的展現

在《田園之秋》中,除了那位漫步田園的詩人之外,最常被提及的便是「造物主」、「上帝」、「老天」,他說:「居住在大自然裡,時時都會想起造物主,天的藍,地的綠,透明的空氣,若看不出是造物的設計,不止是瞎了眼,還盲了心。不論人多麼渺小,在這點上,人總該是造物的知音」[22];也說:「我對自己的地位或身分感到驚訝,我發現我竟是天地的旁觀者,好像身在天地之外。我越來越覺得這是我所處的地位。我好像越來越

---

[21]吳明益,《以書寫解放自然——臺灣現代自然書寫的作家論 1980~2002》,頁 92。
[22]陳冠學,《田園之秋》,頁 149。

成了老天的朋友，在一邊鑑賞祂的每一件創作，而爲之傾倒，爲之神解」[23]。在此，陳冠學表現的是對「造物」此一神祕力量的讚揚，沉浸於「造物」的奇蹟之中，鑑賞「上帝」的設計，成爲「老天」的朋友，是詩人的敏銳天賦，更是詩人的使命所在，所以，陳冠學的《田園之秋》除了在建立一詩性田園，予都市人一心靈世外桃源外，更代表著作家對造物的虔誠感恩。同樣地，陳冠學對造物的虔敬，也表現在其他的作品中，可以說，造物主的必然存在，就是其堅定不移的宇宙觀，所以，在其雜文中，我們常看到他對達爾文的批判，他認爲達爾文提出「演化論」，並提出萬物歷經物競天擇、適者生存而不斷演化的言論，是最可恨的「邪說」，他甚至撰寫《進化神話第一部：駁達爾文《物種起源》》一書，該書引用達爾文《物種起源》的文字並逐段批駁，以邏輯推理的方式驗證達爾文之非，姑不論其所述是否具自然科學的根基，但卻證明陳冠學心中造物主那不可置疑的「先驗」存在。而《田園之秋》陳冠學所虛構的「伸張」與他的問答中，陳冠學也說：「伸張說不透過人的心識，現象豈能產生？豈能存在？我說現象世界整體原就設計好在那裡，心識與萬物之本體皆在造物手中」[24]，又說：「伸張因問人的目的其意義何在？我說在做爲老天知己，做爲天地之鑑賞者」[25]，亦同樣藉由虛構的問答來傳達其對造物之必存及鑑賞造物設計以榮耀造物的思想信仰。

　　而在不斷地提及造物的必然存在時，陳冠學也在其作品中片段地提及「自然律」一詞，在《父女對話》中我們看到如下文字：

「爸爸，這些花都是老天造的嗎？」
「是呀！都是他創造的。」
「爸爸，你見過老天沒有？」

---

[23]同前註，頁 324。
[24]陳冠學，《田園之秋》，頁 255。
[25]陳冠學，《田園之秋》，頁 255～256。

「沒有。」

「那你怎麼曉得有老天？」

「老天就在那兒，看不見，卻可以感覺到。」

「爸爸，你真了不起，我就感覺不到。」

「你也可以感覺到，你不是愛這些花嗎？我們家裡用的東西每一樣都要
人來造，這些花一定也是造的。」

「嗯，是造的！但是我們沒有看見老天造它。」

「老天是交給自然律來造的。」

「什麼是自然律？」

「自然律就是一種規則，比如說，你手指一放，你夾的草花就一定掉下
去，這也是自然律。」[26]

　　引文前半段，是老父對女兒說明造物的必然存在，「看不見，卻可以感
覺到」，再向女兒說明世界萬物皆是造物的設計，「自然律」在此，代表著
一種物理定則，是不證自明的自然規律，且全宇宙皆在「自然律」之下運
行。同時因為陳冠學對道家老莊思想的熟稔，「自然律」此一法則也有著道
家的思想色彩，我們看如下文字：

　　至於上帝，即造物主，自創造完成以後，就不再干預，故一場海嘯吞沒
三十萬人，造物主根本不能與知，也不與知；龐培城一夜之間埋在火山
爆發物下，祂也不能與知；人類動輒百萬大軍廝殺，祂也不與知；即使
現代人類果真由少數野心家發動核子戰爭，將整個地球毀了，祂也不會
與知的。故老子說：天地不仁，以萬物為芻狗。[27]

　　在此，陳冠學以老子「天地不仁」的說法來詮釋「自然律」，不像有神

[26]陳冠學，〈草〉，《父女對話》（臺北：三民書局，1994 年），頁 22～23。
[27]陳冠學，《田園之秋》，頁 215～216。

論者所認爲天地自然法則將對某物有所偏愛或嫌棄，造物主不具人類的感情，是無私也無爲的。所以人不論行善、作惡，其「結果」之發生是自然而然的。由前述的物理定則，到此處的老子哲學，陳冠學因其對「造物」之虔敬與以「自然律」概括天地萬物的運行法則，建立了「造物必先驗地存在→造物以自然律造萬物，也讓萬物以自然律運行→自然律無私無爲，不具人類感情」的邏輯。如此，也定下了陳冠學小說中情節推演中最常使用的思考方式──故事的進行不因人的感情而有所改變，身而爲人的限制與命運之無情，才是世界運行的最高法則。也因此，在陳冠學的小說中，其所虛構之人物在故事中的結局通常是悲傷、令人不勝欷噓的。其〈產婆〉一文可說是最佳代表。

　　在〈產婆〉中，產婆與兩個孩子阿鴻與阿鵠相依爲命，感情深厚。一天晚上產婆正在講向兩個孩子牀邊故事時，突然東村有一莊稼漢因家中媳婦將臨盆來尋產婆，產婆隨之來到產家。孰知生產過程進行到一半突然發生了山崩地裂、房子塌倒的大地震，產婆心中擔心家中的小孩，又無法棄產婦與已見頭頂的胎兒不顧，便留下至產婦順利產下胎兒時才迅速返家，可惜兩個孩子已在地震時被倒塌的房子給壓死了。悲傷欲絕的產婦在朋友安慰她時，說了：「人世間本來是很好，人禍是不應該，天災地變就沒有話說了」[28]的話，後在兩個孩子的墳邊自殺結束她的悲傷，故事便在產婦所留下的遺書中結束。在本文中，產婦爲迎接新生命而被迫犧牲了自己所珍視的孩子的生命，在其中沒有任何人爲的因素，事情的發生非產婦、東村人及阿鴻阿鵠所能預料，一切皆是「天災地變」對產婦的無情捉弄，在此，陳冠學以一悲傷的故事爲其「天地不仁，以萬物爲芻狗」的理念張揚。

　　從〈產婆〉出發，《第三者》中的故事，也多以老人爲故事主角，且都以主角生命之終結爲結局，此可以〈大限〉、〈末路〉、〈一支斑駁的老筆〉三文爲代表，此可詮釋爲陳冠學以人之生命必然終結爲其宇宙觀「自然

---

[28]陳冠學，〈產婆〉，《第三者》，頁55。

律」之定則所在，又可以說，對「老人」面對生命即將結束時的恐懼與無奈是陳冠學「生命觀」最具體的展現。陳冠學曾於其《田園之秋》中議論其對生死的想法，他說到：

> 唐詩云：落日照大旗，馬鳴風蕭蕭。又云：大漠孤煙直，長河落日圓。再無才氣的詩人，只要筆尖指向落日，總可寫出好詩句，這可看出落日情景那浩瀚深邃的美。但是落日的思想性，往往令人不堪，因之，我很少正面去觀看它，無寧說，我有意無意之間，都在逃避這個景觀。有始便有終，有出便有入，有生便有死，不錯，這一條道理誰都能講，因為它顯明的在那裡，就像二加二等於四一樣的明白。然而將這道理推在生命外講，它是客觀的純理，可是一拉進生命中來，它就不是空理，它就成了執行；而且它是不能推在生命之外去講的，你不講它倒好，你一講它，它就一定要教你看見，你在這一條道理的盡頭，只是一堆灰，你舉目望去就望見了，除非你生命中的生氣盡了，否則你就不能接受它，因為生命只是一個生字，我們不能於生之外想像任何非生的存在。[29]

在此，陳冠學表現其對「落日」的「恐懼」，因為「日暮西山」的意象讓他不得不聯想到生命之終結，陳冠學坦承他對死亡的「逃避」，因為生命的盡頭就是軀體成灰，生者不願接受此真相，除非「生氣盡了」，才是坦然接受死亡之時。在〈產婆〉中，產婆痛失兩個愛子，陳冠學如此書寫她如何「生氣盡了」的心境：

> 失去了生命力的人，一切對之都顯不出意義。如今那一輪通紅的落日，對於產婆就如同一塊紅蠟製的圓盤，索然無味。世界對她若有意義，只是她記憶裡的世界。眼前的世界，那落日，那西山，那暮天，都是蠟製

---

[29]陳冠學，《田園之秋》，頁 183～184。

品。她呆呆地望著，沒能領略到什麼。[30]

同樣的「落日」，陳冠學於《田園之秋》中表現他的「逃避」，在〈產婆〉中卻表現爲「她」的無所領略，是哀莫大於心死的「一切對之都顯不出意義」的心境。而也就在此產婆觀落日的書寫後，產婆了斷了自己的生命。在〈末路〉中，洪朝伯與阿春伯在廟口遇見兩隻有皮膚病的癩皮老狗，兩人互相調侃道：

> 「老大不死，忒是罪孽。」
> 「可不是嗎？咱哥兒倆活到八十幾了，死了不算夭壽，多活一天多受罪一天。像那兩條狗活得邋邋齷齪！」[31]

後來其中一隻光禿老狗常在洪朝伯的居所破草寮外打轉，洪朝伯對之叫罵：「幹你娘，你不會躲在後簷下去？你在這裡，就像一面鏡子。」[32]雖即如此，洪朝伯還是養下了老狗。有天，洪朝伯發現自己身體十分不適，去尋阿春伯時卻遭了阿春伯的媳婦一頓白眼，他「寧願死了被野狗分屍，也不再去了」，回家後幾天，將米桶的米煮光，與老狗一起吃頓飽飯後，將煤油澆在柴堆上，上吊同時在失去知覺前將火柴點燃，自我了結生命，同樣留下了令人不勝欷噓的結尾。

在〈大限〉中，以「張叔公一早起來不見了老爸」起頭，寫的是已是百歲高齡的春叔公失蹤後全家大小尋人的故事。孝順的張叔公及他的三個兒子終於找回春叔公時，春叔公彷彿失去記憶般不認得自己的老婆春嬸婆祖，因爲他一直在尋找中年時代 40 歲左右的春嬸婆祖，張叔公們用盡方法都無法改變他的想法，最後 99 歲的春嬸婆祖難過地無法接受，「十天後春

---

[30]陳冠學，〈產婆〉，《第三者》，頁 57。
[31]陳冠學，〈末路〉，《第三者》，頁 174。
[32]同前註，頁 177。

嬸婆祖先受不住走了，春叔公祖又活了十天也去了」，陳冠學同樣爲這樣故事留下了悲傷的結局。在小說中，春叔公的孫子希聖是總能準確推測春叔公的去向及心理狀況，在文中，希聖曾說：

> 「虧得我也寫小說寫詩，走了文學的路，不然這方面我就不會明白了。人的生命並非單純的是肉體生命，其實主要還是精神生命這個成分居多。人到了老年，不一定要到老年，只要過了某一年紀，往往會發生這個問題，精神生命本身要求（強烈地要求）一個永遠的完美實在，盡全力要攫住，特別是黃昏之年，發生率最大。精神生命這個意願，不止是要擺脫死滅，還要攫住他一生中的完美年段，要求它成為永駐。阿祖便是這個問題……」[33]

該段文字，與前引陳冠學生命觀的論述——生者對死亡的逃避與對生的執著，使春叔公在「黃昏之年」「強烈地要求」、且要「盡全力攫住」「完美年段」，正是要「擺脫死滅」，緊抓住生之樂趣之意。前引〈產婆〉中也說到：「世界對她若有意義，只是她記憶裡的世界」，也一同於春叔公於生命大限將至時反而更眷戀「記憶裡的世界」，都是陳冠學欲表達的生命觀。且在〈大限〉中，希聖更曾說：「可是一百歲老人總是要去的，私情奈何得了自然律？」[34]更是將人的生命與前述「自然律」相聯繫，認定這是生命的定則，是無私且無爲的。

所以，陳冠學於其小說中，竟不厭其煩地反覆刻畫生命即將終結的老人形象，也同樣留下令人不勝欷噓的悲傷結局，這是陳冠學欲於小說中表現其生命觀的衝動。陳冠學曾說：「死卻是對自我的絕對否定。從理智上說，不能坦然地接受不可避免的事，當然是不智；但從感情上說，硬裝著

---

[33] 陳冠學，〈大限〉，《第三者》，頁97～98。
[34] 同前註，頁82。

若無其事以表示豁達，豈非自欺而欺人？」[35]，連結前述的討論，造物主依自然律設計萬物，也讓世界依自然律運行，自然律無私亦無為，人類情感無法影響分毫，人之生死同樣是自然律的定則，陳冠學於此卻表現對該自然律的無奈與恐懼，他坦然地表達自己對死亡的逃避，所以在小說中，他不斷地預示生命大限來臨時人對「生」的渴望，但無情的自然律還是讓老人的生命結束。再仔細觀察陳冠學敷陳生命觀的小說，更有一共同現象在於，陳冠學多讓「老人」來承擔其所欲表現的生命的自然律。他曾說：「老廢是一種設計，使人容易接受死。若老天對人沒加上這份設計，要人直接受死，那就太殘忍了。」[36]陳冠學於此，將此「自然律」加入了「老天的設計」的想法，由此我們發現，〈末路〉中的洪朝伯的「老廢」，使他雖然眷戀生，卻反能夠接受死，而選擇了斷自己的生命，這也正表現了陳冠學將其理念延展為故事的慣性，該類故事的類似人物與情節，也正是陳冠學生命觀的具體展現。

最後，在〈一支斑駁的老筆〉中，同樣有個生命走向終結的老作家，老作家寫了一輩子文章卻依然沒沒無名，將自己斑駁的老筆與其所撰長篇小說的原稿一起埋入筆塚中，隔週後筆塚被鑿出大洞，老作家痛失老筆與原稿後病倒，幾天後就過世了。這位老作家與前述故事的不同在於，他以其對筆的感恩與對文學的執著感動了少年阿宏，老作家生命的終結並非故事的結束，反而是理念的承續。陳冠學曾如此陳述其年老的心境，他說到：「我虛歲 75 歲了（2007 年），已到人生的尾聲，即使苟活，有何意義？舉目淒涼，生趣安在？心灰身枯，還有幾多春秋，在鞭策著我盡一己寫作的責任？」[37]以陳冠學的生命觀，其對生之眷戀，他此處的陳述，是在表現自己的「老廢」，因此言「心灰身枯」，但是，「寫作的責任」仍對之持續鞭策，可以說，老作家這個人物也有著陳冠學的自我影射，而其虛構少

---

[35]陳冠學，《田園之秋》，頁 188。
[36]陳冠學，《藍色的斷想　孤獨者隨想錄 A、B、C 全卷》（臺北：三民書局，1994 年），頁 25。
[37]陳冠學，《陳冠學隨筆——夢與現實》，頁 64～65。

年阿宏的精神傳承，也可謂陳冠學為自身文學生命的自我期許。

四、《第三者》中的社會批判

關於陳冠學的研究都普遍承認，陳冠學是以一懷舊與想像的心情去刻畫其詩性田園，《田園之秋》的散文日記體形式，方便陳冠學以「紀實」的方式書寫其心目中的理想田園，但當離開《田園之秋》，田園的「今昔」對比，反而透露出其詩性田園之不復存[38]。在陳冠學的《訪草　第一卷》的〈田園今昔〉一文中，便以昔日田園的平衡、農人與牧童的認份純樸、物類的共生共存，對比今日田園的文明入侵、物欲橫流，不見牧童、只見農家女子畢業後像洪流般湧向都市，農人以賺錢為業，對農地過度開發，田園裡的其他生命亦無法存活，文末留一感嘆句「多麼令人擔心的今日田園啊！」[39]，更可見得陳冠學的理想田園僅存在於其詩性想像的過去而非今日，當然更非未來。而陳冠學對今日之田園既痛憤如此，則其對都市必將有更多的撻伐與怨懟，正如吳明益所言：「簡樸生活文學創作者的作品，……多半對都市具有敵意，且有『反都市情結』」[40]，而陳冠學的「反都市」，就在於反對都市文明所帶動的人類對物質的慾望，陳冠學說：「店鋪裡的東西，映著燈光，玲瓏滿目，對於慾望大，虛榮心強的人是一種鼓舞，但也是犯罪的根源」[41]，也因此，陳冠學對於「田園」的今昔對比，就是一種立基於慾望多寡的想像，我們看如下此段文字：

> 農人的特徵在於有個純樸的心，因有一顆純樸的心，纔能日出而作，日入而息，鑿井而飲，耕田而食，含哺而熙，鼓腹而遊，而不奢求，不貪慾，過著無所不足，勞力而不勞心的安祥生活，而和田園打成一片。一旦失去了純樸的心，則奢求貪慾，無所不在其極，便過著不饜足，勞力

---

[38]如鄭明娳、唐捐、吳明益等皆持如此看法。

[39]陳冠學，〈田園今昔〉，《訪草　第一卷》（臺北：三民書局，1994 年），頁 29。

[40]吳明益，《以書寫解放自然——臺灣現代自然書寫的作家論 1980～2002》，頁 110。

[41]陳冠學，《田園之秋》（臺北：草根出版公司，1996 年），頁 21。

又勞心的不安祥生活，不止和田園不能打成一片，還成了田園的榨取
者、奴役者，田園將不堪凌虐，逐漸死去。[42]

所以，「貪慾」是陳冠學對都市與今日田園最大的痛斥之處，田園「今
昔」之差別就在於「貪慾」的生成與否，所以，在陳冠學的小說中，做為
小說主角對立面的角色，多是以一「貪」的形象出現。在〈詩人〉中的獵
人，貪求森林中眾多的物種，因此與詩人有了爭論與搏鬥；〈天鵝〉中，貪
求天鵝肉的美味的理事主席，貪得理事主席青睞的阿福叔，使少年阿泉無
法繼續照料天鵝而必須將其帶至隱密處放生；〈一支斑駁的老筆〉中不顧老
作家用心築筆塚的用意，因謠傳筆塚中有老作家的積蓄而趁夜半將之開鑿
的鄉人，皆是「貪欲」的象徵。陳冠學使之以負面形象出現，便是表現對
此類人的撻伐與批判。

同樣地，因為陳冠學對簡樸生活的堅持，以及以自身實踐驗證出園生
活之美好，其「守貧」而「樂道」，也因此使其小說中的角色也多能安於貧
窮而追尋更重要的精神價值。在〈詩人〉中的詩人，漫步徜徉於其森林一
方，自適而滿足；〈產婆〉中的產婆與兩個兒子相依為命，雖不富裕卻是充
滿溫情的美好家庭；〈天鵝〉中的少年阿泉，即使獻出天鵝可使自己與母親
受到理事主席更多照顧他也不願妥協；〈一支斑駁的老筆〉中的少年阿宏也
傾慕於老作家的文學理念而無償地為之守護筆塚等等，皆可為例。而在此
中，陳冠學的〈賊仔三〉更是以一特別的面目出現。故事中主角「賊仔
三」雖是一名慣竊，卻也是一個義賊，從來到該鎮後，窮苦人上街時口袋
會無端被塞幾百塊錢，而賊仔三專偷行事不善的商家、「賺錢利潤沒天良的
人家」，以及「婦女的首飾，不論貧富他一概偷，他認為那是奢侈品」[43]，
如此的「偷竊之道」與陳冠學對都市文明所帶來的物質慾望的痛斥不謀而
合。而該故事就在賊仔三在大廟口看「為本月初夜市整條街失火舉辦的義

---

[42]同前註，頁9。
[43]陳冠學，〈賊仔三〉，《第三者》，頁144。

賣會」的熱鬧，臺上義賣機車時賊仔三脫口喊出「六萬」的價碼，而被鎮長厲聲斥罵，也受鎮民訕笑，他憤而回家將祖母傳給他的鑽戒帶至會場，並逕自站到麥克風前，揚起小紅絨盒說：「各位鄉親，我賊仔三捐這個給義賣會，半克拉上等貨色的鑽戒，市價六萬……」[44]，同樣引來臺下的一陣哄笑，以及被鎮長斥罵並說要「嚴辦你這個鑽戒！」，後賊仔三被請下臺，故事以賊仔三被扭送警局但也有臺下的幾位鄉民被賊仔三的義行感動作結。該文有趣之處在於，陳冠學竟以一「賊」來當作其對都市文明的反襯，而以賊之義行對比鎮長、理事主席等政客的行為。雖然其職業不光彩，可是「守貧」──「他（賊仔三）說：竊盜只在求溫飽，不能求富，更不能求奢，這是竊盜的本分，一但超出本分，災禍立時及身」[45]，又「恨奢」──對配戴奢侈品者不論貧富皆偷，陳冠學以賊為喻，就是要表現其對「貪慾」、「都市物質文明」的痛恨。

再者，都市的成形，不僅是物質文明的持續發達，更將聚集更多的人口，也需要更完善、更龐大的政府組織才能有效管理人民，此也與陳冠學所期待的「小國寡民」的理想相違背。他曾說：「最好是一平方公里五人至十人，不能超過十人。只有在這個限度下，人纔有真正的自由之可言，纔有真正的尊嚴之可言，一旦超過這個限度，人的自由尊嚴都受到了折扣。聽說一些所謂文明國家，實際密度達到一千五百人以上，那簡直成了豬圈裡的豬，廁所裡的蛆，真不知道那是文明呢？」[46]直接以「豬」及「蛆」比喻發達都市中的人，表現其對都市文明的痛斥，這也是其「寡民」想法的具體呈現；而對國家組織而言，陳冠學說：「我反對一切政府一切政治」[47]，也說：「所謂國家、政府，無非病態密度的產物……故所謂政治、法律，不用說都是人世病態的贅疣」[48]，則連結到前述對人口密度的想法，其

[44]同前註，頁 153。
[45]陳冠學，〈賊仔三〉，《第三者》，頁 144。
[46]陳冠學，《田園之秋》，頁 31。
[47]同前註，頁 272。
[48]陳冠學，《田園之秋》，頁 31。

所痛恨的政府組織，正是人口過度擁擠的產物，此是其「小國」想法的根基。不僅如此，陳冠學也憤恨各種維持現今國家型態的核心價值，如「民主」，他說：「人的認知大有問題，質直地說，多數人被認定是人的所謂人，根本不是人，他們甚至連豬狗都不如」[49]，所以民主之多數決是不可取的制度；也說：「世上不會有真正的民主政治，世人所說的民主政治，其實是財閥政治，是假民主」[50]，細究陳冠學的想法，其對「民主」與「財閥」的聯繫，是著眼於財閥有其對經濟的影響力，而民主的存在反使這些人得以掌握多數民意，所以民主的存在反而成為財閥使其「貪慾」加乘的工具，所以，陳冠學直接將執政者比喻為「錢鼠」，他說：「最大的錢鼠是我們的達官貴人……達官貴人包裹政令法令，翻雲覆雨，盜國漁民，全不廢神傷身」[51]，對現行的政府組織及其核心價值作了最直接的批駁與嘲諷。也因此，在其小說中，只要是掌握政治權力者，多是負面的人物。如前述〈賊仔三〉中的鎮長與理事主席，〈天鵝〉中的理事主席等。

　　而陳冠學對政府組織的虛妄、都市文明的貪慾本質呈現地最明顯的小說，則為其〈返照〉一文。該故事以一「地點在千島之洋中的，一個小島面積不及臺灣屏東縣五分之四，三分山林，一分平地」的虛構小島為場景，並說明小島在十年前有白人公司因申請了該小島的開發權，在此建立了分屬機構，並開發山林。因開發需更多人力，所以「鋸木、挖礦、造路，全用土人」，且「土人不曉得使用錢幣，工資一概用現貨給付」，而「十年來土人依賴白人，豐衣足食。白人和藹可親，土人溫馴善良，十分相得」[52]。可是故事卻急轉直下，發生了老酋長帶手榴彈到機構寨門前炸死了看門狼犬的事件。老酋長被捕後，公司的人將柯立族人悉數運回，要公開審判老酋長，老酋長則在祭壇前廣場上說他本意是要殺老闆，然後殺盡白人，「全場譁然，都罵老酋長忘恩負義」，老酋長則說公司對山林的過度

---

[49] 陳冠學，〈民主〉，《字翁婆心集》（臺北：前衛出版社，2006 年），頁 40。
[50] 陳冠學，《田園之秋》，頁 272。
[51] 陳冠學，〈錢鼠〉，《字翁婆心集》，頁 221。
[52] 陳冠學，〈返照〉，《第三者》，頁 102。

開發，已使小島無貯水的泉根，使小島旱季沒水吃，他的行爲是作族人所做。但柯立族人卻義憤填膺地譴責老酋長，「白人來了，族人得到太多好處，生活好過從前不知道有多少倍。只能感激白人，不能誣賴白人」[53]，於是憤而擰打酋長的女兒，並要將老酋長裝於木桶中讓他漂流大海，只是木桶取來時，老酋長已斷了氣。在此故事中，陳冠學以「小島」比喻其「昔日田園」，而「白人公司」則是入侵的都市文明，使小島成了「今日田園」，但小島人民生活條件的改善卻讓他們盲目地歡迎白人公司的開發，當老酋長爲救助島民而偷取手榴彈並欲炸死白人時，島民卻給了他最殘酷的懲罰。在此，白人公司既是「財閥」，也是小島中最具政府組織型態者，而白人老闆將老酋長交付族人公審，則是「民主」的安排，如此的生活品質提高、民主制度施行，不正是現代都市的具體樣貌。陳冠學以老酋長爲喻，要表現的是對都市文明影響人心至中毒亦不知的厭棄，也是對政府組織、民主制度的不信任，而老酋長手中的手榴彈，也正是陳冠學「炸彈意識」的具體化。〈返照〉一文以虛構的小島，白人的經濟殖民的故事，表現其對政治、社會觀察，同樣是一理念先行的小說顯例。

然陳冠學在對人之慾望、人口膨脹、政府組織、民主制度、都市文明及資本主義的痛斥後，真正的核心因素──「人」自身的本質問題，也成了陳冠學深切反省與厲聲斥罵的對象。在《父女對話》中，老父與女兒常以「壞人」來指稱大多數的人類[54]，而在對人的「貪欲」的探討中，陳冠學甚至以「癌質化」來指稱人類的生存本能，他說：

農人至多想到要固定在自己土地分內的明日麵包，而人類則想得到一切

---

[53]同前註，頁 110。
[54]如其〈太陽與地球〉中有如下對話：「『地球再不會長大了，許多壞人正在殺害他。他們用大量的毒藥、毒氣和一種最厲害的毒叫做核能毒的，用來殺害地球。地球已經生病了，不會再活很久了。』小女孩聽了蹙起眉頭問：『怎麼都會有那樣多的壞人？』『爸爸也不曉得，總是壞人多。』『叫太陽公公不給他們光明和溫暖！』『他們本來就是黑暗而冰冷的。』小女兒當然聽不懂老父的話，這是老父講給自己聽的。」便可爲例。陳冠學，〈太陽與地球〉，《父女對話》，頁 19。

麵包。一個進化人，不止要今日的麵包，要明日的麵包，要可能得到的
一切麵包，還要整個地球，若整個宇宙可能要到，他更要整個宇宙；他
的生存本能轉變成了貪婪。……生物生存本能原是個體存活顯發的機動
程式，最多止於未成年子女，一旦達到目的，本能即得暫止，萬物莫不
如此。唯獨人類將之滾成超出個體存活及未成年子女字育之範圍外，無
限地膨脹與擴張。萬物無自覺且不如此，人類有自覺反而如此，這是下
賤的。人類說是最下等的生物也不為過，因為在億萬種生物中，唯有人
類的生存本能癌質化，人類這個癌質化的生存本能，或將導致萬物的絕
滅，地球的毀亡。[55]

　　此於《田園之秋》中對人類所發的議論，同樣表現了陳冠學怒日金剛
式的強烈批判，人類無限擴張其「生存本能」，所以有了經濟擴張、獨裁政
府，認為人類的存在，終將導致地球的毀亡，也都表現了陳冠學對人類的
悲觀想法。實則，陳冠學對人的本質問題，結合了他對老莊思想的「反
智」哲學，提出人的悲劇正來自於人類的「智力」，他說：「可是老天爺唯
一的錯誤即在於給了人類智力，因了這智力，人類社會終於不可遏止地衝
破了老天給安排幸福而安祥的藩籬，而落得支離破碎」[56]，也說：「人類的
好處在有智慧，壞處也在有智慧，兩相權衡，不如去智取愚。智慧是罪惡
的根源，也是痛苦的根源。愚戇既不知有罪惡，也不知有痛苦」[57]，連絡前
文，人類生存本能的無限擴張起於「智」，現代都市物質文明起於「智」，
政府組織、民主制度的建立亦起於「智」，「智慧」成了陳冠學眼中的「罪
惡根源」。也因此，陳冠學以〈第三者〉一文為其小說《第三者》書名，不
僅可見其對該文的重視，更代表該小說中所呈現的「反智」哲學，正是陳
冠學所認知的人類病根所在。

---

[55]陳冠學，《田園之秋》，頁 328～329。
[56]同前註，頁 38。
[57]陳冠學，《田園之秋》，頁 48。

在〈第三者〉中，故事主角何景明爲一業餘的登山者，在登遍了百岳後，單獨登上一座原始大山。故事描寫何景明於山上所遭遇的危險（遇山豬、黑熊），加上飲水食物的逐漸缺少，使疲憊的他心臟病復發，「終於撲倒在主稜上」，原以爲死定了的何景明卻在昏迷後甦醒，發現「一野人立在我的身旁」，這位高大強壯、且能以「母語」（閩南語）與之對話的野人，何景明在詢問之後才知道他名叫蘇息，15 歲時隨父母與鄭成功軍來到臺灣，並曾在陳永華手下當書記，在臺灣降清後，逃入深山，又爲了躲避生番，躲到一谷地，卻在此有了生理的變化，雖 38 歲卻有如七、八歲的兒童，自重新長成後，直到現在永遠是 25 歲的模樣。在深山中，蘇息以原始的方式過活，以「斧、鑿、刀、鋸」等撿來的工具或木器、石器等爲工具捕獵、採集生活至今。何景明深感此人之難得，但也想到：「我看他吃我帶來的乾糧、飲罐頭果汁的神態，那種極端歡喜、讚嘆的樣子，令我爲他300 年的刻苦感到心酸」[58]，所以「恨不能將一切物品全都留給他」，並相約十天後再相會。何景明回家準備好所有東西後，回到山上卻不見蘇息出現於相約處，在尋覓後發現「蘇息沒聲息地平躺在他的牀上」，已經死亡。何景明痛哭難過之餘，也不斷思考爲何得以存活 300 年的世界的「第三者」卻突然死亡的原因。一直到從山中回來後幾天，「我纔想起來，蘇息是我害死的，若我沒有去登聖南山，現在他還活著」[59]，因爲何景明想到：

> 我帶去的果汁罐、乾糧他吃了，我的呼吸和他交流了兩天整整，對於冰清玉潔的蘇息，這恐怕是劇毒。我想我整個人就是一袋的毒，不要說他吃了果汁和乾糧，我呼出的氣息就是百分之百的戴奧辛，我想是戴奧辛殺了他。準此而言，蘇息即使不死於此，不久的將來也要死，起碼他會跟下面的戴奧辛族一起死於核毒。[60]

---

[58] 陳冠學，〈第三者〉，《第三者》，頁 213。
[59] 同前註，頁 219。
[60] 陳冠學，〈第三者〉，《第三者》，頁 220。

　　在此，何景明的想法正如前述討論的，他自思爲現代人類的一分子，所以想到他即是「壞人」的一分子，是帶有「癌質化」本能的人類，所以「我恐怕是劇毒」，而依陳冠學對田園的懷舊思考，蘇息做爲一依原始方式生存的「古人」，自然象徵著「冰清玉潔」的「昔日田園」，所以當現代的何景明與之接觸，蘇息便一同於接受物質文明引起貪慾的「今日田園」一般，難逃死亡的命運。再者，此處亦表現陳冠學的「反智」思考，此可以簡光明對該文的思考爲例，他說：

　　　敘事者好意帶來當代文明社會的產品，沒有想到卻因此害死山中野人。
　　　蘇息在山中可以三百年不死，現代文明卻用了十天就可以殺死他，可見
　　　現代文明對於自然的破壞力之強大。這讓我們想起《莊子》中的渾沌寓
　　　言：「南海之帝爲儵，北海之帝爲忽，中央之帝爲渾沌。儵與忽時相下遇
　　　於渾沌之地，渾沌待之甚善。儵與忽謀報渾沌之德，曰：『人皆有七竅以
　　　視聽食息此獨無有，嘗試鑿之。』日鑿一竅，七日而渾沌死。」[61]

　　此實爲正確的觀察。其中，原爲中央之帝的「渾沌」，因被鑿出「七竅」而生能「視聽食息」，正如蘇息的生活由何景明的闖入而得以「視聽食息」當代都市物質文明，而知科技之發展、文明之遞嬗，如同被打開七竅，卻也因此而失去生命。這是陳冠學結合「反智」與「反都市」、「反物質至上文明」的具體呈現。

五、陳冠學的文學觀——〈製餅師——文學對話〉

　　連結到陳冠學對「優美生命」的期許，陳冠學的「文學」理念，在其散文與雜文中多所表現，他曾說：「文學用以發掘世界中的美，人性中超越

---

[61] 簡光明，〈陳冠學文學中的莊子身影〉，「第一屆屏東文學學術研討會」論文（屏東教育大學，2011 年 11 月 25 日），頁 7。

不已的理想、感情中晶瑩透亮的純潔」[62]，也說：「文學和其他藝術一樣，是點點滴滴來建造人間世，使之日益美好，一日美似一日。剛說過，是在創作前所未有的美，以增加人世之美」[63]，因此，文學是優美生命得以被發現與延續的重要存在，詩人有能夠鑑賞造物設計的天賦，便有著以文學傳達「人世之美」的使命。而在陳冠學的小說中，能夠表現其文學理念者，除〈一支斑駁的老筆〉中老作家對筆的尊重與長篇小說原稿寧可不出版的堅持屬文學理念傳遞外，其〈製餅師——文學對話〉一文最堪為代表。

故事中，同樣有個寫了書不發表而籍籍無名的老作家，收了個喜愛文學的傻小子為從，在北上臺南時突遇老熟人的兒子，是製餅師。在聊天時製餅師聊到他的「瘋師弟」在展示會上端出一盤「人屎」參賽，老作家心有所感地說到：「你的師弟腦也有，手也有，只欠個心；魔鬼就是欠個心。文學界多的是你的師弟的同路人……」[64]，接下來，老作家又說「藝術就是能誘發美感的技術」，而說那位「瘋師弟」之所為，是未能將「技術」與「藝術」分隔清楚，「勿將非藝術作品當藝術作品了」，老作家進一步談到，喬伊思「這個人跟你的師弟是難兄難弟。說得好聽是格思，說得不好聽是無聊、愚蠢——沒有心的愚蠢……」[65]，更說：「你回去再讀讀福樓貝的《包法利夫人》，再讀讀左拉的《酒店》、《娜娜》，你會讀不下去。不用說讀喬伊思的《攸里西斯》這一類齷齪之至的『屎』」[66]。在此，陳冠學是藉由老作家之口，說明其對文學在 20 世紀後的轉變的痛惡。在其散文與雜文中，如老作家批評喬伊思、福樓貝、左拉或是杜斯妥也夫斯基一般，陳冠學對 20 世紀後的文學家皆多所批評，他曾說：「卡繆居然以《異鄉人》得諾貝爾文學獎，而卡夫卡的《蛻變》、《審判》、《城堡》這三部瘋子寫的

---

[62] 陳冠學，《田園之秋》，頁 176。
[63] 同前註，頁 234。
[64] 陳冠學，〈製餅師——文學對話〉，《第三者》，頁 227。
[65] 同前註，頁 231。
[66] 陳冠學，〈製餅師——文學對話〉，《第三者》，頁 235。

小說，居然被列爲世界小說名著」⁶⁷，竟直指卡夫卡爲「瘋子」；其《父女對話》中，老父眼中不同於前述「壞人」的「髒人」形象，更代表著陳冠學對當代詩的痛斥：

> 這一天收到一本贈閱的所謂詩刊，又在村子裡店仔頭買日用品帶回來半張包裝報紙看到一首所謂詩，不由又爆發了一陣忿罵。
>
> 「爸爸，你又在罵那一批人了嗎？」
>
> 「是另一批。」
>
> 「噢，有那麼多批！他們也是壞人嗎？」
>
> 「他們是髒人。」
>
> 「髒人？」
>
> 「很髒，髒得發臭，連他們寫的字都發臭。」
>
> 「爸爸，我聞聞看。」
>
> 「不值得，髒了你的鼻子。」
>
> 陶淵明之前，出了不少詩人；陶淵明之後，也出了不少詩人。現代再出不了詩人咧！亭前那株桂花樹，那是詩人，每到深秋就開出滿樹的花，放出洋溢四周的香氣。這裡任一株樹任一株草都是詩人，它們都會開出花，放出香氣；它們一身是美。不是一副美的生命，怎麼可以是詩人呢？⁶⁸

陳冠學以當代詩人所寫之詩連「字都發臭」，以「髒人」形容之，而文末以「不是一副美的生命，怎麼可以是詩人呢？」做結，則將「美」作爲詩的要件。在〈製餅師——文學對話〉中，老作家認爲「技術」是創造「藝術」的工具，而勿將「技術」視爲「藝術」，否則端出的不啻是一盤人屎。在當代藝術觀念中，以「反藝術爲藝術」的藝術流派，如達達主義、

---

⁶⁷陳冠學，〈名字〉，《訪草　第二卷》，頁73。
⁶⁸陳冠學，〈忿罵〉，《父女對話》，頁58～59。

後現代主義等，或藉由離經叛道的前衛姿態，如以小便斗爲藝術展參展作品等，以此使觀者反思「藝術」與「美」的區隔，或以結合世俗文化的普普藝術、反終極之美的各類拼貼嘗試，皆非以「美」爲目標的藝術流派，與陳冠學對文學藝術的理念正好背道而馳，故將其作品斥爲「以技術爲藝術的人屎」、將此作家說成「寫的字都發臭的髒人」。此處表現的是陳冠學對於文學之「美」的價值堅持的不肯退讓。

但於此還可再提出——陳冠學關於文學的想法，其對 20 世紀後文學發展的不滿，更多的成分是來自於「工業革命」、「資本主義」發達後社會環境轉變所帶動的文學的回應，他說：「自產業革命以來，因著精神的喪失，產生了非哲學的哲學，非文學的文學，時至今日，從事哲學者再不知哲學爲何物，從事文學者再不知文學爲何物。所得結果，是產生了反哲學的哲學，反文學的文學，根本不能再稱之爲哲學爲文學了」[69]；他也曾在剖析了人對「人性」理解的時代變遷後談到：

> 人性在過往的年代，幾乎是人人皆能自明的。自福樓拜於 1857 年出版《包法例夫人》，經左拉的 20 卷《盧貢・馬卡爾家族史》，到卡繆發表母死莫名其妙地殺人的《異鄉人》，可看出自產業革命以來，西方世界物慾橫流，西方人以普遍不知人性，福樓拜、左拉、卡繆算是這一路的象徵代表，怪不得我嚴重受到寫不出人性作品的攻擊，他們誤把下三性當人性，真正的人性早已不存在，這是十九世紀後半世紀以來，西方世界的景象。不幸的是，東方世界也早已被侵染。[70]

陳冠學認爲，「產業革命」這一從 18 世紀開始，在 19 世紀及 20 世紀透過歐美的帝國發展而成爲全球現象的物質文明改變，正是文學從此不「美」、且「髒」「臭」的元凶。他認爲，「物慾橫流」，使作家們將「下三

---

[69]陳冠學，《田園之秋》，頁 176。
[70]陳冠學，〈人與人性〉《訪草 第一卷》，頁 209。

性」當「人性」，而「真正的人性」卻無法書寫，連帶地因西方文化的強勢入侵，東方世界也淪陷。在此，我們可以發現，陳冠學對「昔日田園」的懷舊情緒，也使得他將人性的「善」、文學的「美」視為唯一的「真」，所以，梭羅的《湖濱散記》是他所認為的好書，但在西方自波特萊爾、尼采、佛洛依德等在詩、哲學、心理學等所改變的——對應物質文明改變，波特萊爾以都市之醜書寫《惡之華》（不以「美」為唯一對象），尼采宣布「上帝已死」（不將一切推予「造物」），佛洛依德倡議「潛意識」中「本我」與「超我」的抗衡（不以人性之「善」為思考重心），以及陳冠學點名批鬥的福樓拜、左拉、卡繆及卡夫卡，其中的現實主義、自然主義、現代主義、存在主義等文學流派，自都不被陳冠學所承認。

在〈製餅師——文學對話〉中，老作家言：「（文學）若單純的只在反映人生過程中無可避免的醜惡，反映時代的災難，這反映增加了人類什麼？沒有增加什麼，只是映出了人生與時代的一個影子罷了，這不能算是創作或藝術，這是畫蛇添足」[71]；而在〈文學〉一文中，他又說到：「卻不知極被推捧為偉大文學小說的作品，其實只是問題小說而已。這些作品，除了描述作者心中的問題以外，並無一絲美感。這種作品，除了提供社會學、神學、犯罪學、精神病學一些資料外，全無文學價值，不值一讀」[72]，都讓我們看到陳冠學對「文學」、「優美」、「人性」、「造物」之間不可更移的緊密聯繫。若文學反映「災難」、「醜惡」，則偏離「絕對的」「人性的正面光輝」[73]，如此的作品並不能發掘「美」與「理想」，既不能涵養優美的生命，亦不能榮耀造物的設計；同樣的，即使如此的作品受到文壇與學術界肯定，仍是「不值一讀」的「問題小說」，而非他所能認可的「文學」。

在〈製餅師——文學對話〉這篇小說中，老作家的言論幾乎涵蓋了陳冠學對 20 世紀之後文學發展現象的不滿，但吾人必須了解，陳冠學對文學

---

[71] 陳冠學，〈製餅師——文學對話〉，《第三者》，頁 235。
[72] 陳冠學，〈文學〉，《字翁婆心集》，頁 119。
[73] 陳冠學，〈人與人性〉，《訪草　第一卷》，頁 208。

發展的現象是一種偏激的觀察，也連帶地限縮了他對當代文學內涵的理解。筆者以爲，這是陳冠學貫串《田園之秋》中的懷舊與想像的情緒使然，其對今日田園與都市文明的痛憤情結，也使得他不願意接受現代文學的轉變的底層背景──物質環境的變遷、哲學的轉變與心理學的普及，而將文學之揚「善」唯「美」視爲「真」，不如此的文學則是「髒」、「臭」的「人屎」。

反觀之前討論的陳冠學散文與小說中所表現的其他理念與言論，也都受限於其對「今、昔」的二元論述而時有失之偏頗的言論，如鄭明娳所言：「作者田園經驗的基礎乃是常識而非知識，如果放在《田園之秋》中，愛惜自然、禮讚自然，乃至與自然共生，則是個人優美理念的把握。然而，作者一旦站出來批判農業社會與工商社會的是非，以他個人爲中心的思考，就缺乏宏觀的視野，僅局促在主觀的懷舊氛圍中」[74]，王家歆說：「陳氏對現代文明本質，較爲陌生。憑個人經驗、普通常識，批判現代文明，所談都是表象，難免隔靴搔癢。現代文明誠然有缺失，但卻不足以全盤否定」[75]；唐捐也說：「整個田園看似無限開闊，卻像反鎖的房間，作者安坐其間，耽思傍訊，以文字構築一個理念世界，有自然而無社會。唯其如此，當他縱論本體，每多高遠懇切之論；一旦落實爲具體主張，輒覺迂闊難守。」[76]所以，陳冠學在田園中閉門苦讀，其具體主張卻遠離了社會現實，其對現代文學的偏激理解，對人性之貪慾、政府組織之邪惡的批判，也都屬常識而非知識的探討，陳冠學雖然以〈製餅師──文學對話〉陳述其文學理念，卻也因其中失之偏頗的言論與比喻，同時顯出陳冠學本身思考的缺失所在。

---

[74] 鄭明娳，〈受傷的戀土情結──評陳冠學的《訪草》〉，《聯合文學》第 5 卷第 5 期（1989 年 3 月）。
[75] 王家歆，〈田園真意──讀陳冠學《田園之秋》〉，頁 24。
[76] 唐捐，〈《田園之秋》的辭與物──論陳冠學《田園之秋》〉，《臺灣文學經典研討會論文集》，頁 392。

六、結語

陳冠學的小說《第三者》是其難得的小說集結，每篇小說的成形幾乎都代表了陳冠學關於人生、生命、政治、社會、文學等的思考路徑，在他的散文與雜文作品中明白表露的心跡，他試圖透過「虛構」的人物、背景、情節與結局來表現他心中的「真實」世界，在陳冠學的文學成績中，自有其重要性。經過前述的討論，我們知道陳冠學的思想理念的各個面向如何轉化為小說的主題意識，也為吾人提供了理解陳冠學的另一面向。

參考書目

一、陳冠學著作

・陳冠學，《父女對話》（臺北：二民書局，1994 年 10 月初版）。

・陳冠學，《田園之秋》（臺北：草根出版事業有限公司，1996 年 8 月初版第三刷）。

・陳冠學，《字翁婆心集》（臺北：前衛出版社，2006 年 7 月初版一刷）。

・陳冠學，《第三者》（臺北：草根出版公司，2006 年 2 月新版一刷）。

・陳冠學，《訪草　第一卷》（臺北：三民書局，1994 年 10 月初版）。

・陳冠學，《訪草　第二卷》（臺北：三民書局股份有限公司，2005 年 2 月初版）。

・陳冠學，《陳冠學隨筆——夢與現實》（臺北：草根出版公司，2008 年 5 月初版一刷）。

・陳冠學，《進化神話第一部：駁達爾文：《物種起源》》（臺北：三民書局，1999 年 10 月初版）。

・陳冠學，《藍色的斷想　孤獨者隨想錄 A、B、C 全卷》（臺北：三民書局，1994 年 10 月初版）。

二、專書

・吳明益，《以書寫解放自然——臺灣現代自然書寫的作家論 1980～2002》（臺北：夏日出版社，2012 年 1 月初版一刷）。

・陳鼓應，《老子今註今譯》（臺北：臺灣商務印書館，2005 年 4 月，三次修訂版第五

刷）。

三、碩博士論文

· 盧怡靜，《從《田園之秋》到《夢與現實》——陳冠學的哲學思想試探》（國立高雄師
  範大學國文學系國文教學碩士論文，2011 年 6 月）。

四、專書、期刊及研討會論文

· 王家歆，〈田園真意——讀陳冠學《田園之秋》〉，《書評》第 10 期（1994 年 6 月），
  頁 22～24。

· 唐捐，〈《田園之秋》的辭與物——論陳冠學《田園之秋》〉，《臺灣文學經典研討會論
  文集》（臺北：行政院文化建設委員會，1999 年 6 月初版），頁 389～397。

· 張達雅，〈陳冠學《田園之秋》中的自然觀察與書寫〉，《臺灣自然生態文學論文集》
  （臺北：文津出版社，2002 年 1 月一刷），頁 263～302。

· 曾昭榕，〈詩性的田園居所——論《田園之秋》的書寫美感與倫理關懷〉，《東方人文
  學誌》第 5 卷第 2 期（2006 年 6 月），頁 197～216。

· 鄭明娳，〈受傷的戀土情結——評陳冠學的《訪草》〉，《聯合文學》第 5 卷第 5 期
  （1989 年 3 月），頁 201～202。

· 簡光明，〈陳冠學文學中的莊子身影〉，「第一屆屏東文學學術研討會」論文（屏東教
  育大學，2011 年 11 月 25 日）。

——選自《第二屆屏東文學學術研討會——陳冠學會議論文集》
屏東：屏東教育大學中文系，2012 年 9 月

父女對話

◎張健[*]

我家有一個八歲多的小女兒,這些年來,我也曾用詩或散文寫她,但加起來也不過兩三篇,不是她不夠可愛,而是我要寫的東西太多了,從來也沒有想到要專門為她寫一本書——我還有兩個可愛的兒子呢。

最近讀到陳冠學的《父女對話》(圓神版),才發現人家對女兒比我「夠意思」多了。這本書全寫作者那位四、五歲大的女兒,而且幾乎篇篇好看,篇篇有變化。

第一篇〈山〉,童心童語,洋溢滿紙。「山玩去了。」「他回來時,會不會帶糖果給我呢?」「山回來了!」「爸爸,有沒有山種子?」「有山種子的話,在庭裡種一顆,庭裡就會長出山來了。」她又對山叮嚀說:「不要貪玩呵!天黑前要回家,不要走迷路呵!」

〈五歲姑婆〉有一點戲劇化,可以視作一短篇小說,親戚家有一個小嬰兒,該叫她「姑婆」,她很不高興,因此不想長大了。而且她還問了那嬰兒的母親一句話:「這個寶寶是你的小孩?還是你的大人?」真是玄之又玄。後一句連最疼她了解她的老爸也不懂。

〈公主與國王〉裡,父女情深,趣味盎然。但是在最後一節的對話裡,她問:「搶奪要殺害別人是不是?」「殺害」不太像孩子的口吻(要不就是她剛從電視上聽來的詞兒。)

父親疼女兒,寵女兒,親切、慈祥,偶爾也嚴格(如〈信(續)〉一文中,陳冠學代女兒寫了一封給澄清湖舊居的信,就「招」出來「爸爸氣得

[*]發表文章時為臺灣大學中國文學系教授,現為臺灣大學中國文學系兼任教授。

痛打了我一頓」。），同時也巧妙地實施了一些機會教育，他畢竟是一位資深的老師啊。女兒幻思地球既是太陽的兒子，長大了也會變成太陽。爸爸說：「地球再不會長大了，許多壞人正在殺害他。……」「叫太陽公公不給他們光明和溫暖！」「他們本來就是黑暗而冰冷的。」讀到這兒，我竟有點羨慕這對書中的父女了。

女兒愛花草，也愛小動物。書中許多篇都以此二者爲主題。〈草〉中爸爸告訴女兒「這些花都是老天造的」，於是——「你見過老天沒有？」「那你怎麼曉得有老天？」「是造的！但是我沒有看見老天造它。……」簡直構成了第一流的相聲腳本，但卻渾然天成，毫不做作。有時，動、植物形似韻似，也會造成父女間的生活波瀾：「那是一隻花蜘蛛……在大片的綠色中，不仔細看，真像一朵小白花。」桑葚在她看來，像是毛毛蟲。此外，連鑰匙孔也是活生生的「儘看著人家，好可怕。」月亮是好姑娘，永遠不口渴。

書中除了父女二位主角外，還有一些有意思的配角，如前述的那位年輕媽媽，郵差、祖母、族親、鄰居等。不過那位我們始終不太注意她名字的小精靈（她是岸香）的「戲份」仍占了十分之六。老爸也挺有個性的，使人聯想到〈小太陽〉裡的子敏；再想遠些，就是〈給小讀者〉的作者冰心了，不過，陳冠學還是陳冠學，他的女兒也難有「替身」。

最後，小女兒「想去看孟浩然」，這可難倒愛詩的老爸了！

這是一本兩三年才一遇的可愛的書。全書語言自然而不失鮮活之致，是一份老少咸宜的「禮物」。

——選自張健《文學的長廊》
臺北：幼獅文化公司，1990 年 8 月

受傷的戀土情結

評陳冠學《訪草》

◎鄭明娳*

　　《訪草》僅有七萬字，卻收錄小說、雜文、抒情散文、論文等諸種文章，可謂內容駁雜。其中篇幅較多的是抒情散文及兩篇小說。其實，〈午夜〉及〈鍾馗與野狗〉比較接近用第三人稱寫的散文。它們欠缺小說的焦點。

　　《訪草》中的抒情散文不脫《田園之秋》的題材範疇，以田園為描寫、為關注的美學客體。不同的是，《訪草》對田園的眷戀情結，充滿傷痕，更強烈表露了反動都市文明的意識形態。作者個人的田園經驗早已成為殊相與共相融冶於一爐的口述歷史，他稱為「昔日田園」，這個藍圖中的聖穢配置圖，正是作者堅持的理想人間，可是「昔日」早已被「今日田園」取代，「今日田園」慢慢成為都會系統延伸的單元。作者堅持的理想國，其經濟型態與上層建築卻早已破碎，無法圓夢，因此在《訪草》中他反對今日田園，更反對都市文明。

　　本書中城市與田園對立的命題在 1980 年代已無爭議價值。作者力讚田園是「新時代的理想世」、「宛如畫，宛如詩，宛如桃源世外」、「最為完美的生活，業已行之數千年，證明再無可修改。乃是人類的理想生活」、「供給了農人最高品質的生活」，這許多斬釘截鐵的論斷並不能說服讀者。因為他讚賞的典型田園形象必須「到處是荒地」，並且用「牛力和人力」耕作、孩子都去牧牛。荒地與平疇「綽綽然有無盡的寬曠閒舒感」，一旦改為今日

*發表文章時為臺灣師範大學國文學系教授，現為東吳大學中國文學系教授。

之果園，則「全然不可遊目，也不可騁足了」，這種心態乃是觀光，並未涉入農人的生活中，爲農夫農婦設想，忽略了物化勞動對於勞動者的負面影響。所以他有許多意見，偏離了臺灣農人在產業結構變遷下的掙扎與自我肯定，例如反對牧童入學讀書，因爲「有一半成了社會問題少年」，女孩畢業後成爲加工區的女工。他厭惡改良後一、兩尺高的小白菜，「除了老田園時代的小土白菜，世上那裡還有小白菜？」對待新田園的態度顯得情緒化，其對待新都市文明更可想而知。

即使從《訪草》書中，我們也不難得覓昔日田園的弊病，例如貧窮落後，〈午夜〉及〈鍾馗與野狗〉中的主角不是被貧窮逼得偷竊、淪落嗎？〈午夜〉中的百步蛇，十足象徵田園中「自然」就具有毒害人類的因素。〈鍾馗與野狗〉中人狗對峙，不也是人類與自然生物之抗爭嗎？作者田園經驗的基礎乃是常識而非知識，如果放在《田園之秋》中，愛惜自然、禮讚自然，乃至與自然共生，則是個人優美理念的把握。然而，作者一旦要站出來批判農業社會與工商社會的是非他個人爲中心的思考，就缺乏宏觀的視野，僅侷促在主觀的懷舊氛圍之中。

其次，從文學發展的角度來看，一個作者若將自己縮限在田園模式的創作範疇內工作，包括他創作的題材、寫作手法乃至意識形態，必然妨礙其文學前景。因此，不論是現實生活的潮流──新田園新城市迭起，或者文學的潮流──1980 年代都市文學方興未艾，這兩股強勁的勢力衝激之下，使得《訪草》裡的文化語碼和審美趣味被推移到創作主流的周邊地區。對於本土的擁抱以及當代區域文化的重塑，在未來十年勢必要尋找出一條異於過去十年的新指標。

──選自《聯合文學》，第 53 期，1989 年 3 月

少數與多數
懷念陳冠學老師

◎心岱*

> 我與陳冠學老師的友誼，自始至終都以信件維繫，
> 那很像回到舊時代的生活，
> 能感覺時間緩慢的恆久，能感覺幻世浮生的閒散；
> 我與他都是孤獨者，這相同的本質成就了心靈的相通，

烈日下，臺北這一天高達 36.2 度的破紀錄高溫，我走在誠品敦南書店附近，尋找郵筒，寄出給屏東陳冠學老師的信函。

這封信在我的電腦檔案裡躺了一個多月，因為印表機故障，無法列印，直到近日送修回來，我才趕緊補註說明延遲至今的原因。

可是，老師到底看不到我的信文了，他已經於我投郵的次日匆匆離世，中斷了與這世間的所有對話。

我與冠學老師持續書信往來 27 年，當時是報社特派我寫「臺灣蘆葦」這個主題。在初秋時節，我開車南下尋訪請教，來到新埤鄉，路上巧遇剛好要去送信的郵差，我問很遠嗎？郵差說：鄉下人都是靠走路，我有腳踏車算很近了。

我再問：老師的信件很多嗎？

郵差說：我是陳老師唯一不會拒絕見面的人，我這會兒送信給他，順便將他要寄的東西拿到郵局。我們幾乎每天都相見呢。

---

*本名李碧慧，作家。

　　我再問：老師家沒有電話嗎？

　　郵差說：有是有，不過他提過，「能寫何必多說」。

　　這句話深植我心，成了我與老師此後的心靈默契，我們沒有任何約定，卻也從未要過彼此的電話號碼。

　　我的到訪也是寫信徵詢的，我向郵差致謝。郵差要我將車子停在馬路旁，跟他一起步行轉進蜿蜒小路，他按了幾聲車鈴，告示信差來了。

　　一個人影從貼著春聯的門裡閃出來，是個女孩子，五、六歲模樣，手拿著一把小黃花，看來像是剛剛採摘的，覥覥的望著我們，然後回頭喊：「有人客來。」

　　「來了。」廳內有了回音。

　　這是一棟傳統閩式的磚造老屋，大門是兩片合掩的木扉，門前有一道淺淺的走廊。

　　我站在那兒，等著被邀請入內，可是，陳老師急忙的步出，好像並沒有發現我的存在，就先到院子與郵差交換信件。

　　然後，他轉頭才跟我招呼：「是，心岱妳啊。」

　　「我帶妳去看草，走。」

　　我很詫異，竟連一杯水都沒得招待。

　　這時，小女孩跑到老師跟前，要他牽手，我趁跨出走廊時往廳內瞄了一眼，有一張木桌與凳子外，竟然家徒四壁。

　　「我們去看河岸的芒草，現在是開花季節，到處一片白茫茫。」老師說，並對我介紹這個他的小女兒。我是到後來看老師的書《父女對話》，得知她名叫岸香，是從小在家由單親自行教學長大的孩子。在當年的社會氛圍，這種個案，必須承受來自各方的壓力與異樣眼光。

　　老師一定是惦記著我遠道來訪的任務，二話不說，就領在前頭登上了小路終端的坡崁，大約二十分鐘，我們站在丘陵的高處，鳥瞰底下幾乎被芒花遮蔽的一大片礫石灘。現在是枯水期，岸邊的菜園都荒廢了，只是芒草占據了整個河野，隨著蕭瑟的秋風，彷若霧氣蒸騰瀰漫的白色芒花擺動

著，氣勢非常壯觀，讓我們都靜默無言，只聽小女孩一邊問著，一邊自言自語的哼唱著兒歌。

　　老師就在這裡，現場帶我觀察各種野生的「禾本科」植物。指導我認識眼前多樣的生物，我記得當時只要抬頭，樹上枝枒的鳥，飛舞的蝴蝶、蜻蜓，天空雲彩、風的聲音……，草地中的昆蟲……。回程中，老師說：「這是今天的招待，我借花獻佛了。」

　　二十多年過去，這期間，我寫了幾本關於植物的書，但陳老師並不知道，這些作品完成的能量，都是來自這一趟「訪草記」中他所給我的「招待」。

　　自此之後，我沒有再去拜訪，我與他的友誼，自始至終都以信件維繫，那很像回到舊時代的生活，能感覺時間緩慢的恆久，能感覺幻世浮生的閒散；我與他都是孤獨者，這相同的本質成就了心靈的相通，但在我的生活中，電子應用取代了一切，尤其是書寫，早已廢了手寫功能，但老師依然字跡力透紙背，使用最傳統的郵局直式信封，送達我家。

　　我請求諒解，以電腦打字再列印輸出的信文寄出，我甚至沒敢提問：有沒有 e-mail 信箱？有時候是一個月一信，有時候是半年一信，雖不頻繁，卻從未中斷，信中談的少有問候，而大都是閱讀的心得與生活感思。

　　直到我退休，從都會遷居鄉間時，我把前半生的所有物件，作了完全的割捨，凡文件書信紙物都付之一炬了。我對老師說，我今後要過的是兩袖清風的減法生活。

　　減法人生也等於力促自己過減碳生活。舊時代的節奏與價值，在我退休生活中逐漸的浮現，我終於發現到「什麼都少一點的幸福」，這是陳老師實踐對土地回饋的生活境界，而我其實要到了這個年歲才能體會。

　　自從遷居河岸的鄉間，我多次重新展讀《田園之秋》，有很多話題與老師請教，信件的往來相對緊密起來，在這幾年中，我得以了解老師的生活與思想，但這些信也被我看完就一一銷毀，直到去年認識了陳文發先生，他是近年唯一被陳老師接受去家裡拍照的攝影家；相談起來，文發希望我

保留老師的信，他願意代爲管理。

　　自此，我答應文發先生，保留這些往返的魚雁。但今年以來，老師的信息，變得簡短而潦草，看得出他病了，先是耳聾，後聽覺恢復了，卻又遭遇手腕疼痛，無法拿筆，接著在一月的信文，他說中了「地煞」，之後，到三月才終於有了好轉，但是儘管身體諸多的不適，他仍殷勤來信敘述近年來專研「叔本華與康德」的所感，在他的年老生活裡，他說，他只剩「哲學」……。

　　是的，我相信陳冠學是很多人的老師，除了《田園之秋》外，他的其他論著也影響了世代，在他討論「進化神話」著作中，目前只出版《進化神話第一部——駁：達爾文《物種起源》》，這是引起爭論最大的一本書，在學術領域，科學家對他很感冒，但是又無法漠視他的論述，他的第二部、第三部，他的遺作在哪裡？

　　或許，在時間之流，他一直堅持做力抗「多數」的「少數」，甚至是眾人視爲的「異數」，他的生命頂峰，已然不需有其他，真的只剩「哲學」，那是無人能及的孤傲與自在的頂峰，既抽象又具體，因此，他選擇讓肉體自然衰敗，以毫無遺憾的決然之姿，了斷世間一切因緣的匆匆，果然，就是他的風格。

　　感謝文發先生的建議，讓我終於得以從這些僅存的片段手跡，懷想老師在死神接近之前，他最後的告別隱喻。

——100 年 7 月 7 日於八里河岸

——選自《文訊雜誌》，第 310 期，2011 年 8 月

冠學老師的最後一堂文學課

◎郭漢辰

2011 年 7 月 2 日，我開著車子，往陳冠學老師住的新埤萬隆農場疾駛而去。

在這之前，屏東縣政府文化處接到陳老師友人的電話，說老師最近身體欠安，他們想去看看老師。文化處一直長期關懷這位文學界大師，聽到老師的近況，我與文化處圖資科長許世文，兩人相偕去看陳老師。

其實，前幾年每次去找他，他總無私地向我講上一番與文學相關的話，彷若一堂堂精采的文學課程，在我眼前巍峨地攤開。

對一個文學後進者來說，我只能盡其所能，仰首誦讀大師一生的精華。

在前往冠學老師家的路上，往日的記憶，逐一浮上心頭……。

忍受千錘百鍊，烏火炭蛻變金鋼鑽

我是 2002 年開始去老師家，那個出現在《田園之秋》一書裡的家，竟然是真真實實地存在著，只是並沒有我們想像的那般田園浪漫，而只是一棟斑駁不堪的小屋，老師坐擁著好幾千冊絕版的文學哲學各種專書，說他是自己文學國度裡的國王，並不為過。

我的車子穿梭過一望無盡的田原，盡頭處就是冠學老師的家。第一個印象是老師家裡那間窄窄小小的書房，房內掛著「拒絕採訪」的牌子，訴說著老師不想清靜隱居生活被打擾。老師說起他對於很多事的堅持，比方

他說他是全臺灣唯一一個不參加任何活動的創作者，情緒慷慨激昂，彷若一個終生投入文學革命的烈士，不時以拐杖重重敲擊地上，猶如文學之國的君王之怒。

2002 年 2 月 8 日，是值得紀念的日子，老師走出隱居天地，到屏東縣文化局參加一群文友發起的的文學團體成立。老師鼓勵年輕創作人要多讀書，蘊積巨大的能量，這樣才能創作出最傑出的曠世巨作。那天老師要來與會，堅持不用派車接他，他自己從居住的農場，一路坐公車搖晃而來。老師要回去的時候，我被指派重要任務，開車送老師去屏東火車站。

老師下車時，我看到他孤矍的影子，隱沒在人潮湧動之間，直至他的身影完全消沒為止。我心裡一震，這是專屬陳冠學老師的風範身姿。

2005 年，文建會為協助冠學老師度過受傷的生活難關，文化單位的長官南下拜訪老師。冠學老師說，他在年初參加新埤鄉公所鄉史研討會，回到家中後，手肘下方受到拉傷，迄今兩個多月忍受劇痛，最近才逐漸復原。老師那天下午談興很濃，不時持著拐杖敲擊地面，非常嚴肅地說著。

他認為一個偉大創作者，應該就像一塊「烏火炭」一樣，原本只是一塊根本不起眼的黑色木炭，埋藏在深不見底幾千公尺的地底層，只有經過千百年大自然的千錘百鍊，忍受無邊無際的黑暗苦楚，才能成為永垂不朽發光發亮的「金鋼鑽」。

等到拜訪結束，那道矮小的紅門關起來後，老師持續他隱居田園的生活。我似乎又看到了那個佝僂又雄偉的影子，再度走回他孤寂的小路上，緩緩獨行。

最後一堂文學課，誠實面對自己

歲月流轉，時間回到了 2011 年 7 月 2 日。我和許科長到達冠學老師家的門口，悄悄打開那紅色的小門，穿走過兩旁都是綠草的小徑，我們對著紗門輕輕喚著老師的名字，知道老師就在門裡，似乎在讀書或者寫作。他小聲地回應我們，邀請我們入內。

我們探問老師最近的身體狀況。老師駝著背,有些氣喘地坐在他的竹椅上,臉色看起來不太好,離多年前看到他,身體變得很虛弱。他一開口,就說今年正月六日,他在小屋外面修理竹籬,沒想到被一個自然界靈異的東西「煞到」,隔天正月七日,就沒辦法吃飯了。半年以來,胃口不太好,時常胃出血。

雖說陷於病痛的折磨,老師一聽我的名字,他的精神氣力彷若被召喚回來,又開始為我上課。這堂文學課程,中輟了不少年,其中幾年我也和老師有過電話聯繫,但始終沒有機會再聽老師的教誨。

接下來冠學老師不斷呼喚我的名字,他說像我這樣的年輕文學創作者,他都抱持著很大的期許。他認為寫作不是一樁很簡單的事,而是要拚死拚活的學習,才能寫出偉大的文學作品。他拍著自己的胸脯說,寫作第一個要務,便是誠實地面對自己,如果無法面對自己的真面目,就無法寫出真心的東西。

冠學老師並且提醒我,寫作不能浪費一絲筆墨,要再三思考,不能浪費精神氣力在無謂的文章上。因為人生過於苦短,要學習要撰寫的東西那麼多,千萬要選對自己的方向,不斷地努力前進。像他所寫的文章,沒有一篇是無的放矢,篇篇都有他要講的主題。

他隨手拿出他撰寫的小書,問我有沒有讀過。他說這些都是深思熟慮之後才下筆的作品。冠學老師嘆息地說,像他致力鑽研的《高階標準臺語字典》,如今也只能出到上冊,下冊何時完成,他自己也不清楚,只能看天命的演變。許科長則親切地詢問老師,官方文化單位可以協助他什麼,老師說,他希望專人的照顧。

冠學老師的生活飲食不太正常,這可能與他所說年初發生的事有關。老師近來胃口一直不好,前兩天有濕地協會的人來找他,順便幫他帶上一碗餛飩湯,他連續吃了十顆,直說好吃。不過,他平常中午用餐,是住在附近的姪女幫他買便當。晚上他尷尬笑著說,就自己隨便弄弄來吃。也有朋友送來營養品,他偶爾打開飲用。

時間快接近中午了，老師顯得很疲累地說，今天就說到這裡，有時間再和我們聊。

我們不捨地離開老房子，彷若還可以感受到正在紗門後方吃飯的冠學老師，以他那專注眼神，穿透所有物質的一切，告知我們一定要爲著文學的將來，多多努力。

那個專屬於冠學老師的身影，在紗門後方毫不隱瞞地綻放他的光亮：

「要做文學界的金鋼鑽，得先累積自己發亮的實力……」

大師仍在田園小屋耕讀

沒人想到，這次與老師的晤面，竟然成了和老師的最後一面。

六日下午三點多，我接到文化處許科長的電話。他的聲音激動不已，他說，他要告訴我一件驚天動地的消息：「二日我們去看冠學老師，他老人家六日上午身體不舒服，被友人送去醫院急救，下午兩點多，病逝於屏東基督教醫院……」

關起手機，冠學老師爲我上的文學課，彷若一一倒帶：「要忍受一切的孤獨蛻變成金鋼鑽」、「要誠實面對自己」、「要選定書寫目標不能浪費筆墨」。老師不時敲擊枴杖的聲音，竟變得那麼悅耳動聽，依然讓人醍醐灌頂，清滌自己的文學靈魂。

七日下午去冠學老師的靈堂祭拜。老師的長子陳岸立告訴我們，彷若冥冥之中都已注定。我們二日去看老師，岸立夫婦則在一日回到老師家中。岸立說，其實他很多次都想和父親談談生死之事，卻總找不到機會。一日看父親心情不錯，於是和聊起這方面的事情。

岸立說，他問父親身後事要怎麼處理才好？父親回答說隨意簡單就好。他也詢問父親對於手稿文物保存之事，父親告訴他，「就地保留」，其餘的話並沒有多說。

八日上午，臺灣一代散文大師陳冠學的告別式，在屏東市的臺灣生命館舉行。許多文學界的好友：國立臺灣文學館副館長張忠進（雨弦），小說

家汪笨湖、凌煙、掌門詩社同仁都來送別。屏東縣長曹啓鴻也來和老師話別。

　　不過，我想冠學老師是不在這裡的。我想，他應該還在那棟四處都是絕版書的田園小屋裡。晴天時，他走出書房，在田地裡修築籬笆、種種蔬菜。下雨時，在屋內研讀天下宇宙的道理。

　　然後，他會攤開他一筆一畫刻寫的《田園之秋》，為一代又一代熱愛文學及大自然的年輕人，上一堂專屬於陳冠學的文學課程。

——選自《文訊雜誌》，第 310 期，2011 年 8 月

田園躬耕的隱者

陳冠學與自立副刊

◎向陽[*]

陳冠學文字老辣，漢學根柢深厚，

而田園農耕的生活體驗，又使他的文章底蘊洋溢土地的雄渾之氣。

他亦關心臺灣民主發展，他本來就是剛性之人，

對於政治謬論、威權遺緒，向來不假辭色，這是鮮為人知的。

　　旅行途中上網，看到文友江明樹在臉書上發布「陳冠學老師仙逝」訊息，時間在 7 月 6 日午後，不禁愴然。

　　我與冠學先生認識於 1983 年，當時我擔任《自立晚報》副刊主編，有一天忽接徐國士教授來電，希望我陪他南下屏東，拜訪陳冠學先生，澄清某件事情（什麼事情我也不記得了），看來徐教授很急，我答應陪他搭機南下，到高雄後轉坐計程車直抵屏東新埤鄉，見到了隱居於老舊瓦房的陳冠學先生──這位在兩年前（1981 年）為了保存屏東大武山林木而參選省議員的特立獨行作家。當時我已讀過他由三民書局出版的《老臺灣》，也讀了他發表於《文學界》的〈田園之秋〉，對於他辭去教職，返歸田園，躬自農耕，以粗茶淡飯自足生活的選擇，雖感到不解，卻相當敬佩。徐教授找我同去看冠學先生，或有希望我居中當公親的意思，不過我也插不上嘴，事情是否有所澄清，也無以了解，坐了兩個多小時之後，兩人就搭機回臺北了。

---

[*]本名林淇瀁，臺北教育大學臺灣文化研究所副教授。

　　不過，這趟屏東之行，反倒促成了我與冠學先生的通信，向他約稿，希望他爲當時還是臺北市內的小報《自立晚報》寫稿。冠學先生很爽快地答應了，散文、隨筆，增添了「自立副刊」相當的光采。他的文字老辣，漢學根柢深厚，而田園農耕的生活體驗，又使他的文章底蘊洋溢土地的雄渾之氣；在這個階段中，我有感於報紙副刊均不刊登有關臺語文學的論述、創作，於是分別找了洪惟仁、鄭良偉、許成章等先生提供臺語研究文稿，也特別約請冠學先生撰寫臺語專欄，這個專欄大約持續了近一年左右，1984 年 6 月初，我接到他來信，說：「『臺語專欄』實應再寫下去，但是我心情上無法繼續寫，若真有必要，將來再續刊吧」，因而改由黃進蓮和吳秀麗提供臺語創作專欄。大約一年後，我再一次請求他續開臺語專欄，於是以「臺語小點心」爲名的專欄又繼續於 1986 年見報了。

　　在戒嚴年代，報紙副刊刊登有關臺語的論述和創作，冒著一定的風險，幸好《自立晚報》作爲一份獨立經營的報紙，由臺籍大老吳三連先生主持，政治問題多少可撐過去；但仍免不了有讀者以「看不懂」、「不重視讀者閱讀權益」爲理由向報館抗議，我還記得有一次甚至驚動了社長吳豐山，他把我找去，說讀者來抗議，問我有何想法？我答以副刊日刊萬字，一個月計刊 30 萬字；臺語專欄週刊一篇約千字，一個月計刊四千字，以使用臺灣話的人口比例來看，約 80%使用臺灣話的讀者僅有 1.3%的臺語文字閱讀量，似不嫌過分才是。這個說法獲得社長的理解，因而使「自立副刊」的臺語專欄得以持續。冠學先生在這樣的年代中能爲「自立副刊」寫「臺語小點心」專欄，對我而言，就是最大的精神支柱。

　　冠學先生與我往來是文字交，當時他家中不裝電話，都以信件往來，他也不北上，我們因此不常見面，等到我第二次見到他時，已是在 1986 年11 月，他以《田園之秋》榮獲吳三連文藝獎，北上領獎，當晚並接受吳三連文藝獎基金會的晚宴，我以副刊主編陪席，當晚他清癯如昔，但精神奕奕，吳三連獎多少代表這塊土地對於他的文學志業的肯定，而這個獎又是他願意接受的，我與他已經通信多年，話題也多。我記得席間他還笑說

「臺語專欄大概給你帶來不少困擾吧，請包涵」，他當時的笑顏，在我心中至今依然十分鮮明。

「臺語小點心」當然還是繼續供稿，到了隔年五月稿子忽然斷了，我甚急，趕忙寫信問冠學先生是否有什麼問題了？六月初收到他寫於 29 日的信，他起筆這樣說：

> 近日趕寫政治文字，臺語小點心都未寄，六月初，一定陸續寄去，不拘時間，陸續寫，最好能多寫，讓您有儲備。

原來是這樣，我寬心了不少。做為隱者，冠學先生仍然關心當時的臺灣民主發展，他本來就是剛性之人，對於政治謬論、威權遺緒，向來不假辭色，這是鮮為人知的。接著他提到我曾邀請他到鹽分地帶文藝營演講一事，則透露了他個性中的率性和隱逸特質：

> 昨日有客來，談起南鯤鯓，才想起有人約我去演講，但想不起是誰約我。來客替我念名單，後來念到您，才記起來。對不起，我竟然全忘了。當然去跟年輕人敘一敘很好，但我拙於此道，也很懊惱。目前我只求盡量再少出名，我早失去了安靜的生活，連婦女雜誌也報導我，真傷腦筋。讀者要找作者，作者似乎有義務接待，這個太傷腦筋了。我的〈製餅師〉，您有無看過，當製餅師最好，貢獻了社會，還能保持自我的安靜生活，誰也不找他，真好！演講的事，心有餘而力不足，算了罷！

鹽分地帶文藝營當時邀請冠學先生演講，主要是希望他與年輕的學員交換意見，啟發學員對臺灣文學的興趣，並了解撰寫《田園之秋》的心路。看他的信，我有些不忍心，想就答應他吧，沒想到 6 月 10 日他又來了封信，說「既然列了名，只好硬頭皮去講了」。這樣的不忍人之心，令我肅敬。

　　這封信的後半段還吐露了冠學先生以《田園之秋》成名之後所受的「悶氣」，他提到「和讀者群來往」的「頗多感慨」，說有人「把作家當名勝古蹟來遊覽，遊覽過了，也就船過水無痕」的例子。信函末段說：

　　寫了書，對讀者群，多少有些供（貢）獻，卻換來受罪，受辱！我真後悔發表了《田園之秋》（但當時情況，我得吃飯，非發表不可），有飯吃的話，還是身後發表好。

　　這或許只是冠學先生因一時「悶氣」所發的感慨吧。事實上，《田園之秋》無論在自然、農務或哲理的書寫，都臻於頂峰，已成為臺灣散文經典，生前或身後發表，均無損於其文學史地位了。

　　冠學先生仙逝後，我從書櫃中找出他寫來的二十多封信函，回想在編輯《自立晚報》副刊時期，他盡心提供高品質的臺語專欄，亦師亦友地以我這個後輩為文字之交的種種，而不禁嘆息；撫觸他真情流露、蒼勁飛舞的字跡，而更覺難捨。且以這篇蕪雜之文，敬悼冠學先生。

——選自《文訊雜誌》，第 310 期，2011 年 8 月

輯五◎
研究評論資料目錄

作家、作品評論專書與學位論文

專書

1. 余昭玫，黃文車主編　　2012 屏東文學學術研討會：陳冠學研究論文集　屏東　春暉出版社　2013 年 5 月　306 頁

本書為「2012 第二屆屏東文學學術研討會——陳冠學研究」會議論文集。全書共收錄會議論文 9 篇：簡光明〈陳冠學的莊子學〉、柳秀英〈從《田園之秋》談陳冠學的自然哲學〉、郭澤寬〈〈製餅師〉的隱喻——論陳冠學的美學思想〉、傅怡禎〈回歸與實踐的自然書寫——陳冠學散文的現場凝視與自我形構〉、王國安〈「理念」的「張陳」——陳冠學《第三者》研究〉、唐毓麗〈象徵與敘事：談《田園之秋》與《家離水邊那麼近》的身體形象、生命書寫及倫理意義〉、宋邦珍〈陳冠學《田園之秋》所呈現的精神內涵〉、嚴立模〈陳冠學的臺語研究〉、劉明宗〈文學中的文化——談馮秀喜作品中的客家元素〉。正文前有黃文車序文〈向一代田園散文導師陳冠學先生致敬〉。

學位論文

2. 鍾仁忠　　陳冠學及其散文研究　高雄師範大學國文學系回流中文碩士班　碩士論文　林文欽教授指導　2006 年　212 頁

本論文探討陳冠學的人生經驗、隱逸情懷及其創作的主題類型、散文藝術。全文共 7 章：1.緒論；2.陳冠學的人生經歷；3.陳冠學的創作世界；4.陳冠學的隱逸情懷；5.陳冠學散文的主題類型；6.陳冠學散文的藝術探析；7.結論。

3. 陳馨雯　　陳冠學及其散文研究　彰化師範大學臺灣文學研究所　碩士論文　黃文吉教授指導　2009 年　157 頁

本論文即以陳冠學及其散文為研究對象，首先探討陳冠學的生平，剖析散文及其中的情感脈絡；再根據散文的思想內涵，分析其主題為表現對大自然的尊崇與敬畏、展現對社會的關注與現實生活的思索與凸顯對理想人生與文藝的追求；最後歸納散文的取材立意、結構布局、描述技巧、語言修辭所展現的美學樣貌。全文共 6 章：1.緒論；2.陳冠學的生平與著作；3.陳冠學散文的思想內涵；4.陳冠學散文的藝術手法；5.陳冠學散文的評價；6.結論。

4. 洪勝賢　　陳冠學隱逸文學研究　中山大學中國文學系　碩士論文　楊雅惠教授指導　2010 年 6 月　110 頁

本論文歸納陳冠學的隱逸作品,從中探究作家的獨特思維與其所欲傳遞的省思意涵,尋得其隱逸作品的整體意義與價值。全文共 6 章:1.緒論;2.陳冠學的生平與著作;3.陳冠學隱逸文學的形成背景;4.陳冠學隱逸文學的書寫特點;5.陳冠學隱逸文學的思想特質;6.結論:陳冠學隱逸文學的意義與價值。

5. **盧怡靜**　從《田園之秋》到《夢與現實》——陳冠學的哲學思想試探　高雄師範大學國文教學碩士班　碩士論文　李若鶯教授指導　2011 年 6 月　165 頁

本論文對陳冠學的哲學思想作一番更深入更全面的研究,透過文本分析的方式,從作品內容本身加以整理歸納,著重於思想內涵、人生啟示等層面來研究,完整呈現其作品背後的思想層次。全文共 5 章:1.緒論;2.陳冠學文學作品的思想內涵;3.陳冠學的社會觀察與省思;4.陳冠學的生活哲學;5.結論。

6. **曾怡臻**　屏東地景書寫研究——以在地作家散文作品為對象　屏東教育大學中國語文學系　碩士論文　余昭玟教授指導　2012 年 1 月　181 頁

本論文以地景散文書寫為核心概念,界定文本範圍與簡介屏東的史地時空與文學發展狀況之後,探查陳冠學、曾寬、周芬伶、李敏勇、郭漢辰、杜虹散文作品中的地景書寫特色。全文共 6 章:1.緒論;2.「阿緱」的史地時空與文學發展;3.原鄉地景的凝視與再現;4.屏東地景的意象與象徵;5.地景與庶民生活的記憶空間;6.結論。

7. **莊美足**　陳冠學散文之「情」與「美」研究　臺南大學國語文學系　碩士論文　張清榮教授指導　2012 年 2 月　299 頁

本論文介紹陳冠學生平事蹟,進而分析歸納他的散文類型,再探討他散文中所呈現出之「情」與「美」事物,並分析研究「情」與「美」內涵。全文共 6 章:1.緒論;2.陳冠學生平與其散文類型論述;3.陳冠學散文中「情」的感性與知性;4.陳冠學散文中「美」之呈顯;5.陳冠學散文「敘情」、「顯美」風格之形成因素;6.結論。正文後附錄〈陳冠學年表〉、〈陳冠學作品年表〉。

8. **葉桂君**　陳冠學自然書寫研究　高雄師範大學國文學系　碩士論文　顏美娟教授指導　2012 年　162 頁

本論文研究陳冠學的自然書寫歷程、自然書寫的內涵與表現技巧。全文共 6 章:1.緒論;2.臺灣自然書寫的背景概述與陳冠學的自然書寫歷程;3.陳冠學自然書寫的內涵;4.陳冠學自然書寫的表現技巧;5.陳冠學自然書寫的特色與地位;6.結論。

作家生平資料篇目

自述

9. 陳冠學　卷頭語　象形文字　臺北　三民書局　1970 年 8 月　頁 1—2

10. 陳冠學　卷頭語　象形文字　臺北　三民書局　2003 年 10 月　頁 1—2

11. 陳冠學　自序　莊子新傳——莊周即楊朱定論　高雄　三信出版社　1976 年 1 月　頁 1—2

12. 陳冠學　序　論語新注　高雄　三信出版社　1976 年 6 月　〔2〕頁

13. 陳冠學　序　論語新注　高雄　復文圖書出版社　1982 年 4 月　〔1〕頁

14. 陳冠學　序　論語新注　臺北　東大圖書公司　1995 年 4 月　頁 1—2

15. 陳冠學　序　莊子宋人考　高雄　三信出版社　1977 年 12 月　頁 1—2

16. 陳冠學　自序[1]　莊子新注　高雄　三信出版社　1978 年 11 月　〔1〕頁

17. 陳冠學　原序　莊子新注　臺北　東大圖書公司　1989 年 9 月　頁 1

18. 陳冠學　自序　老臺灣　臺北　東大圖書公司　1981 年 9 月　〔1〕頁

19. 陳冠學　自序　老臺灣　臺北　東大圖書公司　1990 年 10 月　〔1〕頁

20. 陳冠學　自序　老臺灣　臺北　東大圖書公司　2003 年 9 月　〔1〕頁

21. 陳冠學　自序　老臺灣　臺北　東大圖書公司　2006 年 5 月　〔1〕頁

22. 陳冠學　田園之秋　感人的日記　臺北　希代書版公司　1984 年 12 月　頁 195—204

23. 陳冠學　自序　第三者　臺北　圓神出版社　1987 年 6 月　頁 1—2

24. 陳冠學　自序　藍色的斷想：孤獨者隨想錄（A 卷）　臺北　前衛出版社　1988 年 9 月　頁 3—4

25. 陳冠學　新序　莊子新注　臺北　東大圖書公司　1989 年 9 月　頁 1—2

26. 陳冠學　陳冠學的散文觀　簷夢春雨　臺北　朱衣出版社　1994 年 5 月　頁 289

27. 陳冠學　全卷本序　藍色的斷想——孤獨者隨想錄 A.B.C(全卷)　臺北　三

[1]本文後改篇名為〈原序〉。

民書局　1994 年 10 月　〔1〕頁

28. 陳冠學　後記　田園之秋　臺北　前衛出版社　1994 年 11 月　頁 343

29. 陳冠學　再版序　論語新注　臺北　三民書局　1995 年 4 月　頁 1—2

30. 陳冠學　自序　莎士比亞識字不多？　臺北　三民書局　1998 年 1 月　頁 1—4

31. 陳冠學　自序　進化神話・第一部：駁達爾文《物種起源》　臺北　三民書局　1999 年 10 月　頁 1—7

32. 陳冠學　第二版序　老臺灣　臺北　東大圖書公司　2003 年 9 月　〔2〕頁

33. 陳冠學　第二版序　老臺灣　臺北　東大圖書公司　2006 年 5 月　〔2〕頁

34. 陳冠學　自序　訪草第二卷　臺北　三民書局　2005 年 2 月　頁 1

35. 陳冠學　自序　字翁婆心集　臺北　前衛出版社　2006 年 7 月　頁 1—2

36. 陳冠學　自序　覺醒——自翁婆心集　臺北　草根出版公司　2006 年 12 月　頁 1—2

37. 陳冠學　後記　高階標準臺語字典（上）　臺北　前衛出版社　2007 年 8 月　頁 912—913

38. 陳冠學　自序　夢與現實　臺北　草根出版公司　2008 年 5 月　〔2〕頁

39. 陳冠學　《現實與夢》自序與後記　鹽分地帶文學　第 18 期　2008 年 10 月　頁 28—30

40. 陳冠學　自序　現實與夢　臺北　前衛出版社　2008 年 11 月　頁 4—5

41. 陳冠學　後記　現實與夢　臺北　前衛出版社　2008 年 11 月　頁 128—132

42. 陳冠學　自序　臺灣四大革命　臺北　前衛出版社　2009 年 7 月　頁 3

他述

43. 葉石濤　代序[2]　田園之秋　臺北　前衛出版社　1983 年 2 月　頁 1—6

44. 葉石濤　田園之秋（代序）　田園之秋　臺北　前衛出版社　1986 年 12 月　頁 1—6

45. 葉石濤　田園之秋（代序）　田園之秋　臺北　草根出版公司　1994 年 11

---

[2] 本文後改篇名爲〈西拉雅族的末裔〉。

月　頁1—5

46. 葉石濤　　陳冠學《田園之秋》(原序一)　大地的事　上海　東方出版中心
　　　　　　2006年1月　〔4〕頁

47. 葉石濤　　西拉雅族的末裔　葉石濤全集‧隨筆卷一　臺南，高雄　國立臺灣
　　　　　　文學館，高雄市文化局　2008年3月　頁291－294

48. 鄭穗影　　吾友陳冠學先生——夜讀《田園之秋》後勾起的回憶　文學界　第
　　　　　　7期　1983年8月　頁108—123

49. 裘　箬　　參與的入世者——陳冠學　自立晚報　1986年11月8日　10版

50. 鄭春鴻　　專案寫作——構想及高屏地區觀察〔陳冠學部分〕　鄉土與文學：
　　　　　　臺灣地區區域文學會議實錄　臺北　文訊雜誌社　1994年3月　頁
　　　　　　146—147

51. 曾　寬　　歸隱田園的陳冠學　陽光札記　屏東　屏東縣立文化中心　1994年
　　　　　　4月　頁12—23

52. 林麗如　　臺灣文學經典名家特寫——　陳冠學　聯合報　1999年2月5日　37
　　　　　　版

53. 陳文芬　　貓狗雞相伴，陳冠學樂在田園　中國時報　1999年3月22日　11
　　　　　　版

54. 林麗如　　陳冠學特寫——透過書寫傳達田園之美　臺灣文學經典研討會論文
　　　　　　集　臺北　行政院文建會，聯經出版公司　1999年6月　頁399

55. 曾　寬　　陳冠學的田園生活　文訊雜誌　第168期　1999年10月　頁61

56. 王景山　　陳冠學　臺港澳暨海外華文作家辭典　北京　人民文學出版社
　　　　　　2003年7月　頁43—44

57. 曾　寬　　陳冠學是現代的陶淵明　文訊雜誌　第227期　2004年9月　頁
　　　　　　77

58. 郭漢辰　　那個午后，聆聽散文大師陳冠學半世紀的文學堅持　文化生活　第
　　　　　　40期　2005年4月　頁93—95

59. 曾　寬　　陳冠學出版新作《訪草》第二卷　文訊雜誌　第234期　2005年4

月　頁 77—78

60. 郭漢辰　　陳冠學歸隱田園獨賞秋涼──鄉土文學創作不懈，每天讀書逾五小
　　　　　　時，自勉烏炭錘鍊金鋼鑽　民生報　2005 年 5 月 27 日　A13 版

61. 〔鹽分地帶文學〕　　作家寫真簿──陳冠學：優美的人世，只能由人的優美
　　　　　　生命來構成　鹽分地帶文學　第 10 期　2007 年 6 月　頁 20

62. 鍾仁忠　　大武山下的田園哲人：陳冠學　第八屆大武山文學獎　屏東　屏東
　　　　　　縣文化局　2008 年 3 月　頁 118—139

63. 〔封德屏主編〕　　陳冠學　2007 臺灣作家作品目錄　臺南　國立臺灣文學館
　　　　　　2008 年 7 月　頁 879—880

64. 林黛嫚　　作者簡介　散文新四書・春之華　臺北　三民書局　2008 年 9 月
　　　　　　頁 49

65. 曾　寬　　陳冠學：持續擁抱田園　文訊雜誌　第 276 期　2008 年 10 月　頁
　　　　　　76

66. 林佛兒　　平凡與非凡──陳冠學的書房　鹽分地帶文學　第 27 期　2010 年
　　　　　　4 月　頁 22—26

67. 林皇德　　重返自然的懷抱──陳冠學　國語日報　2011 年 1 月 8 日　5 版

68. 陳宛茜，翁禎霞　　心繫自然寫作・現代陶淵明陳冠學病逝　聯合報　2011 年
　　　　　　7 月 7 日　A16 版

69. 林欣誼　　自然書寫經典・《田園之秋》作家陳冠學病逝　中國時報　2011 年
　　　　　　7 月 7 日　A12 版

70. 〔人間福報〕　　《田園之秋》陳冠學 6 日病逝　人間福報　2011 年 7 月 8 日
　　　　　　7 版

71. 林皇德　　陳冠學──重返自然的懷抱　用愛釀成篇章：臺灣文學家的故事
　　　　　　臺南　國立臺灣文學館　2011 年 7 月　頁 119—122

72. 呂自揚　　我與陳冠學先生的文學情緣　臺灣時報　2011 年 8 月 23 日　16 版

73. 陳　列　　秋之田野裡的一朵花──記憶陳冠學先生　印刻文學生活雜誌　第
　　　　　　96 期　2011 年 8 月　頁 124—127

74. 向　陽　　田園躬耕的隱者——陳冠學與《自立》副刊　文訊雜誌　第 310 期　2011 年 8 月　頁 23—25

75. 向　陽　　田園躬耕的隱者——陳冠學與《自立》副刊　寫字年代——臺灣作家手稿故事　臺北　九歌出版社　2013 年 7 月　頁 29—35

76. 心　岱　　少數與多數——懷念陳冠學老師　文訊雜誌　第 310 期　2011 年 8 月　頁 53—55

77. 郭漢辰　　冠學老師的最後一堂文學課　文訊雜誌　第 310 期　2011 年 8 月　頁 56—59

78. 游文宓　　自然書寫經典《田園之秋》作者陳冠學去世　文訊雜誌　第 310 期　2011 年 8 月　頁 150

79. 林佛兒　　田園之秋　鹽分地帶文學　第 35 期　2011 年 8 月　〔1〕

80. 岡崎郁子作，張月環譯　　向陳冠學先生致敬特集——悼陳冠學先生辭世　鹽分地帶文學　第 35 期　2011 年 8 月　頁 94

81. 林文義　　向陳冠學先生致敬特集——魚雁二十年　鹽分地帶文學　第 35 期　2011 年 8 月　頁 95—98

82. 心　岱　　向陳冠學先生致敬特集——魚雁鑄記——懷念陳冠學老師　鹽分地帶文學　第 35 期　2011 年 8 月　頁 99—103

83. 陳文銓　　向陳冠學先生致敬特集——懷念冠學先生　鹽分地帶文學　第 35 期　2011 年 8 月　頁 113—116

84. 陳文銓　　向陳冠學先生致敬特集——而後——寄冠學先生　鹽分地帶文學　第 35 期　2011 年 8 月　頁 117

85. 鹿耳門漁夫　　向陳冠學先生致敬特集——避見迄粒尙大粒的官——悼陳冠學大師臺語一首　鹽分地帶文學　第 35 期　2011 年 8 月　頁 119

86. 鄭春鴻　　豐富之旅　文學臺灣　第 80 期　2011 年 10 月　頁 74—83

87. 凌　煙　　孤獨老人　文學臺灣　第 80 期　2011 年 10 月　頁 84—86

88. 蔡明原　　旗山文化的建構者——訪江明樹——與陳冠學交往　文訊雜誌　第 313 期　2011 年 11 月　頁 57—58

89. 陳文銓　　懷念冠學先生——從冠學先生一首舊詩談起　鹽分地帶文學　第 41 期　2012 年 8 月　頁 156—158

90. 黃文車　　序——向一代田園散文導師陳冠學先生致敬　2012 屏東文學學術研討會：陳冠學研究論文集　高雄　春暉出版社　2013 年 5 月　頁 4—5

91. 陳　列　　一切都是爲著美，二訪陳冠學先生　中國時報　1987 年 1 月 11 日　8 版

92. 鄭麗君，劉孟奇　　漢族的傳說？血統的神話！——訪陳冠學談《老臺灣》　新文化　第 1 期　1989 年 2 月　頁 24—31

93. 岡崎郁子作；張月環譯　　向陳冠學先生致敬特集——臺灣作家「文學」思考——陳冠學訪談記　鹽分地帶文學　第 35 期　2011 年 8 月　頁 91—93

94. 〔陳義芝編〕　　陳冠學著作年表　簷夢春雨　臺北　朱衣出版社　1994 年 5 月　頁 288

95. 莊美足　　陳冠學年表　陳冠學散文之「情」與「美」研究　臺南大學國語文學系　碩士論文　張清榮教授指導　2012 年 2 月　頁 213—216

96. 莊美足　　陳冠學作品年表　陳冠學散文之「情」與「美」研究　臺南大學國語文學系　碩士論文　張清榮教授指導　2012 年 2 月　頁 217—218

97. 曾　寬　　陳冠學的《田園之秋》選入國中國文課本　文訊雜誌　第 155 期　1998 年 9 月　頁 52

98. 曾　寬　　文建會關懷陳冠學的生活　文訊雜誌　第 168 期　1999 年 10 月　頁 61

99. 張月環　　向陳冠學先生致敬特集——年輕人，你在哪裡？　鹽分地帶文學　第 35 期　2011 年 8 月　頁 118

100. 郭漢辰　　重回那方耕讀天地——記「陳冠學田園書房紀念展」　文訊雜誌　第 323 期　2012 年 9 月　頁 116—117

101. 郭漢辰　　第二屆屏東文學學術研討會——陳冠學研究　文訊雜誌　第 325
　　　　　　　期　2012 年 11 月　頁 133

訪談、對談

102. 李金蓮　　開卷人物：陳冠學　中國時報　1990 年 2 月 19 日　20 版

103. 徐　學　　鄉土派散文〔陳冠學部分〕　臺灣新文學概觀（下）　廈門　鷺
　　　　　　　江出版社　1991 年 6 月　頁 201

104. 計紅芳　　陳冠學——當代臺灣的田園詩人　臺港澳文學教程　上海　漢語
　　　　　　　大辭典出版社　2000 年 10 月　頁 56—58

105. 〔陳義芝編〕　　天地間的光和影——陳冠學篇——陳冠學的散文觀　散文
　　　　　　　教室　臺北　九歌出版社　2002 年 2 月　頁 279

106. 邱珮萱　　親善大地的田園哲人——陳冠學[3]　戰後臺灣散文中的原鄉書寫
　　　　　　　高雄師範大學國文學系　博士論文　何淑貞教授指導　2003 年 6
　　　　　　　月　頁 101—112

107. 江　海　　屏東文學發展現況淺析——從屏東縣文學泰斗陳冠學說起　文化
　　　　　　　生活　第 33 期　2003 年 7 月　頁 40—42

108. 許博凱　　從新埤到老臺灣——以陳冠學地理書寫為分析對象[4]　2006 年青年
　　　　　　　文學會議論文集：臺灣作家的地理書寫與文學體驗　臺北　國家
　　　　　　　臺灣文學館　2007 年 3 月　頁 323—342

109. 彭瑞金　　戰後高雄市文學的融合、衝突與蛻變——戰後臺灣內部移民潮帶
　　　　　　　給高雄文學的新風貌〔陳冠學部分〕　高雄市文學史——現代篇
　　　　　　　高雄　高雄市立圖書館　2008 年 5 月　頁 159—160

110. 廖淑芳　　傳統如何發明：由陳冠學書寫中的時計鬼、在地敘事與鄉野烏托
　　　　　　　邦論「屏東」作為「邊緣」政治與「在地」想像　第四屆屏東研
　　　　　　　究研討會——尋找屏東流域　屏東　屏東縣社區大學文教發展協

---

[3] 本文鋪述《田園之秋》之中的臺灣意識，以及陳冠學藉理想田園宣揚批判現實的觀點。全文共 2
節：1.將臺灣人的根紮下去；2.昔日田園追憶・理念伸張敷陳／新時代的理想世。
[4] 本文討論陳冠學寫作中調動的文學資源與地理空間結構，並透過史料外皮的清代書寫，發現處處
與中國想像的勾連。全文共 5 小節：1.除了自然寫作之外；2.地理書寫的對象：荒蕪／豐饒的新
埤；3.向歷史索討那座美麗之島；4.中國性的幽靈；5.結論。

會，屏東縣屏北區社區大學主辦　2008 年 7 月 11—12 日

111. 霍小青，陸卓寧　回歸與超越──葦岸與陳冠學散文的精神意義　和而不
同　南寧　廣西人民出版社　2008 年 10 月　頁 581—586

112. 水筆仔　田園之秋・生命之春──當代警醒者・陳冠學　源　第 75 期
2009 年 5 月　頁 28—39

113. 莊金國　向陳冠學先生致敬特集──詩人適踏露珠回──陳冠學的詩人情
懷　鹽分地帶文學　第 35 期　2011 年 8 月　頁 109—112

114. 許其正　田園將蕪？──懷念田園文學大家陳冠學　更生日報　2011 年 9
月 4 日　第 9 版

作品評論篇目

綜論

115. 陳芳明　一九八〇年代臺灣邊緣聲音的崛起──一九八三：散文創作與自
然書寫的意識〔陳冠學部分〕　臺灣新文學史　臺北　聯經出版
社　2011 年 10 月　頁 647—648

116. 簡光明　陳冠學文學中的莊子身影　2011 第一屆屏東文學學術研討會暨作
家座談　屏東　屏東縣阿緱文學會主辦／屏東教育大學中國語文
學系承辦　2011 年 11 月 25—26 日

117. 蔡曉香　天人合一的自然之美〔陳冠學部分〕　多元文化與臺灣當代文學
北京　文化藝術出版社　2011 年 12 月　頁 33—34

118. 曾怡蓁　「阿緱」的史地時空與文學發展──縣籍文學家簡介──陳冠學
屏東地景書寫研究──以在地作家散文作品為對象　屏東教育大
學中國語文學系　碩士論文　余昭玟教授指導　2012 年 1 月　頁
39—40

119. 盧怡靜　陳冠學的核心思想與批判精神（上、下）　鹽分地帶文學　第 41
—42 期　2012 年 8，10 月　頁 159—170，228—239

120. 簡光明　　陳冠學的莊子學[5]　2012 第二屆屏東文學學術研討會——陳冠學研
　　　　　　　究　屏東　國立臺灣文學館，屏東縣政府，屏東教育大學主辦
　　　　　　　2012 年 9 月 21 日　〔13〕頁

121. 簡光明　　陳冠學的莊子學　2012 屏東文學學術研討會：陳冠學研究論文集
　　　　　　　高雄　春暉出版社　2013 年 5 月　頁 1—26

122. 傅怡禎　　回歸與實踐的自然書寫——陳冠學散文的現場凝視與自我形構[6]
　　　　　　　2012 第二屆屏東文學學術研討會——陳冠學研究　屏東　國立臺
　　　　　　　灣文學館，屏東縣政府，屏東教育大學主辦　2012 年 9 月 21 日
　　　　　　　〔28〕頁

123. 傅怡禎　　回歸與實踐的自然書寫——陳冠學散文的現場凝視與自我形構
　　　　　　　2012 屏東文學學術研討會：陳冠學研究論文集　高雄　春暉出版
　　　　　　　社　2013 年 5 月　頁 92—158

124. 張清榮等[7]　　陳冠學老師印象：陳冠學其人其事　2012 第二屆屏東文學學術
　　　　　　　研討會——陳冠學研究　屏東　國立臺灣文學館，屏東縣政府，
　　　　　　　屏東教育大學主辦　2012 年 9 月 21 日

125. 丁明蘭　　辭世作家：陳冠學　2011 年臺灣文學年鑑　臺南　國立臺灣文學
　　　　　　　館　2012 年 11 月　頁 171—172

分論

◆單行本作品

論述

《象形文字》

126. 楊　明　　陳冠學為你說文解字　在閱讀與書寫之間：評好書 300 種　臺北

---

[5]本文透過論述陳冠學對《莊子》的翻譯、注解與論證，檢視其得失，從而說明其莊學研究的成
果。全文共 6 小節：1.前言；2.翻譯福永光司的《莊子（古代中國的存在主義）》；3.推論莊子與楊
朱為同一人；4.考證莊子為宋人；5.注解《莊子》內篇；6.結語。
[6]本文從《田園之秋》入手並參酌其他文本，探討陳冠學如何藉由回憶、凝視、回歸與實踐，完成
自我形象建構，營造特殊田園散文。全文共 5 小節：前言；2.紀實與虛構；3.凝視的現場；4.自我
的建構；5.結語。
[7]主持人：張清榮；與會者：應鳳凰、封德屏、陳文銓、郭漢辰。

　　　　　　　三民書局　2005 年 2 月　頁 271

《臺語之古老與古典》

127. 道　章　　《臺語之古老與古典》評介及衍析　臺灣與世界　第 25 期　1985
　　　　　　　年 10 月　頁 36—42

《進化神話第一部・駁：達爾文《物種起源》》

128. 曾　寬　　陳冠學出版新書　文訊雜誌　第 171 期　2000 年 1 月　頁 67

129. 張堂錡　　戳破進化論的神話　在閱讀與書寫之間：評好書 300 種　臺北
　　　　　　　三民書局　2005 年 2 月　頁 202

《莎士比亞識字不多？》

130. 夏　墨　　《莎士比亞識字不多？》　中央日報　1998 年 2 月 28 日　22 版

131. 謝鵬雄　　看誰能推翻莎士比亞　在閱讀與書寫之間：評好書 300 種　臺北
　　　　　　　三民書局　2005 年 2 月　頁 166

散文

《田園之秋》

132. 何　欣　　評析《田園之秋》　田園之秋　臺北　前衛出版社　1983 年 2 月
　　　　　　　頁 7—17

133. 何　欣　　析《田園之秋》　自立晚報　1983 年 3 月 10 日　10 版

134. 何　欣　　評陳冠學的《田園之秋》　當代臺灣作家論　臺北　東大圖書公
　　　　　　　司　1983 年 12 月　頁 291—298

135. 何　欣　　評陳冠學的《田園之秋》　田園之秋　臺北　前衛出版社　1986
　　　　　　　年 12 月　頁 7—17

136. 何　欣　　評析《田園之秋》　田園之秋　臺北　草根出版公司　1994 年 11
　　　　　　　月　頁 7—15

137. 何　欣　　評析《田園之秋》初秋篇(原序二)　大地的事　上海　東方出版中
　　　　　　　心　2006 年 1 月　〔7〕頁

138. 方十九　　看《田園之秋》　臺灣時報　1983 年 3 月 12 日　20 版

139. 李歐梵等[8]　　走出一條散文新路：推薦獎部分——陳冠學《田園之秋》　中國時報　1983 年 10 月 6 日　8 版

140.〔大學研讀社編〕　　生態危機下的隱士——陳冠學——《田園之秋》與現代人文生態環境　改變大學生的書　臺北　前衛出版社　1984 年 8 月　頁 169—174

141.〔許燕，李敬合編〕　　《田園之秋》　感人的書　臺北　希代書版公司　1984 年 12 月　頁 233—241

142. 郭明福　　邢塊潔淨的樂土　琳琅滿書目　臺北　爾雅出版社　1985 年 7 月　頁 289—292

143. 吳念真　　陳冠學的《田園之秋》　中國時報　1986 年 2 月 15 日　8 版

144. 吳念真　　陳冠學的《田園之秋》　田園之秋　臺北　草根出版公司　1994 年 11 月　頁 17—18

145. 鄭穗影　　《田園之秋》的政治傾向初探　文學界　第 28 期　1989 年 2 月　頁 106—146

146. 鄭明娳　　八〇年代臺灣散文現象〔《田園之秋》部分〕　世紀末偏航——八〇年代臺灣文學論　臺北　時報文化出版公司　1990 年 12 月　頁 60—61

147. 鄭明娳　　臺灣現代散文現象觀測——八〇年代臺灣散文創作特色〔《田園之秋》部分〕　現代散文現象論　臺北　大安出版社　1992 年 8 月　頁 48—49

148. 亮　軒　　天然自在——讀陳冠學《田園之秋》[9]　中央日報　1993 年 4 月 5 日　16 版

149. 亮　軒　　評《田園之秋》全卷　田園之秋　臺北　草根出版公司　1994 年 11 月　頁 19—23

150. 亮　軒　　《田園之秋》　錦囊開卷　臺北　國家文藝基金管理委員會

[8]評審委員：李歐梵、方瑜、吳宏一、顏元叔、林文月；紀錄：李瑞。
[9]本文後改篇名為〈評《田園之秋》全卷〉。

　　　　　　1993 年 6 月　頁 271—273

151. 鍾有良　《田園之秋》導讀　書評　第 6 期　1993 年 10 月　頁 31—33

152. 王家歆　田園真意——讀陳冠學《田園之秋》　書評　第 10 期　1994 年 6
　　　　　　月　頁 22—24

153. 劉克襄　臺灣的自然寫作初論〔《田園之秋》部分〕　聯合報　1996 年 1
　　　　　　月 4 日　34 版

154. 王鴻佑　每月一書——《田園之秋》坐落何方？　新觀念　第 98 期　1996
　　　　　　年 12 月　頁 108

155. 董榮斌　讀陳冠學《田園之秋》有感（上、下）　中華日報　1997 年 10 月
　　　　　　28 日，11 月 4 日　15 版

156. 邱麗香　從《田園之秋》看陳冠學的自然關懷與人文心靈[10]　臺南師院學生
　　　　　　學刊　第 19 期　1998 年 2 月　頁 175—186

157. 簡義明　「自然寫作」初期的兩種主要類型：「環保文學」與「隱逸文
　　　　　　學」〔《田園之秋》部分〕　臺灣「自然寫作」研究——以 1981
　　　　　　—1997 爲範圍　政治大學中國文學系　碩士論文　張雙英教授指
　　　　　　導　1998 年 6 月　頁 59—62

158. 阿　盛　對土地的摯愛——陳冠學　自由時報　1999 年 2 月 5 日　41 版

159. 唐　捐　《田園之秋》的辭與物——論陳冠學《田園之秋》　臺灣文學經
　　　　　　典研討會　臺北　行政院文建會　1999 年 3 月 19—21 日

160. 唐　捐　《田園之秋》的辭與物——論陳冠學《田園之秋》　臺灣文學經
　　　　　　典研討會論文集　臺北　行政院文建會，聯經出版公司　1999 年
　　　　　　6 月　頁 389—397

161. 劉克襄　五本影響深遠的自然書籍〔《田園之秋》部分〕　新世紀閱讀通
　　　　　　行證　臺北　賴國洲書房　1999 年 10 月　頁 193

162. 阿　盛　永遠存在的田園——陳冠學　作家列傳　臺北　爾雅出版社

---

[10] 本文從陳冠學《田園之秋》中的書寫析論其自然觀懷與人文心靈。全文共 4 小節：1.前言；2.陳
　冠學的自然關懷；3.陳冠學的人文心靈；4.小結。

1999 年 12 月　頁 93—96

163. 陳玉玲　　陳冠學《田園之秋》導讀　臺灣文學讀本（一）　臺北　玉山社
　　　　　　　出版公司　2000 年 11 月　頁 296—297

164. 張達雅　　陳冠學《田園之秋》中的自然觀察與書寫　臺灣自然生態研討會
　　　　　　　臺中　東海大學中文系　2001 年 3 月 24 日

165. 張達雅　　陳冠學《田園之秋》中的自然觀察與書寫　臺灣自然生態文學研
　　　　　　　討會論文集　臺北　文津出版社　2002 年 1 月　頁 263—305

166. 林正三　　陳冠學的美夢[11]　第一屆文學與資訊學術研討會　臺北　臺北大學
　　　　　　　2002 年 10 月 30 日

167. 林正三　　陳冠學的美夢　文藝的思索與教學學術研討會　臺北　德明技術
　　　　　　　學院通識教育中心主辦　2003 年 4 月 25 日

168. 林正三　　陳冠學的美夢　德明學報　第 25 期　2005 年 6 月　頁 137—150

169. 倪金華　　濃郁的田園風味，高潔的志趣操守──陳冠學散文集《田園之
　　　　　　　秋》品評　世界華文文學論壇　2002 年第 4 期　2002 年 12 月
　　　　　　　頁 43—48

170. 應鳳凰　　陳冠學《田園之秋》　臺灣文學花園　臺北　玉山社出版公司
　　　　　　　2003 年 1 月　頁 170—174

171. 蕭　蕭　　《田園之秋》作品賞析　臺灣現代文選　臺北　三民書局　2004
　　　　　　　年 5 月　頁 60

172. 〔陳萬益選編〕　　《田園之秋》賞析　國民文選・散文卷 2　臺北　玉山
　　　　　　　社出版公司　2004 年 8 月　頁 150

173. 謝志成　　重溫田園之樂　與書共鳴：九十二學年度臺北市高級中學跨校網
　　　　　　　路讀書會優勝作品精選輯　臺北　臺北市教育局　2004 年 10 月
　　　　　　　頁 411—412

174. 吳明益　　對話的歷程──臺灣現代自然書寫二十年的演化概述〔《田園之

---

[11]本文主要藉由佛洛伊德與拉岡的理論分析《田園之秋》十一月十七日的美夢。全文共 6 小節：1.
　緒論；2.隱士的欲望；3.美麗的夢中人；4.陳冠學的異性觀與愛情觀；5.因夢悟道；6.結論。

秋》部分〕　以書寫解放自然──臺灣現代自然書寫的探索

（1980─2002）　臺北　大安出版社　2004 年 11 月　頁 201─

202

175. 吳明益　　非彼之道──簡樸生活文學的特質與評價　以書寫解放自然──

臺灣現代自然書寫的探索（1980─2002）　臺北　大安出版社

2004 年 11 月　頁 343─360

176. 吳明益　　非彼之道・簡樸生活文學的特質與評價──簡樸生活文學的幾種

典型──美麗舊世界：陳冠學作品的特質──以《田園之秋》為

論述中心　臺灣現代自然書寫的作家論 1980─2002──以書寫解

放自然 BOOK2　臺北　夏日出版　2012 年 1 月　頁 72─93

177. 蕭　　蕭　陳冠學《田園之秋》賞析　攀登生命顛峰　臺北　聯合文學出版

社　2005 年 3 月　頁 183─185

178. 盧建名　　說「田園」、道「理想」、成「力量」──試論陳冠學的《田園

之秋》　臺北師範學院臺灣文學研究所──第二屆研究生學術研

討會　臺北　臺北師範學院臺灣文學研究所主辦　2005 年 5 月 14

日　頁 35─48

179. 范培松　　推薦序一　大地的事　上海　東方出版中心　2006 年 1 月　〔9〕

頁

180. 謝有順　　推薦序二　大地的事　上海　東方出版中心　2006 年 1 月

〔13〕頁

181. 曾昭榕　　詩性的田園居所──論《田園之秋》的書寫美感與倫理關懷　東

方人文學誌　第 5 卷第 2 期　2006 年 6 月　頁 197─216

182. 莊金國　　經典作家陳冠學・《田園之秋》紅不讓　新臺灣新聞周刊　第 602

期　2007 年 10 月 5 日　頁 68─69

183. 余昭玫　　陳冠學《田園之秋》的空間論述　第四屆屏東研究研討會──尋

找屏東流域　屏東　屏東縣社區大學文教發展協會，屏東縣屏北

區社區大學主辦　2008 年 7 月 11─12 日

184. 林正三　　從烏托邦文學的觀點評論《田園之秋》[12]　吳宏一教授六秩晉五壽
　　　　　　　慶暨榮休論文集　臺北　里仁書局　2008 年 7 月　頁 173—201

185. 王盛弘　　遠於史而近於詩——陳冠學散文《田園之秋》　明道文藝　第 393
　　　　　　　期　2008 年 12 月　頁 56—60

186. 曹惠民　　戰後臺灣鄉土散文七家論〔《田園之秋》部分〕　出走的夏娃——
　　　　　　　一位大陸學人的臺灣文學觀　臺北　秀威資訊科技公司　2010
　　　　　　　年 10 月　頁 140—144

187. 應鳳凰，傅月庵　　陳冠學——《田園之秋》　冊頁流轉——臺灣文學書入
　　　　　　　門 108　臺北　印刻文學生活雜誌出版公司　2011 年 3 月　頁 126
　　　　　　　—127

188. 曾怡蓁　　原鄉地景的凝視與再現——自然景觀的形塑與白描——清麗脫俗
　　　　　　　的自然美學：田野與溪流〔《田園之秋》部分〕　屏東地景書寫
　　　　　　　研究　以在地作家散文作品為對象　屏東教育大學中國語文學
　　　　　　　系　碩士論文　余昭玟教授指導　2012 年 1 月　頁 61—62

189. 柳秀英　　從《田園之秋》談陳冠學的自然哲學[13]　2012 第二屆屏東文學學術
　　　　　　　研討會——陳冠學研究　屏東　國立臺灣文學館，屏東縣政府，
　　　　　　　屏東教育大學主辦　2012 年 9 月 21 日　〔22〕頁

190. 柳秀英　　從《田園之秋》談陳冠學的自然哲學　2012 屏東文學學術研討
　　　　　　　會：陳冠學研究論文集　高雄　春暉出版社　2013 年 5 月　頁 27
　　　　　　　—58

191. 唐毓麗　　象徵與敘事：談《田園之秋》與《家離水邊那麼近》的身體形
　　　　　　　象、生命書寫及倫理意義[14]　2012 第二屆屏東文學學術研討會——

---

[12]本文從烏托邦文學的觀點，探討《田園之秋》的核心價值。全文共 4 小節：1.《田園之秋》是陳
冠學夢中的烏托邦；2.無政府主義的烏托邦；3.回歸自然的原鄉；4.對田園烏托邦的評價。
[13]本文從《田園之秋》旁及其他著作，整理出陳冠學的自然哲學。全文共 4 小節：1.前言；2.陳冠
學與田園的不解情緣；3.陳冠學的自然哲學；4.結語。
[14]本文比較兩位自然寫作者的作品，深入探索其如何建構人與自然和諧美好的關係。全文共 5 小
節：1.書寫自然及鄉土：兩篇散文佳作；2.以踏查／勞動／教育／去欲／審美的身體「回歸」自
然；3.象徵與敘事：生命書寫及時代建構；4.田園／河流人生鄉土經驗與倫理意涵；5.結論：原來
家離田園／水邊這麼近。

陳冠學研究　屏東　國立臺灣文學館，屏東縣政府，屏東教育大學主辦　2012 年 9 月 21 日　〔29〕頁

192. 唐毓麗　象徵與敘事：談《田園之秋》與《家離水邊那麼近》的身體形象、生命書寫及倫理意義　2012 屏東文學學術研討會：陳冠學研究論文集　高雄　春暉出版社　2013 年 5 月　頁 197—239

193. 應鳳凰　陳冠學《田園之秋》及其文學史位置　2012 第二屆屏東文學學術研討會——陳冠學研究　屏東　國立臺灣文學館，屏東縣政府，屏東教育大學主辦　2012 年 9 月 21 日

194. 宋邦珍　陳冠學《田園之秋》所呈現的精神內涵[15]　2012 第二屆屏東文學學術研討會——陳冠學研究　屏東　國立臺灣文學館，屏東縣政府，屏東教育大學主辦　2012 年 9 月 21 日　〔14〕頁

195. 宋邦珍　陳冠學《田園之秋》所呈現的精神內涵　2012 屏東文學學術研討會：陳冠學研究論文集　高雄　春暉出版社　2013 年 5 月　頁 241—260

196. 李聖俊　從《田園之秋》談陳冠學對屏東田園的景象觀照　屏東文獻　第 16 期　2012 年 12 月　頁 135—160

《父女對話》

197. 張　健　《父女對話》　文學的長廊　臺北　幼獅文化公司　1990 年 8 月　頁 107—109

198. 黃雅歆　傾聽天籟的對話　在閱讀與書寫之間：評好書 300 種　臺北　三民書局　2005 年 2 月　頁 92

《藍色的斷想：孤獨者隨想錄》

199. 宇文正　繁星點點的光亮　在閱讀與書寫之間：評好書 300 種　臺北　三民書局　2005 年 2 月　頁 86

---

[15] 本文透過《田園之秋》的文本分析，探究作者之生命反思、學術背景與生活實踐間互為表裡的人文價值。全文共 7 小節：1.前言；2.親炙南臺灣的田野之美；3.展現儒道之間的人生思想；4.呈現孤獨的自我生命觀；5.體現內省式文人的生活觀；6.完成讀書人耕讀的理想；7.結語。

小說

《第三者》

200. 王國安　　「理念」的「張陳」——陳冠學《第三者》研究[16]　2012 第二屆屏
　　　　　　　東文學學術研討會——陳冠學研究　屏東　國立臺灣文學館，屏
　　　　　　　東縣政府，屏東教育大學主辦　2012 年 9 月 21 日　〔21〕頁

201. 王國安　　「理念」的「張陳」——陳冠學《第三者》研究　2012 屏東文學
　　　　　　　學術研討會：陳冠學研究論文集　高雄　春暉出版社　2013 年 5
　　　　　　　月　頁 159—196

文集

《訪草》

202. 鄭明娳　　受傷的戀土情結——評陳冠學《訪草》　聯合文學　第 53 期
　　　　　　　1989 年 3 月　頁 201—202

203. 鹿憶鹿　　現代梭羅——讀《訪草》　父訊雜誌　第 124 期　1996 年 2 月
　　　　　　　頁 16—17

204. 鹿憶鹿　　現代梭羅——談陳冠學《訪草》　走看臺灣九〇年代散文　臺北
　　　　　　　臺灣學生書局　1998 年 4 月　頁 75—77

205. 黃雅歆　　感受田園也感受生命　在閱讀與書寫之間：評好書 300 種　臺北
　　　　　　　三民書局　2005 年 2 月　頁 85

◆多部作品

《老臺灣》、《田園之秋》

206. 莊金國　　臺灣圖騰——陳冠學的石頭記　文學臺灣　第 80 期　2011 年 10
　　　　　　　月　頁 69—73

207. 嚴立模　　陳冠學的臺語研究　2012 第二屆屏東文學學術研討會——陳冠學
　　　　　　　研究　屏東　國立臺灣文學館，屏東縣政府，屏東教育大學主辦

---

[16]本文研究少被提及的小說《第三者》，檢視理念先行的陳冠學其小說有何問題意識及其可能的局
　限。全文共 6 小節：1.前言：「理念」先行的詩人；2.從「詩人」談起——陳冠學的自然觀；3.陳
　冠學的宇宙觀及生命觀在《第三者》中的展現；4.《第三者》中的社會批判；5.陳冠學的文學觀
　——〈製餅師——文學對話〉；6.結語。

2012 年 9 月 21 日

208. 嚴立模　　陳冠學的臺語研究　2012 屏東文學學術研討會：陳冠學研究論文集　高雄　春暉出版社　2013 年 5 月

單篇作品

209. 〔季　季主編〕　　陳冠學〈田園之秋・九月三日〉　1982 年臺灣散文選　臺北　前衛雜誌社　1983 年 2 月　頁 119—120

210. 許素蘭　　〈訪草〉作品賞析　深夜的嘉南平原　高雄　敦理出版社　1985 年 9 月　頁 37—38

211. 陳　煌　　〈田園之秋・十一月二十四日〉編者註　我們不能再沉默　臺北　駿馬文化公司　1986 年 4 月　頁 84

212. 向　陽　　人與土地的吟哦──〈當代臺灣散文十家作品展〉散文對話〔〈蝗〉部分〕　喧嘩、吟哦與嘆息：臺灣文學散論　臺北　駱駝出版社　1996 年 11 月　頁 128

213. 林燿德　　省籍作家的臍帶情結──鄉土經驗與原鄉幻像〔〈田園今昔〉部分〕　將軍的版圖　臺北　華文網公司　2001 年 12 月　頁 168—169

214. 浦基維，涂玉萍，林聆慈　　義旨與材料運用──事材的種類──屬「社會國家」之事材〔〈福爾摩沙〉部分〕　散文・新詩義旨古今談　臺北　萬卷樓圖書公司　2002 年 1 月　頁 136—137

215. 黃肇基　　陳冠學〈福爾摩沙〉賞析　中國語文　第 106 卷第 3 期　2010 年 3 月　頁 70—71

216. 周芬伶　　〈田園之秋・九月二十三日〉評析　臺灣現代文學教程：散文讀本　臺北　二魚文化公司　2002 年 8 月　頁 89

217. 吳明益　　陳冠學〈九月十日〉評介　臺灣自然寫作選　臺北　二魚文化公司　2003 年 6 月　頁 42—43

218. 蕭　蕭　　〈田園之秋・九月十日〉蕭蕭按語　與自然談天：生態散文集　臺北　幼獅文化公司　2004 年 9 月　頁 52—53

219. 應鳳凰　〈田園之秋・九月十日〉　閱讀文學地景・散文卷　臺北　行政
　　　院文建會　2008 年 4 月　頁 500

220. 吳明益　陳冠學〈九月十八日〉評介　臺灣自然寫作選　臺北　二魚文化
　　　公司　2003 年 6 月　頁 47—48

221. 蕭　蕭　陳冠學〈植物之性〉作品賞析　臺灣現代文選散文卷　臺北　三
　　　民書局　2005 年 6 月　頁 49—51

222. 林黛嫚　〈山〉作品導讀──童言童語展現環保議題　散文新四書・春之
　　　華　臺北　三民書局　2008 年 9 月　頁 50

223. 郭澤寬　〈製餅師〉的隱喻──論陳冠學的美學思想　2012 第二屆屏東文
　　　學學術研討會──陳冠學研究　屏東　國立臺灣文學館，屏東縣
　　　政府，屏東教育大學主辦　2012 年 9 月 21 日　〔22〕頁　本文以
　　　〈製餅師〉出發兼攝其他論述，分析陳冠學的美學思想。全文共 5
　　　小節：1.前言：〈製餅師〉做為一種寓言；2.美與藝術的意義；3.
　　　自然美與藝術美；4.美的目的性與文藝批評論；5.結論。

224. 郭澤寬　〈製餅師〉的隱喻──論陳冠學的美學思想　2012 屏東文學學術
　　　研討會：陳冠學研究論文集　高雄　春暉出版社　2013 年 5 月
　　　頁 59—93

225. 〔李瑞騰主編〕　〈可憐的黑將軍〉──手稿／九歌出版社蔡文甫捐贈
　　　神與物遊──國立臺灣文學館典藏精選集（三）　臺南　國立臺
　　　灣文學館　2012 年 12 月　頁 36

多篇作品

226. 吳明益　導讀：陳冠學〈田園之秋〉、〈九月一日〉、〈狗〉　二十世紀
　　　臺灣文學金典：散文卷（第一部）　臺北　聯合文學出版社
　　　2006 年 5 月　頁 332—333

227. 孟　樺　〈九月七日〉、〈十月二十六日〉《田園之秋》選編者的話　天
　　　地與我並生　臺北　香海文化公司　2006 年 9 月　頁 360—361

作品評論目錄、索引

228.〔封德屏主編〕　　陳冠學　臺灣現當代作家評論資料目錄（五）　臺南
國立臺灣文學館　2010 年 11 月　頁 3003—3072

國家圖書館出版品預行編目資料

陳冠學／陳信元編選. -- 初版. -- 臺南市：臺灣文學
館, 2013.12
　　面；　公分. -- (臺灣現當代作家研究資料彙編；41)
ISBN 978-986-03-9151-0 (平裝)

1.陳信元 2.作家 3.文學評論

783.3886　　　　　　　　　　　　　　102024133

【臺灣現當代作家研究資料彙編】41
陳冠學

發 行 人／　李瑞騰
指導單位／　文化部
出版單位／　國立台灣文學館
　　　　　　地址／70041 台南市中西區中正路 1 號
　　　　　　電話／06-2217201　　　　　傳真／06-2218952
　　　　　　網址／www.nmtl.gov.tw　　電子信箱／pba@nmtl.gov.tw

總 策 畫／　封德屏
顧　　問／　林淇瀁　張恆豪　許俊雅　陳信元　陳義芝　須文蔚　應鳳凰
工作小組／　于雅嫻　杜秀卿　汪黛姝　張純昌　張傳欣　莊雅晴　陳欣怡
　　　　　　黃寁婷　練麗敏　蘇琬鈞
編　　選／　陳信元
責任編輯／　王雅嫻
校　　對／　王雅嫻　林英勳　黃敏琪　詹宇霈　趙慶華　潘佳君　練麗敏　蘇琬鈞
計畫團隊／　財團法人台灣文學發展基金會
美術設計／　翁國鈞・不倒翁視覺創意
印　　刷／　松霖彩色印刷事業有限公司

著作財產權人／國立台灣文學館
本書保留所有權利。欲利用本書全部或部分內容者，須徵求著作財產權人同意或書面授
權。請洽國立台灣文學館研典組（電話：06-2217201）

經銷展售／　國家書店松江門市（02-25180207）
　　　　　　國立台灣文學館—雪芙瑞文學咖啡坊（06-2214632）
　　　　　　南天書局（02-23620190）　　　　唐山出版社（02-23633072）
　　　　　　府城舊冊店（06-2763093）　　　　台灣的店（02-23625799）
　　　　　　啓發文化（02-29586713）　　　　三民書局（02-23617511）
　　　　　　草祭二手書店（06-2216872）　　　五南文化廣場（04-22260330）
網路書店／　國家書店網路書店 www.govbooks.com.tw
　　　　　　五南文化廣場網路書店 www.wunanbooks.com.tw
　　　　　　三民書局網路書店 www.sanmin.com.tw

初版一刷／2013 年 12 月
定　　價／新臺幣 340 元整
　　　　　　第一階段 15 冊新臺幣 5500 元整　　第二階段 12 冊新臺幣 4500 元整
　　　　　　第三階段 23 冊新臺幣 8500 元整　　全套 50 冊新臺幣 18500 元整
　　　　　　全套 50 冊合購特惠新臺幣 16500 元整

GPN／1010202815（單本）　　ISBN／978-986-03-9151-0（單本）
　　　1010000407（套）　　　　　　978-986-02-7266-6（套）

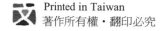